权威·前沿·原创

皮书系列为
"十二五""十三五"国家重点图书出版规划项目

中国社会科学院创新工程学术出版项目

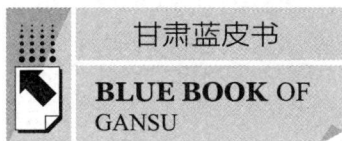

甘肃蓝皮书

BLUE BOOK OF
GANSU

甘肃经济发展分析与预测
（2019）

ANALYSIS AND FORECAST ON ECONOMIC
DEVELOPMENT OF GANSU (2019)

主 编／安文华 罗 哲

社会科学文献出版社
SOCIAL SCIENCES ACADEMIC PRESS（CHINA）

图书在版编目（CIP）数据

甘肃经济发展分析与预测. 2019 / 安文华，罗哲主编. −−北京：社会科学文献出版社，2019.1
（甘肃蓝皮书）
ISBN 978 − 7 − 5201 − 4040 − 9

Ⅰ.①甘… Ⅱ.①安… ②罗… Ⅲ.①区域经济 − 经济分析 − 甘肃 − 2019②区域经济 − 经济预测 − 甘肃 − 2019 Ⅳ.①F127.42

中国版本图书馆 CIP 数据核字（2018）第 282081 号

甘肃蓝皮书
甘肃经济发展分析与预测（2019）

主　　编 / 安文华　罗　哲

出 版 人 / 谢寿光
项目统筹 / 邓泳红　吴　敏
责任编辑 / 吴　敏

出　　版 / 社会科学文献出版社·皮书出版分社（010）59367127
　　　　　　地址：北京市北三环中路甲 29 号院华龙大厦　邮编：100029
　　　　　　网址：www.ssap.com.cn
发　　行 / 市场营销中心（010）59367081　59367083
印　　装 / 三河市东方印刷有限公司

规　　格 / 开　本：787mm × 1092mm　1/16
　　　　　　印　张：19.5　字　数：262 千字
版　　次 / 2019 年 1 月第 1 版　2019 年 1 月第 1 次印刷
书　　号 / ISBN 978 − 7 − 5201 − 4040 − 9
定　　价 / 128.00 元

主要编撰者简介

安文华　甘肃省社会科学院副院长，主要研究领域：科研管理、政治学，主要成果：《反贫困之路》（著作）、《中国百县市经济社会调查·静宁卷》（著作）、《传统农业县的变迁》（著作）、《试论领导干部的"参用"思想》（论文）、《敦煌艺术哲学论纲》（论文）、《中国美学的新起点》（论文）、《社科管理的性质及对管理者的素质要求》（论文）、《科学、社会科学的由来与发展》（论文）、《自然科学与社会科学的融合是科学体系健康发展的必然》（论文）、《中国社会科学的历史追寻》（论文）、《传承优秀文化，构建中国特色社会主义话语体系》（论文）、《当代中国哲学社会科学话语体系研究》（论文）。

罗　哲　甘肃省社会科学院研究员，理学博士，经济学博士后。甘肃省经济蓝皮书首席专家，甘肃省领军人才。西北师范大学及兰州理工大学硕士研究生导师；甘肃省循环经济研究会副会长；兰州市社会科学院特聘研究员，多个地方政府的经济顾问或特聘专家。主要研究方向：区域经济与城市经济。长期从事西部区域经济发展、工业经济发展和区域规划管理的研究工作，一些重要的理论观点和政策建议进入了各级政府决策。主持及参与完成国家社科基金重点项目及西部项目、中国博士后科学基金（面上资助及特别资助）、甘肃省社科规划项目和地方重要项目 30 多项；先后在各类期刊上发表论文 40 余篇；荣获第十一届甘肃省社会科学优秀成果三等奖、甘肃省高校社科成果一等奖、甘肃省社会科学院第六届青年优秀成果奖二等奖、甘肃省社会科学院第七届青年优秀成果奖二等奖、甘肃省社会科学院第八届青年优秀成果奖一等奖等。

总　序

　　"甘肃蓝皮书"从 2006 年诞生之初的《甘肃经济社会发展分析与预测》《甘肃舆情分析与预测》，发展到如今已有 13 种，成为全面反映甘肃经济社会文化建设的系列蓝皮书，走过了 13 年历程，其社会影响力日益扩大，已由最初的省社会科学院科研平台发展成为如今服务党委政府决策和全省经济社会发展的甘肃省内智库的重要品牌、甘肃社会科学界的学术品牌、甘肃文化领域的标志品牌，以及甘肃部分重要行业及市州工作的展示品牌。

　　"甘肃蓝皮书"的诞生与发展，既生动记录了甘肃省经济社会的巨大变迁和人民群众关注点的细微变化，又充分展现了传统社会科学研究机构向现代特色智库、高端智库、数字智库转型的发展历程。2006 年，我院编研的《甘肃经济社会发展分析与预测》《甘肃舆情分析与预测》面世，标志着"甘肃蓝皮书"的正式诞生。至"十一五"末，《甘肃经济发展分析与预测》《甘肃社会发展分析与预测》《甘肃县域发展分析与预测》《甘肃文化发展报告》陆续面世，"甘肃蓝皮书"由原来的 2 种增加到 5 种，覆盖了经济、政治、社会、县域、文化等研究领域。此后，我院首倡甘肃、陕西、宁夏、青海、新疆西北五省区社会科学院联合编研出版"西北蓝皮书"，2011 年首部《中国西北发展报告》面世。"西北蓝皮书"的编研和出版发行，使我院系列蓝皮书的研究拓展到了"丝绸之路经济带"的国内主要相关区域。

　　从 2014 年起，我院持续发挥"甘肃蓝皮书"品牌效应，加强与省上重要部门和市州的合作。先后与省住房和城乡建设厅、省民族事务委员会、酒泉市政府、省商务厅、省统计局等积极合作，共同编研出版住建、民族、商务、酒泉等蓝皮书。2018 年又与省精神文明办、平凉市合作，新增了《甘肃精神文明发展报告》《平凉经济社会发展报告》。2018 年 7 月，省委常委、省委宣传部部长陈青来我院调研，要求我院编研出版《甘肃文化建设成果报告》，并在第三届丝绸之路（敦煌）国际文化博览会上发布，在圆满完成任务的同时，我院"甘肃蓝皮书"的编研规模也由此扩大到"5＋7＋1"共计 13 种。

"甘肃蓝皮书"在十三年的编研过程中形成了稳定规模、稳定机制，提升质量、提升影响的编研理念。今年是改革开放 40 周年，"甘肃蓝皮书"在选题和框架设计上紧密结合我省 40 年来发展成就，做到了紧跟时代、反映当下。这也体现了"甘肃蓝皮书"始终坚持的基本编研理念和运行机制：一是始终坚持原创，注重学术观点和科研方法的创新。坚持研究在先，编写在后，在继承中创新，注重连续性；从源头上抓质量，注重可靠性；在深入研究上下功夫，注重科学性；在服务上抓效果，注重影响力。二是始终坚持追踪前沿，注重选题创新。追踪前沿就是让专家学者更多地参与社会实践，发现问题、研究问题、解决问题，最终通过蓝皮书为人们提供正确的指导，显示社科专家服务社会的能力和实力，提高蓝皮书的知名度和美誉度。三是始终坚持打造品牌，创新编研体制机制。十三年来，我们始终把蓝皮书的质量看作蓝皮书的生命线，组织有研究能力的专家开展深入研究，向社会提供事实根据充分、分析深入准确、结论科学可靠、对策具体可行的研究成果。

展望未来，作为地方社会科学研究机构，我们将按照党的十九大关于"加强中国特色新型智库建设"的要求，进一步围绕甘肃经济社会发展的实际，开展应用对策研究，发挥好决策咨询、资政建言、服务地方的作用。"甘肃蓝皮书"作为我院打造陇原特色新型智库的核心载体，也将开启服务省委、省政府决策，为甘肃改革发展提供智力支撑的新航程。相信在各方共同努力下，"甘肃蓝皮书"将继续提升品牌影响力，成为服务党委、政府决策的更有作用的参考书，成为对社会各方面更有参考价值的应用成果。

此为序。

王福生

2018 年 12 月 6 日

摘　要

党的十九大报告总结了十八大以我国发展的历史性变革与成就，做出了中国特色社会主义进入了新时代、我国社会主要矛盾发生转化等重大政治判断，对新时代推进中国特色社会主义伟大事业和党的建设新的伟大工程做出了全面部署，既明确要全面建成小康社会，实现第一个百年奋斗目标，又提出要开启全面建设社会主义现代化国家的新征程，向第二个百年奋斗目标进军，成为新时代中国特色社会主义发展的重要指引。

2018 年是甘肃国民经济和社会发展"十三五"规划实施的重要节点。一年来，甘肃围绕经济提质增效，全力推进供给侧结构性改革，持续加快经济结构调整，努力推动发展方式转变，着力促进新旧动能转换，全省主要经济指标出现恢复性上升，整体经济呈现企稳回升迹象。2018～2020 年是全面建成小康社会的决胜期，全省必须认真落实好十九大精神，按照习近平"八个着力"的要求，统筹推进五位一体总体布局、协调推进四个全面战略布局，继续落实好"十三五"规划确定的各项任务，突出抓重点、补短板、强弱项，着力发展好十大生态产业，着力发展好实体经济，加快新旧动能接续转换，严密防范金融风险，更好满足新时代发展的要求和广大人民群众的新期待，不忘初心，全力促进甘肃经济平稳健康发展。

《甘肃经济发展分析与预测（2019）》深入分析了甘肃经济发展形势、发展趋势与应对策略。全书共分为总报告、行业篇、专题篇三个部分 15 个专题。其中，总报告对 2018 年以来甘肃省宏观经济发展形势进行了分析和预测，并提出宏观调控的对策；行业篇从发展形势、运行状况、存在的问题及政策建议等方面，对农业、工业、服务业、财政、金融、高新技术、交通运输业等进行了深入研究；专题篇针对新时代发展的新要求，主要着眼于构建现代化经济体系、绿色发展、生态产业、南向通道、非公有制经济、文化旅游业、创新型企业等领域做了专门研究。

《甘肃经济发展分析与预测（2019）》以党和国家关于甘肃经济发展重大决策的出台和落实为背景，以甘肃省委省政府发展战略的实施为重点，以大量客观数据为支撑，深入分析经济运行现状，并进行科学预测分析，在此基础上提出相应的政策建议，为甘肃省未来宏观经济的发展提供了强有力的科学支撑。

Abstract

The report of the nineteenth Party congress summarizes the historical changes and achievements in the cause of the party and country , made a major political judgment that socialism with Chinese characteristics has entered a new era and major social contradictions in China have transformed etc. It made a comprehensive arrangement for advancing the great cause of socialism with Chinese characteristics and the new great project of party construction in the new era. The report not only made it clear that we must build a moderately prosperous society in all respects, and achieve the first centenary goal, but also proposed to open up a socialist modern country in an all-round way, move to the second centenary goal. It has become into an important guide of the developments of socialism with Chinese characteristics.

2018 is an important node in the implementation of the 13th five-year plan for Gansu's national economic and social development. In the past year, Gansu focused on improving economic quality and increasing economic efficiency, and has vigorously promoted supply-side structural reform, accelerated economic structural adjustment, promoted the transformation of development mode, promoted the transformation of old and new drivers of growth. Therefore, the province's main economic indicators appear recovery rise, the overall economy shows the trend of stabilization and recovery. The period from 2018 to 2020 is the decisive period for completing the building of a moderately prosperous society in all respects. We must earnestly implement the spirit of the party's 19 major reports, follow comrade xi jinping's eight requirements , promote a five-inone overall layout, coordinated progress the four comprehensive strategic arrangements, continue to implement the tasks set out in the 13th five-year plan, focus on the strength of the weak board, focus on developing ten major ecological industries and work hard to develop the real economy, accelerate the continuous conversion of old and new kinetic energy, guard against financial risks, and better meet the needs of development in the new era and the new expectations of the people. To promote the steady and healthy economic development of Gansu province.

Analysis and Forecast on Economic Development of Gansu (2019) deeply and scientifically analyzes the economic development situation this year and future development trend in Gansu. The book is divided into three part: general report, industrial reports and special reports, including 15 subjects. The general report analyzes the national economic development and macroeconomic regulation and control countermeasures in Gansu province in the past year. The industrial reports made an analysis of agriculture, industry, services, finance, high and new technology, transportation in the development situation, operation condition, exsisting problems and suggestions. The Special reports, aiming at the new requirements of the development of the new era, mainly focuses on the construction of a modern economic system, green development, ecological industry, southerly transport corridor, non-public economy, cultural tourism, innovative enterprises and other fields to do special research.

Analysis and Forecast on Economic Development of Gansu (2019) compiled under the background of the party and the state putting forward and implementation major policy and decisions about Gansu, focusing on the implementation of the development strategy of Gansu provincial government, supported by a large number of objective data, analysis of current economic operation in-depth, and make prediction scientifically, on the basis of this, we puts forward the corresponding policy recommendations to provide scientific supports on the future macroeconomic policy development in Gansu province.

目　录

Ⅲ 专题篇

皮书数据库阅读**使用指南**

CONTENTS

I General Report

II Industrial Reports

III Special Reports

总 报 告

General Report

B.1

2018～2019年甘肃省国民经济运行发展形势分析与宏观调控对策研究

罗 哲*

摘 要： 2018年甘肃省经济运行稳定且回暖向好，农业生产稳步发展，工业经济持续回暖，企业降成本去库存成效明显，经营效益持续改善，固定资产投资增速降幅收窄，社会消费品零售总额增速回升，财政收支和外贸进出口总额较快增长，城乡居民收入稳步提高，经济新动能不断蓄积增强。同时，甘肃省经济稳定发展的基础还不稳固，项目投资和民间投资增长动力不足，经济抗风险能力不强，对此，应坚定发展信心，继续

* 罗哲，甘肃省社会科学院研究员，研究方向：区域经济学与城市经济学。

落实好省委、省政府的决策部署，按照高质量发展的要求，紧抓新一轮科技革命和"一带一路"建设机遇，持续深化供给侧结构性改革，深入落实"三重""三一"工作方案，着力发展十大生态产业，加快新旧动能转换，把经济增长和提质增效的潜力充分挖掘出来，争取在高质量发展上取得新进展。

关键词： 甘肃　国民经济　宏观调控

2018 年，甘肃省深入学习贯彻习近平新时代中国特色社会主义思想和党的十九大精神，全面落实习近平总书记视察甘肃重要讲话和"八个着力"重要指示精神，坚持稳中求进工作总基调，紧紧围绕高质量发展要求，以新发展理念为引领，以供给侧结构性改革为主线，统筹推进稳增长、促改革、调结构、惠民生、防风险，全省经济运行总体平稳、稳中向好的态势不断巩固。

一　甘肃经济运行形势

（一）经济运行平稳向好

2018 年以来，全省经济回暖向好（见表 1 和图 1）。2016 年甘肃地区生产总值同比增长 7.6%，高于全国 6.7% 的增长水平；2017 年全国经济企稳回升，经济增速达到 6.9%，而甘肃经济增速逆势下滑，同比增长 3.6%（低于全国增速 3.3 个百分点），对此省委、省政府及时采取务实有效的举措，着力调结构、稳增长、防风险；到 2018 年上半年甘肃经济出现回升苗头，地区生产总值增速达到 5%，与全国平均增速差距缩小到1.8个百分点;2018年前三季度全省地区生产总值6043.71亿元,经济增速达6.3%,与全国平均增速的差距缩小到0.4个百分点。

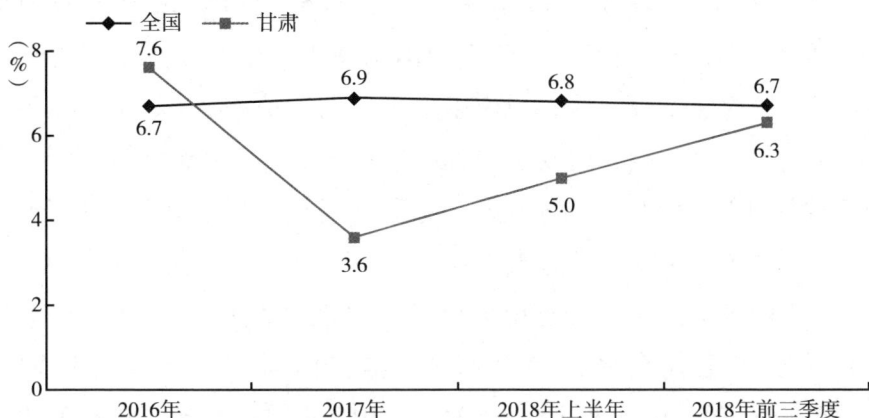

图1 2016年至2018年前三季度甘肃地区生产总值增速变化

全省三次产业增加值增速也呈回暖向好发展态势(见表1、图2)。2016年以来,甘肃第一产业增加值增速始终快于全国平均水平,而第二产业增加值增速由2016年高于全国平均水平,转为2017年的负增长,之后在2018年逐步回升。目前第三产业增加值增速已超过全

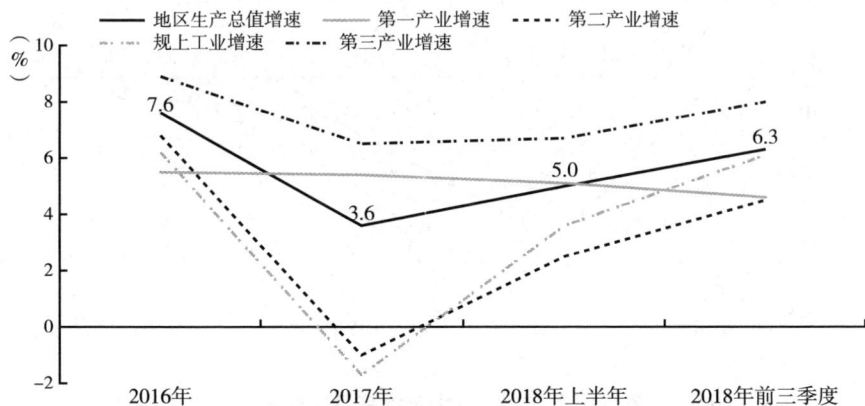

图2 2016年至2018年前三季度甘肃三次产业增加值增速变化

国平均水平，第二产业增加值增速虽未达到全国平均增速，但已处于回升向好态势。2018年前三季度，甘肃第一产业增加值695.56亿元，增长4.6%，高于全国增速1.2个百分点；第二产业增加值2116.97亿元，增长4.5%，低于全国增速1.3个百分点，但高于全省上半年增速2个百分点；规模以上工业增加值增速6.1%，低于全国增速0.3个百分点，但高于全省上半年2.5个百分点；第三产业增加值3231.18亿元，增长8.0%，高于全国平均增速0.3个百分点，高于全省上半年1.3个百分点。

甘肃固定资产投资增速降幅收窄，呈恢复性回升态势（见表1、图3）。全省全社会固定资产投资也经过了增速由2016年增长10.5%，到2017年显著下滑40.3%，2018年前三季度下降幅度明显收窄到6.1%的过程。分产业看，从2017年到2018年前三季度，第一产业投资增速由-43.7%回升为20.4%，第二产业投资增速由-63.1%收窄到-16.1%，第三产业增速由-26.8%收窄到-5.3%。

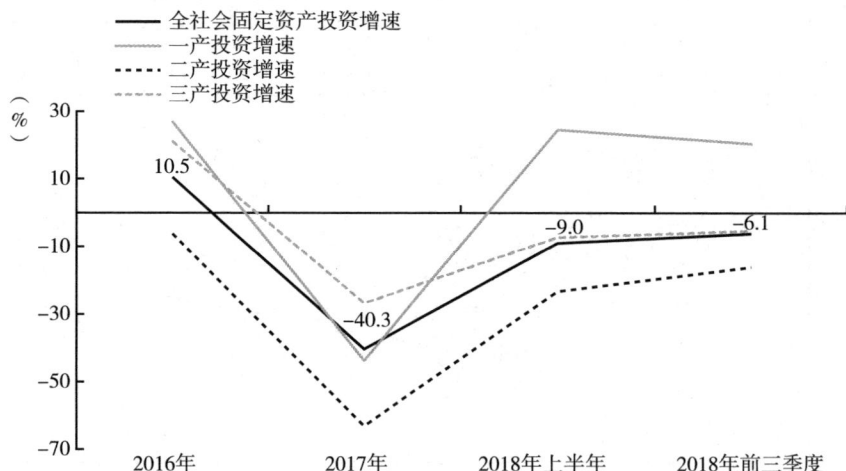

图3 2016年至2018年前三季度甘肃固定资产投资增速变化

2016 年至 2018 年前三季度，在全国社会消费品零售总额增速由 10.4% 下降到 9.3% 的情况下，甘肃社会消费品零售总额增速先降后升，由 2016 年的 9.5% 下降到 2017 年的 7.6%，2018 年上半年，增速回升至 7.9%，比 2017 年全年提升 0.3 个百分点，前三季度，增速又回升到 8.0%，增速比上半年提高 0.1 个百分点，虽然仍低于全国 1.3 个百分点，但呈现出稳定增长的态势（见表 1），其中，城镇社会消费品零售额增长 8.1%，乡村社会消费品零售额增长 7.6%。全省批发业销售额同比增长 19.2%，零售业销售额增长 11.3%，住宿业营业额增长 12.3%，餐饮业营业额增长 11.6%。

进出口总额增速扭转了前两年的疲弱态势，2018 年上半年和前三季度均实现了大幅增长。城乡居民收入稳定增长，农村居民人均可支配收入增速进一步提升。

表 1　2016 年至 2018 年前三季度甘肃省主要经济指标完成情况

单位：%

指标	2016 年		2017 年		2018 年上半年		2018 年前三季度	
	全国	甘肃	全国	甘肃	全国	甘肃	全国	甘肃
地区生产总值增速	6.7	7.6	6.9	3.6	6.8	5.0	6.7	6.3
第一产业增速	3.3	5.5	3.9	5.4	3.2	5.1	3.4	4.6
第二产业增速	6.1	6.8	6.1	-1.0	6.1	2.5	5.8	4.5
规上工业增速	6.0	6.2	6.6	-1.7	6.7	3.6	6.4	6.1
第三产业增速	7.8	8.9	8.0	6.5	7.6	6.7	7.7	8.0
全社会固定资产投资增速	7.9	10.5	7.0	-40.3	6.0	-9.0	5.4	-6.1
其中：一产增速	21.1	26.8	11.8	-43.7	13.5	24.5	11.7	20.4
二产增速	3.5	-6.2	3.2	-63.1	3.8	-23.3	5.2	-16.1
三产增速	10.9	21.0	9.5	-26.8	6.8	-7.3	5.3	-5.3
社会消费品零售总额增速	10.4	9.5	10.2	7.6	9.4	7.9	9.3	8.0
进出口总额增速	-0.9	-8.3	14.2	-23.9	7.9	40.2	16.1	35.2
城镇居民人均可支配收入增速	7.8	8.1	8.3	8.1	—	8.0	5.7	7.8
农村居民人均可支配收入增速	8.2	7.5	8.6	8.3	—	9.0	6.8	9.0

（二）经济质量进一步提升

1. 农业生产稳步发展，粮食生产再获丰收

前三季度，全省完成农林牧渔业增加值 727.1 亿元，同比增长 4.6%。2018 年种植业结构进一步优化，全省粮经饲结构比为 70.1∶28.1∶1.8，经济作物、饲料作物播种面积比重同比分别上升 0.5 个和 0.2 个百分点。2018 年全省粮食播种面积同比下降 0.1%，预计产量 1141.8 万吨，同比增长 3.2%。其中，秋粮播种面积下降 1.8%，预计秋粮产量 823.9 万吨，增长 2.5%。前三季度全省蔬菜产量同比增长 7.2%。预计全年中药材产量同比增长 8.1%，棉花产量增长 10.2%。

2. 工业经济持续回暖，企业效益不断改善

工业经济企稳向好。2017 年，甘肃工业经济增长乏力，规模以上工业增加值增速一路下滑。2018 年以来，规模以上工业增加值增速稳步回升。一季度，全省规模以上工业增加值同比增长 6.2%，增速比 1～2 月提高 0.5 个百分点，居全国第 19 位；上半年，全省规模以上工业增加值同比增长 3.6%；前三季度，全省规模以上工业增加值同比增长 6.1%，增速比上半年回升 2.5 个百分点。其中，9 月，全省规模以上工业增加值同比增长 8.0%。

省以下地方企业完成工业增加值增速较快。规模以上工业企业中，2017 年，中央企业完成工业增加值 913.7 亿元，增长 0.4%；省属企业完成工业增加值 250.0 亿元，增长 0.6%；省以下地方企业完成工业增加值 440.0 亿元，下降 11.6%。然而，2018 年一季度，中央企业增长 5.1%，省属企业增长 4.8%，省以下地方企业增长 10.6%。上半年，中央企业增长 1.5%，省属企业增长 6.5%，省以下地方企业增长 6.4%。前三季度，中央企业增长 4.0%，与上

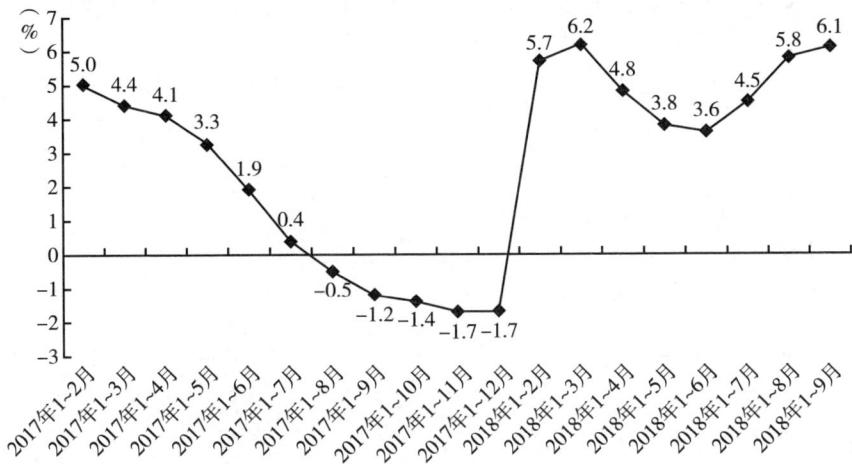

图4 2017～2018年甘肃省各月累计规模以上工业增加值增速

半年相比，增速提高2.5个百分点；省属企业增长7.9%，增速提高1.4个百分点；省以下地方企业增长9.5%，增速提高3.1个百分点。

工业企业效益持续向好。1～3月，全省规模以上工业企业实现主营业务收入同比增长8.1%；实现利润总额80.8亿元，同比增长270%；主营业务收入利润率为4.4%，同比提高3.1个百分点。1～6月，全省规模以上工业企业实现主营业务收入同比增长5.7%；实现利润总额152.4亿元，同比增长95.4%；主营业务收入利润率为3.8%，同比提高1.7个百分点；资产利润率为2.5%，同比提高1.2个百分点。1～8月，全省规模以上工业企业实现主营业务收入同比增长5.7%；实现利润总额230.4亿元，同比增长90.8%；主营业务收入利润率为4.13%，同比提高1.84个百分点；资产利润率为2.8%，同比提高1.3个百分点。

表2 2018年甘肃省规模以上工业企业各月累计经济效益变化

时间	主营业务收入同比增长（%）	利润额（亿元）	同比增长（%）	主营业务收入利润率（%）	资产利润率（%）
1~2月	10.6	54.7	650	4.8（提高4.1个百分点）	—
1~3月	8.1	80.8	270	4.4（提高3.1个百分点）	—
1~4月	7.1	98.6	180	3.9（提高2.4个百分点）	—
1~5月	5.5	124.9	120	3.9（提高2.1个百分点）	2.5（提高1.4个百分点）
1~6月	5.7	152.4	95.4	3.8（提高1.7个百分点）	2.5（提高1.2个百分点）
1~7月	5.5	198.0	100	4.1（提高2个百分点）	2.8（提高1.4个百分点）
1~8月	5.7	230.4	90.8	4.13（提高1.84个百分点）	2.8（提高1.3个百分点）

企业降成本去库存成效明显。1~3月，全省规模以上工业企业每百元主营业务收入中的成本同比降低2元。3月末，全省规模以上工业企业产成品库存同比下降7.3%；资产负债率为65.2%，同比降低1.2个百分点。1~5月，全省规模以上工业每百元主营业务收入中的成本为84.3元，同比降低2.1元。5月末，全省规模以上工业企业产成品库存同比下降9.3%；资产负债率为65.6%，同比降低0.6个百分点。1~8月，全省规模以上工业企业每百元主营业务收入中的成本为84.82元，同比降低1.7元（见表3）。

表 3 2018 年甘肃规模以上工业企业降成本去库存情况

时间	每百元主营业务收入中的成本同比降低(元)	月末产成品库存同比增长(%)	资产负债率(%)
1～2 月	2.7	-1.5	64.9(降低 1.5 个百分点)
1～3 月	2.0	-7.3	65.2(降低 1.2 个百分点)
1～4 月	1.9	-12.6	65.0(降低 1.1 个百分点)
1～5 月	2.1	-9.3	65.6(降低 0.6 个百分点)
1～6 月	2.2	-9.5	—
1～7 月	2.0	-6.1	—
1～8 月	1.7	—	—

3. 财政收支较快增长，金融运行基本平稳

全省经济稳定向好为税收平稳增长奠定了基础，同时，各级税务部门加强税收征管，努力挖掘潜力，有效促进了税收增收。同时，全省财政部门强化资金统筹，促进社会公平，保障社会民生，财政支出也较快增长。

一季度，全省一般公共预算收入 197.7 亿元，同比增长 7.8%。其中，税收收入 151.5 亿元，同比增长 26.3%。一般公共预算支出 856.4 亿元，同比增长 9.6%。其中，十类民生支出 724.2 亿元，同比增长 10.9%。上半年，全省一般公共预算收入 451.9 亿元，同比增长 10.2%。其中，税收收入 323.3 亿元，同比增长 17.6%。一般公共预算支出 1868.7 亿元，同比增长 8.6%。其中，教育、社保等十类民生支出 1516.5 亿元，同比增长 7.8%。前三季度，全省一般公共预算收入 640.8 亿元，同比增长 8.8%。其中，税收收入 457.0 亿元，同比增长 14.3%。一般公共预算支出 2748.5 亿元，同比增长 15.1%，增速比上半年提高 6.5 个百分点。其中，教育、社保等十类民生支出同比增长 15.5%。

表4 2018年甘肃各月累计财政收支情况

单位：亿元，%

时间	一般公共预算收入	增速	税收收入	增速	非税收入	增速	一般公共预算支出	增速	十类民生支出	增速
1~2月	141.8	14.9	113.3	25.4	28.5	−13.9	503.3	17.1	419.9	14.7
1~3月	197.7	7.8	151.5	26.3	—	—	856.4	9.6	724.2	10.9
1~4月	272.5	8.5	206.0	22.1	66.5	−19.5	1074.2	11.6	882.9	9.1
1~5月	368.6	11.9	275.1	21.1	93.5	−8.6	1367.1	9.0	1107.6	6.0
1~6月	451.9	10.2	323.3	17.6	—	—	1868.7	8.6	1516.5	7.8
1~7月	530.6	11.6	384.4	18.3	146.2	3.0	2113.4	11.6	—	10.9
1~8月	583.0	10.7	421.6	17.2	161.5	−3.3	2351.3	11.4	—	10.7
1~9月	640.8	8.8	457.0	14.3	—	—	2748.5	15.1	—	15.5

金融行业平稳运行。3月末，全省金融机构本外币各项存款余额18060亿元，同比增长1.7%；金融机构本外币各项贷款余额18307亿元，同比增长9.9%。6月末，全省金融机构本外币各项存款余额18555亿元，同比增长1.6%；金融机构本外币各项贷款余额18874亿元，同比增长10.2%。9月末，全省金融机构本外币各项存款余额18797亿元，同比增长4.2%；金融机构本外币各项贷款余额19107亿元，同比增长9.8%。

表5 2018年甘肃各月末金融机构本外币存贷款余额与增速

单位：亿元，%

时间	存款余额	增速	贷款余额	增速
2月末	17875	0.70	18112	10.40
3月末	18060	1.65	18307	9.85
4月末	18167	2.10	18503	10.50
5月末	18323	2.10	18699	10.20
6月末	18555	1.60	18874	10.20
7月末	18434	1.60	18904	10.00
8月末	18570	2.90	18944	9.50
9月末	18797	4.20	19107	9.80

4. 城乡居民收入稳步增长，农村收入增长快于城镇

一季度，全省城镇居民人均可支配收入7823.1元，同比增长7.9%，增速居全国第22位。其中，工资性收入、经营净收入、财产净收入和转移净收入分别增长9.3%、5.3%、10.4%和2.6%。上半年，全省城镇居民人均可支配收入14202元，同比增长8.0%。其中，工资性收入、经营净收入、财产净收入和转移净收入分别增长8.9%、6.5%、4.2%和7.6%。前三季度，全省城镇居民人均可支配收入22283元，同比增长7.8%。其中，工资性收入、经营净收入、财产净收入和转移净收入分别增长9.2%、4.9%、7.4%和4.1%。

一季度，全省农村居民人均可支配收入2430.6元，同比增长9.1%，增速居全国第18位，高于城镇居民人均可支配收入增速1.2个百分点。其中，工资性收入、经营净收入、财产净收入和转移净收入分别增长23.6%、2.8%、-24.3%和6.1%。上半年，全省农村居民人均可支配收入3833元，同比增长9.0%，高于城镇居民人均可支配收入增速1个百分点。其中，工资性收入、经营净收入、财产净收入和转移净收入分别增长11.6%、7.5%、32.3%和6.5%。前三季度，全省农村居民人均可支配收入5914元，增长9.0%，高于城镇居民人均可支配收入增速1.2个百分点。其中，工资性收入、经营净收入、财产净收入和转移净收入分别增长12.0%、5.6%、37.5%和8.0%。

表6 2018年甘肃省城乡居民人均可支配收入

单位：元，%

项目	一季度		上半年		前三季度	
	城镇	农村	城镇	农村	城镇	农村
居民人均可支配收入	7823.1	2430.6	14202.0	3833.0	22283.0	5914.0
居民人均可支配收入增速	7.9	9.1	8.0	9.0	7.8	9.0
工资性收入增速	9.3	23.6	8.9	11.6	9.2	12.0
经营净收入增速	5.3	2.8	6.5	7.5	4.9	5.6
财产净收入增速	10.4	-24.3	4.2	32.3	7.4	37.5
转移净收入增速	2.6	6.1	7.6	6.5	4.1	8.0

（三）经济新动能加快成长

一季度，全省规模以上工业中，战略性新兴产业工业增加值同比增长21.1%；全省规模以上工业发电量中，风、光电发电量同比分别增长49.4%、41.2%，占比为20.7%，比上年同期提高3.7个百分点；全省共接待国内外游客4010万人次，实现旅游综合收入273亿元，同比分别增长21.5%和28.8%；全省完成快递业务量1738.6万件，同比增长16.5%。

上半年，全省战略性新兴产业工业增加值占规模以上工业增加值的7.4%，同比增长6.8%；全省规模以上工业发电量中，风、光电发电量分别增长32.7%和35.1%；全省共接待国内外游客1.3亿人次，实现旅游综合收入865.8亿元，同比分别增长21.5%和28.1%；全省完成快递业务量3856.8万件，同比增长24.2%。

前三季度，全省规模以上工业水、风、光等清洁能源发电量同比增长29.7%，比火电增速高14.8个百分点；共接待国内外游客2.5亿人次，实现旅游综合收入1683亿元，同比分别增长23.7%和29.3%；完成快递业务量6261.1万件，同比增长25.3%。

（四）经济活力不断增强

1. 对外贸易快速增长

一季度，全省进出口总值97.0亿元，同比增长32.9%。其中，出口34.9亿元，同比增长43.7%；进口62.1亿元，同比增长27.6%。上半年，全省进出口总值200亿元，同比增长40.2%。其中，出口总值67.8亿元，同比增长42.9%；进口总值132.2亿元，同比增长38.9%。前三季度，全省进出口总值299.5亿元，同比增长35.2%。其中，出口总值105.5亿元，同比增长46%，进口总值194亿元，同比增长30%。

表7　2018年甘肃省各月累计进出口情况

单位：亿元，%

时间	进出口总值	增速	出口总值	增速	进口总值	增速
1～2月	59.5	25.1	23.2	47.2	36.3	14.1
1～3月	97.0	32.9	34.9	43.7	62.1	27.6
1～4月	129.0	33.0	46.0	39.3	83.0	29.7
1～5月	166.3	33.0	57.4	36.0	108.9	31.4
1～6月	200.0	40.2	67.8	42.9	132.2	38.9
1～7月	234.3	43.2	82.1	49.3	152.2	40.0
1～8月	267.8	39.2	94.3	48.2	173.5	34.7
1～9月	299.5	35.2	105.5	46.0	194.0	30.0

2. 铁路公路客货运量

从铁路客货运量看，上半年，全省铁路运输客运量2613.4万人次，同比增长41.2%；客运周转量186.0亿人公里，同比增长12.6%；货运量3067.2万吨，同比增长0.2%；货运周转量713.6亿吨公里，同比增长6.9%。前三季度，全省铁路客运量4259.4万人次，同比增长27.0%；客运周转量322.3亿人公里，同比增长10.1%；铁路货运量4555.8万吨，同比增长0.1%；货运周转量1094.9亿吨公里，同比增长9.1%。

从公路客货运量看，上半年，全省公路运输客运量1.9亿人次，同比下降1.2%；客运周转量124.4亿人公里，同比下降4.0%；货运量2.9亿吨，同比增长7.8%；货运周转量489.3亿吨公里，同比增长6.3%。前三季度，全省公路客运量2.8亿人次，同比下降2.1%；客运周转量181.2亿人公里，同比下降4.4%。公路货运量4.7亿吨，同比增长7.8%；货运周转量807.3亿吨公里，同比增长7.1%。

二 存在的主要问题

2018年甘肃经济虽然呈现运行平稳、结构优化、动能转换、质量效益提升的态势，但也面临投资趋稳回升压力大、结构调整难度大、工业生产仍有下行压力等问题，全省经济持续健康发展的基础仍不够坚实稳固，经济仍处于转型发展、结构升级、动力转换的关键时期和矛盾凸显期。

（一）项目投资增长动力不足

全省固定资产投资增长动力不足。2017年，固定资产投资逆势下降40.3%，2018年降幅逐步有所收窄，上半年下降9%，低于全国增速15个百分点，居全国第25位。虽然各月累计增速的降幅收窄，但各月累计增速基本仍是负增长。2018年以来，全省固定资产投资增长速度先由负转正，从1~2月累计同比下降6.4%，转为1~3月累计同比增长2.7%，后由正转负，并由1~4月的累计同比增长-1.8%，扩大到1~5月的-10.8%，之后各月累计增速降幅收窄。前三季度，全省固定资产投资同比下降6.1%，降幅比上半年收窄2.9个百分点。

项目投资增速一直处于负增长态势，而房地产开发投资基本处于两位数正增长，二者形成鲜明对比。一季度虽然项目投资增长速度为-1.8%，但之后各月累计同比增速下降并基本稳定在-13%~-15%。房地产开发投资增速先速降后缓升，但基本各月累计都是两位数正增长。显示出资本投资于实体经济的信心较弱，房地产市场对资金的吸引力更强，但房地产开发投资增速趋缓。

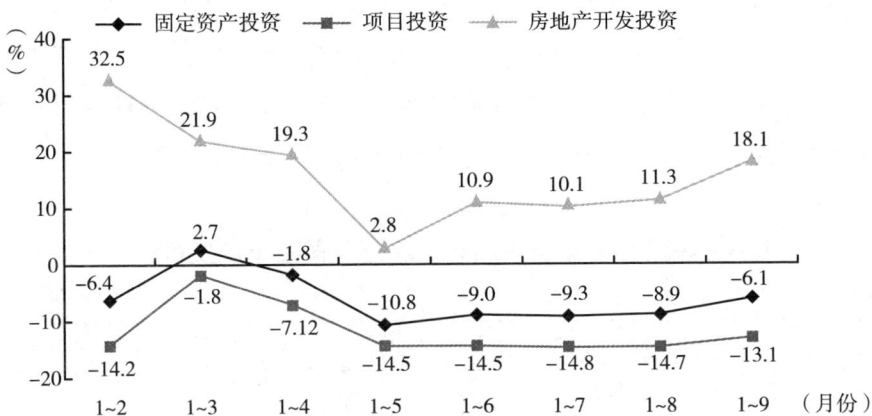

图5　2018年甘肃省各月累计固定资产投资增速变化

（二）第二、三产业投资增长乏力

在三次产业中，第一产业投资增速相对稳定，在一季度同比下降6.9%后，各月累计增长速度基本都在15%以上。其中，6~9月各月累计同比增长速度分别为24.5%、20.1%、17.8%和20.4%，呈现稳定健康的增长态势。

2018年以来，全省在主动调整经济结构、新旧动能转换接续、传统产业转型滞缓、环保要求更加严格等内外部因素影响、长短期矛盾叠加下，第二产业投资和工业投资增速虽然降幅收窄，但同比增长速度仍为负值，显现出较大的经济下行压力。1~3月，全省第二产业投资同比下降9.3%，其中工业投资同比增长1.7%；1~6月，全省第二产业投资同比下降23.3%，其中工业投资同比下降20.8%；1~7月，全省第二产业投资同比下降16.7%，其中工业投资同比下降22%；1~8月，全省第二产业投资同比下降16.8%，其中工业投资同比增长18.9%；1~9月，全省第二产业投资同比下降16.1%，其中工业投资同比下降16.1%。

2018 年以来，在经济下行压力持续、消费结构转型升级等影响下，第三产业投资由正转负，虽然降幅不断收窄，但仍处于负增长阶段。1~3月，全省第三产业投资增长7.4%，6~9月各月累计投资增速分别为 -7.3%、-9.3%、-8.6%和-5.3%。

表8　2018 年甘肃各月累计三次产业固定资产投资增速

单位：%

时间	固定资产投资	第一产业	第二产业	第三产业
1~2月	-6.4	—	—	—
1~3月	2.7	-6.9	-9.3	7.4
1~4月	-1.8	—	—	—
1~5月	-10.8	—	—	—
1~6月	-9.0	24.5	-23.3	-7.3
1~7月	-9.3	20.1	-16.7	-9.3
1~8月	-8.9	17.8	-16.8	-8.6
1~9月	-6.1	20.4	-16.1	-5.3

（三）民间投资低速增长

2018 年以来，受企业生产经营成本增高、市场需求不振、融资困难、投资信心不足等多元因素影响，全省民间投资增速先由正转负，再由负转正，呈持续低速增长态势。虽然民间投资在全省投资中的比重逐步提升，并已经超过45%，但民间项目投资增长乏力，企业投资于实体经济的意愿和动力不强，民间房地产开发投资增速较高。1~3月，全省民间投资同比增长1.6%，占全省投资总额的42.4%。1~4月，全省民间投资同比增长2.1%，其中项目投资下降10.7%，房地产开发民间投资增长19.2%。1~5月，全省民间投资同比下降6.1%，其中项目民间投资下降15.7%，房地产开发民间投资增长5.9%。1~6月，全省民间投资同比增长0.9%。1~7月，全省民间投资同比增长 0.02%，民间投资占全部投资的比重为 45.9%，比上半年提高 0.3 个百分点。1~8 月，全省民间投资同比增长 0.1%，民间投资占全部投资的比重为 45.5%。1~9 月，全省民间投资同比增长 2.8%，增速比上半年提高 1.9 个百分点。

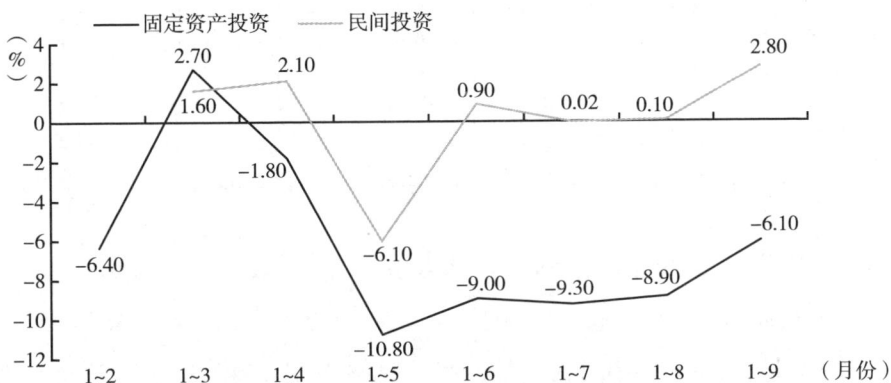

图6　2018 年甘肃各月累计固定资产投资和民间投资增速

（四）部分消费品价格和生产者价格水平上涨较快

2018 年前三季度，虽然各月累计的消费者价格指数温和上涨，基本稳定在 2.3% 左右的水平，控制在年初确定的 3% 以内，食品烟酒、衣着、生活用品及服务、交通通信、教育文化娱乐等价格水平涨幅很小，但居住类价格同比涨幅较大，各月累计均在 4.1%~5.1%。受实体经济经营困难、资本投资渠道有限、市场房价预期上涨等的影响，房地产开发投资有较强的增长动力，增速基本在两位数以上，居住类产品价格也增长较快。此外，医疗保健类价格同比上涨幅度也较大，基本在 9.4%~10.1% 的水平。上述两个因素成为影响居民消费价格上涨的主要因素。总的来看，居民消费价格水平各月同比增速在 2%~3%，环比增速波动幅度较大，但总体呈现上升趋势。

表9　2018年甘肃居民消费价格指数

单位：%

时间	消费者价格指数	居住	医疗保健	时间	居民消费价格	
					环比	同比
1~2月	2.3	4.9	9.4	2月	0.5	2.6
1~3月	2.4	5.1	9.5	3月	-0.4	2.6
1~4月	2.3	5.1	9.6	4月	-0.3	2.1
1~5月	2.3	5.1	9.8	5月	-0.2	2.1
1~6月	2.3	4.8	9.8	6月	0.1	2.1
1~7月	2.2	4.5	10.0	7月	-0.1	2.1
1~8月	2.2	4.3	10.1	8月	0.3	2.1
1~9月	2.2	4.1	9.4	9月	0.6	1.8

1~9月，全省各月累计生产者购进价格指数和生产者出厂价格指数均达到9%以上，远高于全国3.7%~5.2%和3.1%~4.7%的水平。特别是，1~2月和1~3月，生产者购进价格指数均高于生产者出厂价格指数，从一定程度上表明企业经营压力增大，利润空间被挤压。此外，生产者购进价格指数同比增速先升高后微降，后期各月均达两位数，环比增速虽然波动较大，但整体处于增长状态，表明企业经营成本升高的压力大；生产者出厂价格指数同比增速先升后降，环比增速波动，整体也处于增长状态，表明企业经营的利润空间有限。

表10　2018年甘肃省生产者价格指数变化

单位：%

时间	生产者购进价格指数	生产者出厂价格指数	时间	生产者购进价格指数		生产者出厂价格指数	
				同比	环比	同比	环比
1~2月	10.6	9.8	2月				
1~3月	9.4	8.9	3月	7.1	-1.0	7.2	-0.7
1~4月	9.0	9.1	4月	7.9	0.3	9.7	0.2
1~5月	9.3	9.7	5月	10.1	1.8	12.5	2.2
1~6月	9.8	10.5	6月	12.5	1.7	14.3	1.7
1~7月	10.4	10.9	7月	13.8	0.3	13.6	0.1
1~8月	10.5	10.8	8月	11.5	0.4	10.2	1.3
1~9月	10.6	10.6	9月	11.6	2.0	8.8	0.7

三 形势分析与预测

2018 年以来，国内外经济发展形势出现了一些新情况和新变化，成为影响全省经济发展的重要因素。

从世界经济新发展动态看，虽然全球经济复苏趋势日渐明朗，但是以贸易战为主导的逆全球化行为使得全球经济发展环境堪忧。近几年，虽然世界经济逐步呈现出复苏苗头，然而以美国为代表的贸易保护主义抬头，多边贸易体制受到挑战，经济全球化遇到严重挫折。中美贸易摩擦升级为贸易战与美国向西方国家达成协定缓和贸易紧张关系并行，形成了不利于我国发展的外部环境。对于甘肃省而言，虽然自身经济外向度不高，但逆全球化在直接影响我国东部沿海企业出口的同时，也间接地使甘肃处于上游产业链的企业受到影响，在外需不足的情况下，东部地区产品流向内陆省区可能对甘肃经济产生挤出效应，同时，东部企业市场需求不足，也可能使甘肃省外出务工群体收入的总量减少，稳定性减弱。

从全国经济发展态势看，虽然继续保持稳中有进和稳中向好局面，但在去杠杆、控债务、强环保、防风险等政策效应下仍面临一定的下行压力。2018 年前三季度，我国服务业和消费对经济增长的贡献率分别达到 60.8% 和 78%，分别比上年同期高 1.8 个和 14 个百分点；制造业投资增速连续 6 个月加快，民间投资增速保持在 8% 以上；规模以上工业企业中，高技术产业、装备制造业和战略性新兴产业增加值的增速分别达到 11.8%、8.6% 和 8.8%，明显高于全部规模以上工业增速，但在世界经济逆全球化，及国内去杠杆、控制地方债务、强化环保硬约束等政策效应下，经济仍会面临一定下行压力。对此，国家已有针对性地实行政策预调微调，提出财政政策要更加积极有效，保持适度的社会融资规模和流动性合理充裕，有效保障在建项目资金需求，要落实好减税降费政策，以金融机构降准资金用于小微企业发展，推进市场化债转股，调动民间投资积极性，坚决出清僵尸企业等，这些都有利于甘肃破解瓶颈、提质增效发展。

从全省经济运行形势看，高质量发展的特征更加明显，但稳定向好发展的基础仍需进一步巩固。2018年甘肃省经济运行稳定且回暖向好，农业生产稳步发展，粮食生产再获丰收，工业经济持续回暖，企业降成本去库存成效明显，经营效益持续改善，固定资产投资增速降幅收窄，社会消费品零售总额增速回升，财政收支和外贸进出口总额较快增长，城乡居民收入稳步提高，经济新动能不断蓄积增强。但我们也看到，甘肃省经济结构性矛盾仍然突出，工业经济稳定发展的基础还不稳固，项目投资和民间投资增长动力不足，经济抗风险能力不强。

综合国内外总体发展形势，2018年预计全省经济增速将达到6%左右，其中，第一产业增长5%左右，第二产业增长4.5%左右，第三产业增长8.5%左右。而随着全省经济结构的进一步优化，新动能支撑力的不断增强，十大生态产业发展的积极推进，产业专项行动计划的逐步实施，积极融入"一带一路"和南向通道建设下开放型经济的发展，外贸进出口的快速增长，增加投资补短板强基础力度的加强等，预计2019年各季度地区生产总值增长率将稳定或略高于2018年同期水平，全省地区生产总值增速可能达到6.5%左右，全社会固定资产投资增速降幅有望进一步收窄或由负转正。

四 对策建议

2018年四季度及2019年，全省应坚定发展信心，继续落实好省委、省政府的决策部署，按照高质量发展的要求，紧抓新一轮科技革命和"一带一路"建设机遇，持续深化供给侧结构性改革，深入落实"三重""三一"工作方案，着力发展十大生态产业，加快新旧动能转换，把经济增长和提质增效的潜力充分挖掘出来，继续保持和巩固经济发展来之不易的好势头，争取在高质量发展上取得新进展。

（一）充分对接和利用好国家政策

要顺应"一带一路"倡议下建设国内大通道，推进国际经济合作走廊相通，国内要素资源加快跨区域流动，以及区域产业布局调整的机遇，及时对接国家发展战略、支持政策和产业导向，在区域协同发展中增强竞争力。要及时准确把握国家"一带一路"建设工作五周年座谈会、西部地区开发领导小组会议等重大会议和决策部署所释放出来的预调微调新举措新导向，结合甘肃省情实际，全力对接、谋划、争取和实施好各类符合国家发展战略的生态、交通、民生、水利、能源等项目，争取将甘肃十大生态类产业纳入国家《绿色产业指导目录》，将更多急需的补短板、强优势、优结构、提质量的重大项目纳入国家发展层面。要对接国家优化经济布局和空间开发的产业布局、税收金融、基础设施、土地开发、生态保护等政策，加快关中—天水经济区、兰州—西宁城市群和兰州新区建设，构建现代绿色生态产业体系，推动基础设施互联互通，保护好生态环境，全面提升开放合作水平。

（二）遵循新发展理念加快产业振兴

着力发展好十大生态产业。全力抢占文化、通道、科技、信息、生态"制高点"，落实好十大产业发展的专项行动计划，落实好财政税收、金融国土、工商行政、质量监管、科技创新等支持政策，强化项目带动，积极发展好既符合国家产业发展方向，又有产业发展优势的节能环保、清洁生产、清洁能源、循环农业、中医中药、文化旅游、通道物流、军民融合、数据信息、先进制造十大生态产业，加快构建绿色低碳循环发展的经济体系，努力实现绿色清洁安全循环的高质量发展。优化产业空间布局，河西地区要建设干旱区绿色生态产业经济带，大力发展以文化旅游、通道物流、戈壁农业等为特色的节水型、循环型绿色产业，推进有色冶金等传统行业绿色化改造；中部地区要以兰白城市群为重点，建设城乡一体化的绿色生态产业示范区，大力发展以先进制造、中医中药、数据信息、节能环保、通道物流等为特色的绿色产业，推进石油化工、有色冶金等传统产业清洁化改造；陇东南地区要建设开放型绿色生态产业区域合作经济带，大力发展先进制造、文化旅游、保健养生等特色优势产业，加快发展农村电子商务。要按照省上的决定、规划和专项行动计划细化分解，将项目落实到市州和企业，加大重点行业、重点企业、重点区域企业运行监测力度，鼓励实体经济发展，引导它们更多地把投资意愿和方向转向绿色生态产业，促进全省新旧动能接续转换，促进经济高质量发展。

着力支持困难企业转型。要逐户研究重点企业生产运营中存在的突出问题，搭建交流合作平台和项目推介，协助企业开拓市场，抵御经济下行压力；加大对异地搬迁改扩建企业的支持力度，着力促进有发展潜力的停产企业复产，对复产企业纳入失业保险援企稳岗护航行动稳岗补贴范围，缓缴减免相关税费；以国家将甘肃列为电力现货市场建设试点省份为机遇，深化电力体制改革，落实禁止执行环保政策"一刀切"的要求，帮助企业脱困增效。

着力推动乡村产业振兴。加快现代农业发展，优化农业空间布局，构建现代农业产业体系、生产体系、经营体系、保险保障体系，推动农业由提升产量向增强品质转型，加快农业发展质量变革、效率变革和动力变革，实现科技、质量和品牌兴农；推进农村一二三产业融合发展，挖掘农业多种功能，延长农业产业链，提升农产品精深加工水平，发展农业体验、健康养老等农业，提升农业价值链，健全多元化利益分享机制，完善农业利益链。

着力落实好绿色发展理念。严格遵守生态保护红线，汲取祁连山生态环境破坏问题的深刻教训，遵循国家发展战略和产业政策导向，重点做好矿业权分类退出、砂石资源开发和河道采砂活动规范、水电站关停退出整治、旅游设施项目差别化整治补偿等工作，维护好资源环境，促进资源河道治理疏浚和水利工程养护，健全生态环境保护长效机制，实实在在地落实好绿色发展理念，推进经济高质量发展。

（三）全力扩大优结构补短板强基础的高质量投资

着力谋划优结构补短板强基础的投资。严格落实高质量发展的要求，结合国家产业政策和经济社会发展的实际，充分利用丝绸之路（敦煌）国际文化博览会、中国（甘肃）中医药产业博览会、粤港招商、兰洽会、民企陇上行等重大节会和招商活动，及时谋划实施重大产业项目，以新增投资加快结构优化和动能转换，推动全省增强发展后劲；同时，谋划落实补短板的有效投资，强化交通、水利、信息、网络、电力等基础设施建设，强化棚户区改造、地下综合管廊、海绵城市等惠民生利长远的投资，充分发挥投资对调结构稳增长的关键作用。

着力推进重大项目加快建设。优化项目实施的外部环境，进一步推进"放管服"改革，最大限度地简化审批程序、提供优质高效便捷服务，为项目实施创造尽可能好的条件。分类施策推进重大项目建设，对资金落实不到位的项目，协调金融机构开展银企对接活动，助力企业打破瓶颈制约加快发展；对政府投资项目，由项目所在地政府制定资金筹措计划，防止形成政府债务；对受国家政策影响而停建缓建的项目，职能部门应加强与国家部委的对接，强化项目跟踪服务，国家政策允许便及时推进实施；对因征地拆迁不畅造成停建缓建的项目，由项目所在地政府加强协调服务，全力促进项目尽快实施；对经营困难的企业，要以项目建设推动其延长产业链，强化研产销体系，增强全产业链抵御市场风险的能力；对交通水利、市政工程、环境保护等市场化程度高、公共服务需求稳定、现金流可预测性较强的行业实施资产证券化，解决项目资金短缺难题。

（四）创新驱动新旧动能转换

强化科技创新支撑。充分发挥好兰白国家自主创新示范区和兰白科技创新改革试验区平台作用，推进科技创新体制机制改革，探索建立绿色通道、联审联批等制度，实施好"六个一百"技术创新工程，实施科技重大专项，攻克一批提升企业核心竞争力的关键共性技术，增强产业整体竞争力。加快丝绸之路国际知识产权港建设，以甘肃为基点辐射西部，面向丝绸之路经济带沿线国家和地区，建设知识产权聚焦、再加工、交易、转化的"吞吐池"和"国际港口"，构建涵盖知识产权服务交易各环节的全生命周期全产业链条。加快丝绸之路信息港建设，完善陆上国际数据交换中心策划方案。

（五）改革开放全面激发经济活力

全面深化"放管服"改革，进一步转变政府职能，加快建设一体化在线政务服务平台，进一步推动实现政务服务"一网、一门、一次"办理，最大限度简化审批程序，最大力度提供优质服务，强化督查问责，全力改善营商环境，使审批和服务成为推动全省高质量发展的新引擎。推进农业综合改革，大力培育和引进龙头企业、组建农民专业合作社，在守好底线的基础上，鼓励引导农村资源、资产、资金折价入股到企业、合作社和种养大户，建立合理的利益联结机制，拓宽村集体和农户收益获取渠道，为农村经济发展和农民增收添活力。以提高国有资本效率、增强国有企业活力为中心，坚定不移推进国有企业混合所有制、集团组建、重组整合、内部改革等工作，加快推进酒钢集团公司、兰州佛慈制药股份有限公司重组合作步伐，尽快研究省旅游集团公司组建方案，推动各种所有制资本取长补短、相互促进、共同发展，不断增强国有经济活力、控制力、影响力及抗风险能力。不断深化投融资体制改革，科学界定并严格控制政府投资范围，放宽放活社会投资，激发民间投资潜力，充分发挥市场在资源配置中的决定性作用，更好发挥政府作用。

深入分析甘肃融入南向通道建设、兰渝铁路开通后，甘肃向南开放发展的思路定位、体制机制、配套政策、重点领域、重点产品、重点区域等，推动南向物流产业合作发展，推进南向通道货运班列常态化，组织国际货运班列，稳定开行冷链班列，拓宽经济发展空间；加快建设三大国际陆港和三大国际空港，推进兰州新区综合保税区和武威保税物流中心开展出口加工贸易、跨境加工贸易和跨境电子商务，尽快建成进口肉类、冰鲜水产品、木材等指定口岸，培育引进企业开展业务。

行 业 篇

Industrial Reports

B.2

2018~2019年甘肃省农业与农村经济
形势分析与预测

燕星宇*

摘　要： 2018年，是贯彻党的十九大精神的开局之年，是改革
开放40周年，是决胜全面建成小康社会、实施"十三
五"规划承上启下的关键一年，农业农村经济已从追
求高速增长转向高质量发展阶段。在以习近平同志为
核心的党中央的坚强领导下，甘肃省委、省政府团结
带领全省各族人民努力奋斗，以习近平新时代中国特
色社会主义思想为指导，深入贯彻落实党的十九大，
十九届二中、三中全会和中央农村工作会议精神，按

---

* 燕星宇，甘肃省社会科学院研究实习员，主要研究方向为产业经济和农村经济。

照产业兴旺、生态宜居、乡风文明、治理有效、生活富裕的总要求，统筹推进陇原农村经济、政治、文化、社会、生态文明和党的建设，着力解决甘肃城乡发展的不平衡不充分问题，努力推动陇原乡村振兴。2018年甘肃农业农村经济运行态势保持在合理区间，发展势头良好，持续呈现稳中有进、稳中向好的发展态势。农业总产值、农民人均纯收入、农业机械化水平等较上年均有所提高，但相较全国农业发展形势而言，甘肃省农业仍存在产业规模小、特色优势不明显、农业发展动力不足、农村区域发展不均衡等问题。新时代要实现全省农业的转型跨越式发展，需在特色优势领域进一步做大做强，充分发挥品牌效应，形成独具地域特色的农业发展模式，让农民更有获得感，确保2020年与全国同步进入小康社会。

关键词： 甘肃 农业 乡村振兴 农村经济

2018 年，是贯彻党的十九大精神的开局之年，是改革开放 40 周年，是决胜全面建成小康社会、实施"十三五"规划承上启下的关键一年，农业农村经济已从追求高速增长转向高质量发展阶段。在以习近平同志为核心的党中央的坚强领导下，甘肃省委、省政府团结带领全省各族人民努力奋斗，以习近平新时代中国特色社会主义思想为指导，深入贯彻落实党的十九大，十九届二中、三中全会和中央农村工作会议精神，按照产业兴旺、生态宜居、乡风文明、治理有效、生活富裕的总要求，统筹推进陇原农村经济、政治、文化、社会、生态文明和党的建设，着力解决甘肃城乡发展的不平衡不充分问题，努力推动陇原乡村振兴。2018年甘肃农业农村经济运行态势保持在合理区间，发展势头良好，持续呈现稳中有进、稳中向好的发展态势，这为全省经济社会发展适应新形势提供了根本保证。当前，甘肃省正处在全面深化改革的攻坚期，如期全面实现脱贫是一切工作的核心。这就要求在农业农村发展领域进一步转变经济发展方式，不断调整和优化产业结构，加快培育特色优势产业，加强城乡基础设施建设和农村公共服务，从而实现农业增效和农民增收。特别是在经济下行压力持续加大的情况下，农业领域的结构性矛盾日益凸显，主要表现在：特色优势产业规模小，产品同质化现象严重、品质不高；大宗农产品低价竞争严重，销路不畅、生产成本高；农民工务工难，生计模式单一，农民收入低、生活艰难；土地撂荒严重，农村劳动力大量短缺；产业规模小、对农村经济的带动作用小等问题，严重影响了农业的可持续发展。

一　2018年农业与农村经济运行状况

2018年以来，全省各级农业部门认真贯彻落实中央和省委1号文件精神，全盘谋划实施乡村振兴战略，扎实推进农业供给侧结构性改革，深入实施精准扶贫精准脱贫富民产业培育支持计划，农业农村经济运行总体平稳，并保持在合理区间，农业农村经济发展势头良好。

（一）种植业方面

根据全省实际，2018年继续进行结构调整，春播作物在布局上进一步向优势产区集中，调减非优势产区面积。在确保粮食安全的前提下，总体结构上适度调减粮食作物面积，依靠科技提高单产，提升粮食生产水平。为保障口粮安全，稳定小麦主产区面积，继续适当调减河西和沿黄灌区水地玉米面积,因地制宜发展青贮玉米。在稳定马铃薯面积的基础上,加大适宜马铃薯主食加工品种的引进和推广力度。发展经济作物,扩大蔬菜、油料及水果种植面积,增加农民收入。

据农情统计,预计2018年全省粮食播种面积4128万亩,比上年减少39.8万亩,减幅0.95%;总产1122.8万吨,比上年减少10.8万吨,减幅0.96%;平均单产272公斤,与上年持平。其中,春播粮食作物面积3102万亩,比上年减少10.5万亩,主要粮食作物春小麦面积298.5万亩,比上年减少1.5万亩,玉米面积1401万亩,比上年减少54万亩,春播马铃薯面积1056万亩,比上年增加6万亩;春播蔬菜面积548万亩,比上年增加10万亩;油料面积272万亩,比上年增加2万亩;春播棉花面积23万亩,与上年基本持平。夏粮面积1300万亩,其中主要作物冬小麦面积840万亩,目前普遍长势良好,有望取得好收成,为实现全年粮食丰收奠定良好基础。蔬菜、水果等经济作物稳步发展,预计2018年蔬菜种植面积将达到900万亩,较上年增加30万亩,新增水果面积15万亩,达到755万亩(其中,苹果新增面积8万亩,达到520万亩)。中药材种植面积将达到450万亩左右,但由于受入夏以来多地暴雨频发,尤其是药材产区冰雹等极端天气影响,中药材产量预计有所下降。

(二)畜牧业方面

2018年以来,全省各地加大畜牧业政策扶持力度,良好的政策环境为畜牧业发展奠定了坚实的基础,畜牧业生产发展态势良好。通过组织实施牛羊产业扶贫三年行动计划,省上按贫困户平均每户2万元标准,截至6月27日全省财政专项扶贫资金已分3批下达,共计109.9亿元,据测算,用于以牛羊为主的畜牧业扶贫资金达到27亿元。同时,各对口帮扶省市援助甘肃省贫困县用于畜牧产业的扶贫力度明显加大,如厦门帮扶东乡县1000万元,天津对口帮扶6个市州

25 个县 4140 万元, 福州市帮扶定西市 1000 万元。金融支持特色产业扶贫资金 1100 亿元, 用于贫困户和养殖企业养殖贷款。

随着牛羊市场回暖、扶持政策力度加大等, 全省各地养殖户积极性提升。据对部分县区牛羊调入情况调查, 截至目前, 17 个县调入基础母牛 4.97 万头, 如广河县调入 1.45 万头 (其中从内蒙古、山西、陕西调入 1.29 万头), 会宁县调入 7332 头, 康乐调入 6500 头; 19 个县调入基础母羊 16.23 万只, 如会宁县调入 4.6 万只, 广河县调入 3.85 万只, 古浪县调入 3.5 万只。总体来看, 畜牧业生产保持稳定发展态势, 特别是牛羊产业发展较快, 肉羊产业呈现明显恢复性增长态势, 畜产品市场供应充足。

据统计, 上半年, 全省牛饲养量 732.37 万头, 同比增长 4.34%, 其中存栏 636.37 万头, 同比增长 4.2%, 出栏 96 万头, 同比增长 5.3%; 羊饲养量 2986.95 万只, 同比增长 1.08%, 其中存栏 2272.5 万只, 同比增长 1.3%, 出栏 714.45 万只, 同比增长 0.4%。猪饲养量达到 923.69 万头, 同比减少 1.19%, 其中存栏 546.49 万头, 同比下降 4.3%, 出栏 377.2 万头, 同比增长 3.7%; 家禽饲养量 5308.35 万只, 同比减少 7.82%, 其中存栏 3621 万只, 同比减少 7.3%, 出栏 1687.35 万只, 同比减少 8.9%。肉蛋奶总产 88.64 万吨, 同比增长 1.56%, 其中肉类总产 50.99 万吨, 同比增长 2.84%, 禽蛋产量 5.55 万吨, 同比减少 5.93%, 奶产量 32.1 万吨, 同比增长 0.94%。畜牧业增加值 111.7 亿元, 同比增长 3.72%。

（三）渔业方面

2018 年渔业运行态势平稳、发展势头强劲。苗种引进和孵化数量充足, 渔业生产形势良好。全省水产苗种引进和自繁自育数量多、质量好、规格大、成活率高, 较好地满足了渔业生产企业、专业合作社和养殖场的养殖需要, 为全年渔业丰产奠定了基础。

据统计，上半年，全省水产养殖面积35.74万亩，同比增加0.5万亩，增长1.4%。全省水产品产量8184吨，同比增加433吨，增长3.5%。全省共投放水产苗种11726万尾，同比增加3933万尾，增长52%。

特色渔业稳步发展，不断壮大。上半年，全省通过内引外联、政策扶持、多方调引等方式，大力推进了特色渔业发展。鲟鱼、虹鳟鱼、金鳟鱼、鲈鱼、河蟹、黄颡鱼、梭边鱼等新品种逐渐发展为适宜本地养殖的特色高效品种。全省特色水产品养殖面积1.854万亩，同比增加0.43万亩，增长30%，产量4670吨，同比增加288吨，增长6.5%。

（四）农机化方面

全省农机化事业保持了持续快速发展的良好态势。上半年，农机装备总量持续增长，全省农机总动力预计达到2023.75万千瓦，比上年增长1%；拖拉机保有量达到83.04万台，同比增长1.4%；农作物耕种收综合机械化率达到54.43%，增长0.54个百分点。农机化作业水平持续提高，全省农作物机耕、机播面积分别达到2251.3万亩、1777.04万亩，同比分别增长17.9%、4.2%。农机购置补贴稳步实施。截至6月14日，下达中央资金4.026亿元、省级资金4500万元，已补贴购置各类农机1335台，受益农户1312户，使用中央资金1231.5万元，拉动农民投资3379.5万元。市县两级财政持续加大对农机化的投入，对主导产业和优势特色产业机具实行累加补贴。

（五）农产品价格整体稳定略有下降

据统计，上半年农产品价格整体稳定，除水产品价格小幅上升外，肉类蔬菜价格均呈整体下降态势。猪肉平均价格13.4元/斤，环比下降0.44%，同比下降17%；牛肉价格29.5元/斤，环比下降0.37%，同比上升2.1%；羊肉价格25.6元/斤，环比下降1.6%，同比上升 16.2%；鸡肉价格 11.3 元/斤，环比上升 2%；鸡蛋价格 4.6 元/斤，环比上升 4.7%，同比上升 40%。随着本地菜大面积上市，市场供应量充沛，蔬菜价格持续走低，全省重点监测的 21 种大众蔬菜品种加权平均零售价格为 2.6 元/斤，比 5 月环比下降 20%。

（六）农村居民收入

2018 年甘肃农村居民收入增速预计为 8%，从前三季度国家反馈数据来看，农村居民收入增速达到 9.0%，预计全年能够完成 8% 的增长目标。

2019 年预计农村居民收入增速为 8%，与 2018 年持平，主要原因：一是宏观经济步入新常态，通过"龙头企业 + 基地 + 农业"等产业扶贫和农村"三变"改革，农民家庭经营性收入稳定增长；二是农村劳动力由省外逐步转为本地就近就业，由建筑业逐步转为农业就业，大量扶贫项目实施助推工资性收入有了新的增长点；三是畜牧生产总体呈现稳中有升发展态势，畜产品市场供给充足，价格有所回暖，带动农村居民收入增长。

（七）农业项目及资金投入稳定

上半年，农业基本建设项目投资计划下达较往年有所提前，截至目前已下达 6.8 亿元。中央和省级资金投入 46.2 亿元，同比略有减少，主要原因是农业部实行中央专项转移支付项目管理方式改革，2018 年土地确权资金较上年同期下达有所推后。

（八）气候特征对全省农业带来不利影响

2018 年 1～9 月全省平均降水量 483.3 毫米，为 1961 年以来最多，酒泉市、张掖市、武威市北部、白银市北部为 30～300 毫米，甘南州大部、陇南市东南部、天水市东部、平凉市东部、庆阳市东部为600毫米以上，省内其余地方为300～600毫米。全省平均气温11.4℃。2018年4～9月，15个县出现冰雹，主要出现在定西、甘南、临夏等市州；2018年2～5月，民勤、张掖、武威3个地区出现沙尘暴天气，其中民勤4次，张掖和武威各2次。2018年4月全省共77县（区）出现霜，主要出现在酒泉、天水、陇南、平凉等市，导致冻害灾害的发生。

对全省农业的影响主要表现在：整体利于冬小麦的成熟收获、春小麦抽穗开花、玉米和马铃薯苗期生长；夏季甘肃省降水场次较多，河东大部分地区墒情良好，但是对夏收作物有一定的不利影响，部分地方成熟小麦发芽霉变，同时河东局地性强降水造成农作物不同程度受灾，部分地方田间湿度较大，导致马铃薯晚疫病发病期较常年明显偏早、病情发展流行速度快和发生面积大。阴雨寡照天气不利于苹果和葡萄的果实着色和糖分积累，影响果实品质。

二 甘肃农业与农村发展现状与不足

2018年，甘肃省农业与农村经济保持了总体平稳、稳中有进的运行态势，农业农村发展取得了新成绩、迈上了新台阶，农业综合生产能力稳步提升，特色优势产业不断发展壮大，农民收入持续增长，脱贫攻坚步伐加快，农村面貌和生态环境持续改善，农民群众获得感明显增强，为全省经济社会平稳发展提供了有力支撑。但是甘肃省与其他省份相比还存在明显差距，主要表现在农业现代化水平低、特色优势产业集群度低、农产品市场发育程度低、农村支持服务体系不健全、农民自身素质不高等方面，农业可持续发展的后劲不足，成为阻碍新型城镇化建设、加快农业现代化建设进程、实施乡村振兴战略的重要因素。因此，全面深化改革，不仅要解决农业发展中量的问题，更要重视质的提高，让农业真正成为农民增收致富的主业，让农业成为助推二产、三产不断发展的坚实基础，让农村成为农民安居乐业的美丽家园，成为辅助城市更好发展的美丽后花园。

（一）特色优势产业在脱贫攻坚中的带动作用较弱，发挥的经济效益较低

2018年，甘肃省继续坚持把产业扶贫作为主攻方向，多次召开产业扶贫推进会进行安排部署。根据甘肃省地域优势和产业特色，制定出台了产业精准扶贫实施意见和牛、羊、菜、果、薯、药六大特色产业三年行动方案，确保每个贫困村有主导产业、每个贫困户有稳定增收渠道。以农村"三变"改革为切入点和突破口，制定支持龙头企业发展助推产业扶贫的实施意见，通过自建、外引、培育等方式，确定中天羊业、德青源、天士力中天药业、康美等企业与20多个县签订合作协议，发展壮大龙头企业和专业合作社等新型经营主体。出台加快推进贫困村农民合作社发展的意见，2018年8月底，全面完成1979个贫困村新建2173个合作社的任务，确保每个贫困村至少有2个合作社，实现贫困村农民合作社全覆盖。按照"成本垫底、收益托底、六大产业全覆盖"的原则，出台2018~2020年农业保险助推脱贫攻坚实施方案，防止因自然灾害和市场风险造成贫困户种养产业收入减少。对189万贫困人口，除低保户外，落实户均2万元的产业扶持资金。

加大财政投入，2018年已累计下达财政专项扶贫资金132亿元，其中，中央资金86亿元，省级配套46亿元。另外，省内对口支援藏区资金达到1.8亿元。所有中央、省市县安排的财政专项扶贫资金和70%以上的整合涉农资金用于建档立卡贫困户到户到人扶持项目，支持发展种养业、光伏扶贫等产业增收项目。强化金融支撑，累计发放精准扶贫小额贷款435亿元，惠及贫困户96.4万户398.2万贫困人口，户均4.5万元。持续推进一类与二类低保户、特困供养户和孤儿保险试点，已覆盖12个深度贫困县，惠及49.18万人。加大用地政

策倾斜力度，积极与厦门、天津东西协作市对接，签订了节余指标跨省交易合作框架协议。经初步测算，全省9个涉及深度贫困县的市州可拆旧复垦规模约为8万亩，拟将产生的增减挂钩节余指标7万亩全部用于跨省域交易，2018年可完成拆旧复垦面积约3万亩。调剂资金将全部用于深度贫困地区脱贫攻坚和实施乡村振兴战略。深化东西协作和定点帮扶，省委、省政府主要领导前往对口帮扶地区和单位，积极对接落实东西协作和定点帮扶工作，天津、青岛、福州和厦门4个东部协作市第一批计划投入帮扶资金4.8亿元，33家中央定点帮扶单位计划投入帮扶资金3亿元。

综上所述，甘肃省特色优势产业发展主要依靠政策投入和资金投入驱动，而不是通过依靠产业发展模式创新和产业内生性增长获得，因此，甘肃省的特色优势产业发展必然呈现产业集群度低、产业体系不健全、产业规模小和可持续发展能力弱的特点。因此，产业在助推全省经济社会发展和促进脱贫攻坚方面发挥的带动作用较小，经济效益较低。要通过转变产业发展方式，走集约型发展道路，依靠加大科技投入、人才投入和管理模式创新推动生产力水平提高、降低生产和管理成本。在产业培育上突出地域特色，走品牌化发展道路，严把农产品质量关，形成绿色、清洁、高效的产业发展模式。要将政策和资金投入作为产业发展的保障性措施，注重产业自身发展能力的建设，构建产业发展的良好外部环境。要通过转变政府职能，不断健全市场机制，充分发挥市场在特色优势产业发展方面的决定性作用。

（二）充分发挥甘肃省区位优势，不断改善农业生产基础条件，大力发展戈壁农业

甘肃省戈壁主要分布在乌鞘岭以西的河西走廊地区，毗邻绿洲沙漠，面积为1亿多亩，占甘肃省总面积的42%。东西长1000多公里

的祁连雪山，为这片戈壁提供了充沛、纯净的雪水，冰雪消融形成的地表水和地下径流，滋润着这里的土地和人民，不仅在广袤的戈壁上形成了大大小小的绿洲，而且昼夜温差大（酒泉日温差15.4～32.8℃），空气、水、土壤无污染，有利于农作物生长，具备生产高品质农产品的独特气候条件。习总书记指出，要加强绿色、有机、无公害农产品供给。戈壁、雪水、有机质栽培的特点，使甘肃河西走廊成为落实习总书记指示的最佳区域。

自2012年农业部启动"西北非耕地农业利用技术集成"项目以来，河西地区以现代农业技术为手段，积极拓展戈壁农业综合利用，利用戈壁等非耕地已建成高效节能日光温室5万亩，集成示范推广了基质化无土栽培、日光温室轻简化建造、水肥一体化等先进技术，初步形成了多个戈壁农业集中区，种植作物由蔬菜逐步拓展到葡萄、西瓜、甜瓜、食用菌、沙葱等，亩均效益稳定在2万元以上，高的达到3万元以上，取得了良好的经济、社会和生态效益。目前，甘肃省戈壁农业已具备良好发展基础，生产技术已经成熟，已成为技术密集、科技含量高、经济效益显著的新型产业。

全面贯彻落实省委、省政府出台的《关于加快推进戈壁农业发展的意见》，计划经过五年努力，到2022年全省新增戈壁农业面积30万亩，其中新建高标准日光温室25万亩，新建全钢架高标准塑料大棚5万亩。截至2018年10月底，已建成7.37万亩。其中酒泉建成2.7万亩，张掖建成2.5万亩，嘉峪关建成0.42万亩，金昌建成0.06万亩，武威建成1.75万亩。

甘肃省位于黄土高原丘陵沟壑区，农业生产的基础条件差。2018年继续进一步改善农业生产条件，积极开展高标准农田建设，落实186万亩建设任务。健全市县耕地保护责任目标考核制度，严格落实永久基本农田划定特殊保护政策，共划定永久基本农田5988.5万亩。稳步实施农田水利建设项目，全省计划发展高效节水灌溉面积115万亩，已发展高效节水灌溉面积40万亩。扎实做好水土流失治理等工程建设，全年计划新增水土流失治理面积2000平方公里，已新增水土流失治理面积992平方公里。实施24个江河主要支流治理和69个中小河流治理项目，对全省86县（区、市）开展山洪灾害预警设施监测补充完善工作，进一步完善了全省防汛减灾体系。

综上所述，甘肃省未来农业发展应当坚持：以不断改善农业生产条件为前提，大力发展戈壁农业和设施高效农业，在全面推进农业供给侧结构性改革的同时，积极构建农业对外开放新格局，大力推动甘肃省农产品走出去。

（三）全面激发农业发展内生动力，进一步推进"三变"改革

2018年，中共中央、国务院印发《关于打赢脱贫攻坚战三年行动的指导意见》，"三变"改革是继2017年、2018年连续两年被写入中央一号文件后，第三次被写入中央文件。文件指出："积极推动贫困地区农村资源变资产、资金变股金、农民变股东改革，制定实施贫困地区集体经济薄弱村发展提升计划，通过盘活集体资源、入股或参股、量化资产收益等渠道增加集体经济收入。"省委常委会、省政府常务会专题研究"三变"改革，制定出台指导意见，成立省"三变"改革领导小组及办公室，突出确权、产业、主体、入股、融资五个关键环节，研究配套政策措施，统筹谋划推进改革。省"三变"办先后组织58个贫困县县区长，省直相关部门、各市州及试点县党委或政府分管领导、农工办主任、部分龙头企业负责人，两次赴六盘水现场学习培训"三变"改革经验做法；举办四次培训研讨会，分期对市县"三变"办负责同志、试点县分管领导等进行培训。省委组织部把"三变"改革纳入党政领导干部培训内容，组织贫困县区主要负责同志赴贵州、四川等地学习观摩。紧抓试点示范，对麦积区、临

泽县、陇西县、康县、榆中县、庄浪县 6 个省级试点县和肃州区、甘州区等 18 个市级试点县分别指导、分类推进，全省试点探索出 50 多种"三变"改革模式。"三变"改革在全省 85 个县市区（安宁区无农村人口）的 761 个乡镇 1742 个村深入开展，目前共辐射带动 53 万农户，其中贫困户 26 万户。

肃州区作为全省农村"三变"改革市级试点区，紧紧围绕实施乡村振兴战略，聚焦增加农民收入、壮大集体经济、做强特色产业，选择总寨镇沙河村等 6 个村先行开展"三变"试点。目前，改革工作推进顺利，取得了初步成效，共整合各类资金 1061.8 万元支持全区 6 个试点村的"三变"改革；有 1873 亩土地、337 座日光温室确权入股，495 户农民变为股东，其中贫困户 18 户；预计全年村集体实现分红 55 万元，入股农户分红 581 万元，户均 1.2 万元，为全面推开"三变"改革奠定了良好基础。瓜州县坚持把农村"三变"改革作为推进乡村振兴战略的重要抓手，按照"建大基地、树大品牌、育大龙头、占大市场"的发展思路，立足实际，围绕枸杞、蜜瓜、特色林果、戈壁农业、休闲旅游等特色产业，扎实推动"三变"改革工作。激发了农村发展内生动力，发挥了资源集聚效应，拓宽了群众增收致富渠道，壮大了村级集体经济，形成了农民增收、产业增效的良好局面。截至目前，全县三个试点乡镇和其他十个农村乡镇已探索出"三变＋戈壁农业""三变＋特色种植""三变＋设施养殖""三变＋精深加工"等十余种"三变"模式，共引进"三变"改革经营主体 16 个（公司 9 个、培育扶持合作社 7 个），参与群众达到 1818 户。

（四）农村民生保障水平进一步提高，农民群众获得感进一步增强

2018 年全省继续加速推进基础设施建设，全面推进"四好农村路"建设,研究制定了甘肃省实施方案,提出了 5 年发展目标、重点建设任务和具体保障措施,2018 年下达农村公路建设任务 3382 公里,出台了甘肃省自然村组道路建设工程管理办法、考核办法、资金使用管理办法和《农村公路工程技术标准(试行)》,健全完善全省统一的农村公路技术标准体系。全力推进农村饮水安全巩固提升工程建设,2018 年计划在全省建成集中供水工程 301 处,覆盖提升 163 万农村人口饮水安全,目前完成投资 7.5 亿元。开展农村危房抽查鉴定及"农村危房改造回头看"专项行动,2018 年计划完成农村 C 级危房改造 11.64 万户,同步完成 D 级危房改造收尾工作,已下达预拨资金 5.26 亿元,全面推进农村危房改造。

持续努力提高公共服务水平。利用全省 188 所职业学校,对农村 8 万名"两后生"实施职业教育。推进农村小规模学校建设,持续落实好农村地区不足 100 人的规模较小学校按 100 人核定公用经费政策,切实保障小规模学校正常运转,已实施项目惠及 1.18 万所义务教育薄弱学校 257 万名学生,分别占义务学校数和学生数的 89% 和 95%。聚力发展农村学前教育,解决"入园难"问题,实现建园总数、在园人数、教职工数、学前三年毛入园率"四个翻番",基本构建起了覆盖市县乡村的四级学前教育公共服务体系。提高农村地区教育保障水平,建立了城乡统一、重在农村的义务教育经费保障机制,实现"两免一补"和人均公用经费随学生流动可携带。全力推进贫困人口家庭医生签约服务工作,截至目前,已建立"一人一策"健康帮扶管理卡 188.58 万人,占建档立卡贫困人口总数的 99.96%。着力提升基层医疗机构服务能力,开展城乡环境卫生整洁行动,健康档案系统实现乡村两级全覆盖,目前全省健康档案建档率已达到 92%。扎实做好农村社会救助兜底保障工作,持续提高救助水平,农村低保标准提高到每人每年 3720 元;着力加强医疗救助,对特困人员、农村低保一类对象参加新农合个人缴费部分给予全额资助，对农村低保二、三、四类对象和建档立卡贫困人口参加新农合个人缴费部分给予定额资助。加快推进农村养老服务工作，完善养老服务政策体系，加快推进养老院质量提升和居家养老服务工作。

进一步促进劳动力转移就业创业。加快富余劳动力转移就业，精心组织开展就业技能培训，坚持集中培训与上门服务相结合，量身定做"菜单"，着力增强培训的实效性。特别是对偏远分散且不能参加集中培训的劳动力，采取"送培训下乡"和"培训大篷车"等方式在乡镇村社、田间地头开展培训，实现技能培训按需求愿望精准到人。大力推进农民工返乡创业，全省建立了8个省级农民工返乡创业示范县，认定了30家省级农民工返乡创业示范基地。全省返乡创业农民工累计20多万人。

三 走势预测

2018年，甘肃省农业经济运行平稳且保持在合理区间，稳中向好、稳中有进的势头明显，农业发展逐渐向内生型驱动转变。伴随着经济环境的企稳回升，影响农业发展的不确定因素主要来自农产品市场波动、极端天气灾害、区域经济间的传导、产业内部的摩擦等方面。

初步预测，通过全面推进农村改革和大力实施乡村振兴战略，2018年农业农村发展将维持在稳定水平。在不发生大的自然灾害的前提下，2018年粮食面积将稳定在4100万亩左右，肉蛋奶产量将达到180万吨左右。2019年甘肃省农业农村经济将保持稳定增长态势，第一产业（农林牧渔业）同比增长5%，增长至530亿元；全省农村居民可支配收入同比增长8%；全省种植业、畜牧业、渔业等的发展持续向好。

四 政策建议

（一）深化农业供给侧结构性改革，加快实施戈壁农业，走质量兴农道路

实施乡村振兴战略，产业兴旺是重点。坚持绿色循环、质量第一、品牌培育、效益优先的原则，认真落实《关于构建生态产业体系推动绿色发展崛起的决定》，深入推进农业供给侧结构性改革，加快转变农业发展方式，推进农村一二三产业融合发展，构建现代农业产业体系、生产体系、经营体系，推动农业发展质量变革、效率变革、动力变革，不断提高全省农业产业竞争力、创新力和全要素生产力。

深入推进农业供给侧结构性改革，按照保供给、保安全、保生态、保增收的要求，以保证粮食安全为基础，以构建现代农业产业体系和经营体系为重点，突出各地比较优势，优化农业生产结构和区域布局，加快发展戈壁生态农业，积极推动农业设施装备现代化，着力增强农业综合生产能力。

落实主体功能区规划要求，加快划定、建设甘肃省粮食生产功能区、重要农产品生产保护区和特色农产品优势区，加强建后管护。按照"因地制宜、发挥优势、分类指导、突出特色、区域互补、效益提升"的原则，依据各地发展实际，进一步完善沿黄农业产业带、河西走廊农产品主产区、陇东农产品主产区、中部重点旱作农业区、陇南及天水南部山地特色农业区、甘南及祁连山等高寒牧区"一带五区"布局。支持河西走廊灌区、沿黄灌区、陇东优势产区和城市近郊区加快特色农产品生产基地建设，发展现代高效农业、精品农业、外向型农业和城郊生态休闲农业。大力改善陇南丘陵山地和陇东

陇中旱作农业区生产条件，建设特色产业基地和粮食主产区。加快高寒牧区、南部山区畜牧业生产方式转变，建设有机畜产品生产基地。

认真落实《关于河西戈壁农业发展的意见》，精心布局、合理开发利用河西戈壁、沙漠、盐碱地和废弃地，加快建设以高效节能日光温室和塑料大棚等农业设施为载体，以农作物秸秆和畜禽粪便等农业废弃物为主要原料，以规模化、产业化、标准化、设施化、科技化、机械化、园林化、信息化、品牌化、高值化为标志的戈壁生态农业产业园，推进戈壁生态农业资源利用节约化、生产过程清洁化、产业链条生态化、废弃物利用资源化，全方位提高土地产出率、资源利用率、劳动生产率。鼓励地方政府加大投入，采取定向补助、先建后补、以奖代补、保费补贴等方式对参与戈壁农业开发的新型经营主体进行扶持，引导龙头企业、农民专业合作社、专业大户等新型经营主体参与戈壁生态农业开发。到2022年，在河西地区建成30万亩高标准戈壁设施农业，打造设施装备先进、科技支撑水平高、综合生产能力强、生态环境友好、资源利用高效、产品特色鲜明的戈壁农业产业带。

（二）发展新型农村经济，强化农业科技支撑，走科技兴农发展道路

全面推进农村资源变资产、资金变股金、农民变股东的"三变"改革，深入推进农村集体产权制度改革，创新集体经济实现形式和经营机制，盘活资源配置，激活发展要素，促进资源向资产转化。鼓励市县区在符合有关资金使用管理规定的前提下，将财政支农项目形成的固定资产及相关收益量化为村集体所有股金，投入到农村基础设施、水电产业、乡村旅游等经济效益好、发展前景广的产业及项目，增加村集体收入。认真抓好麦积、临泽等6个省级试点和肃州、凉州等18个市级试点建设。支持和鼓励具备条件的农村集体采取合作联

动、定向帮扶等多种形式，辐射带动周边发展较为落后的农村实现共同发展。认真贯彻落实《农民专业合作社法》，按照"加快培育一批、积极改造一批、努力规范一批、着力提升一批"的思路，采取宣传引导、培育改造、规范提升、优惠扶持等措施，促进各类以松散型合作服务为主的专业合作社，逐步向产前、产中、产后一体化服务紧密型的专业合作转变，促进农民专业合作社的稳步、健康发展，力争到2020年实现培育7000个示范性农民专业合作社。

加快培育各类新型农业经营主体和扶持小农户步伐，促进小农户和现代农业发展有机衔接，引导小农生产进入现代农业发展轨道。发挥供销社、农垦等优势，推进农业社会化服务体系建设，壮大基层供销合作社、村级综合服务社，为农民提供更多的农机农资供应、冷链物流、产品销售等全程社会服务，促使小农户节本增效。引导和支持新型农业经营主体发展设施农业、精深加工、现代营销，带动小农户专业化、标准化、集约化生产。大力开展农超对接、农社对接，帮助小农户对接市场，提升小农户组织化程度。扶持小农户发展生态农业、设施农业、体验农业、定制农业，提高产品档次和附加值，拓展增收空间。加快改善小农户生产设施条件，提升小农户抗风险能力。加大对小农生产的财政和金融扶持力度，创新"两权"抵押贷款模式，建立健全县级农村产权交易市场，引导农业龙头企业开展股份制改造工作。

健全农业科技创新体系，完善农业科技创新激励机制。支持农业企业、科研院所加强工程研究中心、重点实验室等现代农业创新平台建设。通过科研条件建设及成果转化、省级科技计划等专项，支持农业科研院所加强农业基础前沿研究，加快生物育种、绿色增产等技术攻关，培育壮大一批种业龙头企业，增强农业自主创新能力。支持构建以农业科研机构、农业高等院校和农业企业为主的农业科技创新体系，建立农科教产学研一体化农业技术推广联盟。推进农业高新技术产业示范区建设，通过兰白技术创新驱动基金、科技创新若干措施专项支持农业高新技术成果转移转化，加快农业产业化进程。健全农村农业技术推广机制，支持各类社会力量广泛参与农技推广。加强农业信息化建设，提高农业精准化水平，促进信息技术与农业生产管理、经营管理、市场流通等深度融合。

（三）坚持人与自然和谐共生，走乡村绿色发展道路

以资源环境承载力为基础，以生态环境友好和资源永续利用为导向，实现农业生产循环化和清洁化、废弃物资源化、产业模式生态化，提高农业可持续发展能力。

坚持把水资源节约保护和节水型社会建设放在重要位置，实行水资源消耗总量和强度双控行动。深入推进农业灌溉用水总量控制和管理，建立健全农业节水长效机制和政策体系。大力推广农业节水技术，加快河西走廊高效节水灌溉示范区和陇东南特色农业节水示范区建设。加强污水再生利用和苦咸水、雨水等非常规水源开发利用。实施耕地保护与质量提升行动，扩大轮作休耕制度试点范围。加强耕地、草原、荒山荒坡等资源合理利用与保护，坚持用、养相结合，实施河湖水系连通项目。

按照构建生态产业体系推动绿色发展崛起总体部署，以资源环境承载力为前提，创新循环农业生产方式，优化产品结构、产业结构和生产力布局。大力推广"草—畜—沼—果（菜）"等循环模式，突出培育河西地区生态农业循环发展新业态，着力推广陇东粮畜果一体化区域循环模式，大力推广中部小流域治理与产业开发循环模式，积极推广陇南及天水南部山地农林立体复合生态循环模式，示范推广甘南及祁连山高寒牧区草地生态畜牧业循环模式，加快推广沿黄灌区绿色高效现代都市农业循环模式。以"粮改饲"为突破口，优化种养结构，采取工程措施和生物措施，推动农业资源高效节约利用、耕地质

量保护提升、产业模式生态化。到 2020 年，全省鲜明的区域循环主导模式基本形成，初步形成资源高效利用、环境持续改善、产品优质安全的循环农业发展格局。

围绕质量兴农、绿化兴农，提高资源化利用水平，切实保护农业生产环境。落实农业功能区制度，充分利用农作物秸秆和畜禽粪污及农业有机废弃物，加工生产饲料、有机营养枕和有机肥，实现种养结合、农牧互补和资源的循环利用。加强农药、饲料添加剂等投入品规范化管理，健全追溯系统，严格控制确保化肥、农药零增长，力争化肥农药有效利用率达到 38% 以上，全面推广测土配方施肥技术，推进有机肥替代化肥。规范限量使用饲料添加剂，推广健康养殖，严格控制畜禽药物用量。促进农业废弃物无害化处理和循环利用，实施秸秆禁烧制度，推动规模化沼气发展。大力推行高效生态循环种养模式，稳定田间生物群落和生态链，建设健康田园生态系统。

加强农业面源污染治理，实施源头控制、过程治理与循环利用相结合的综合防治，到 2020 年实现废旧农膜回收利用率达到 80% 以上。鼓励使用生物农药、高效低残留低毒农药和有机肥料。以畜牧大县和规模养殖场为重点，坚持源头减量、过程控制、末端利用的治理路径，引导和支持各地开展养殖废弃物处理和资源化利用。加大地下水超采区治理力度，严格控制地表水用水总量。强化农产品产地环境保护、土壤污染监督，严禁工业和城镇污染向农业农村转移，坚决杜绝受污染的农产品流向市场，继续加强草原生态保护与治理。

（四）推进农村一二三产业深度融合发展，不断增强农村自主发展能力

把握城乡发展格局发生重要变化的机遇，以完善利益联结机制为核心，以制度、技术和商业模式创新为动力，努力培育农业农村新产业新业态，加快发展根植于农业农村、由当地农民主办、彰显地域特

色和乡村价值的产业体系，推动要素跨界配置和产业有机融合，打造农村产业融合发展新载体新模式，使农村一二三产业在融合发展中同步升级、增值和收益。

通过招商引资、兼并重组等形式，发展一批农业产业化龙头企业，推进更多农产品就地加工转化增值。切实落实农产品产地初加工补助政策，支持主产区发展精深加工，推动形成一批全链条、高质量、高效益特色产业集群。完善农产品流通骨干网络，构建大市场、农产品产地批发市场、农贸市场三级市场体系，建设以兰州为中心、河西为主轴、陇东陇南为支撑的农产品冷链物流体系，推进农产品流通现代化。发挥兰州、天水、酒泉等流通节点城市的辐射带动作用，打造区域性以及全国重要的农产品集散地，打造一批绿色农产品生产加工集群。加快推进"三园一体"建设，建设一批集种养殖生产、技术研发、农产品加工、冷链仓储、休闲观光、废物处理、创业示范为一体的循环农业产业园区，力争到 2020 年全省"三园一体"农产品加工产值突破 150 亿元。

深入挖掘山水生态、农耕文化、农事体验、特色种植、古村古镇的旅游价值，突出"土气、老气、生气、朝气"，大力发展以农耕文化为魂、以田园风光为韵、以村落民宅为形、以生态农业为基的休闲农业和乡村旅游。依托不同地区的区位条件、特色资源和市场需求，打造景区依托型、田园观光型、休闲度假养生型、古镇古村落型、农耕民俗体验型等类型的乡村旅游产品，扶持建设一批生态良好、基础完善、特色鲜明的旅游示范村和专业村，引导发展以"吃农家饭、住农家院、摘农家果、干农家活"为主要内容的农（牧）家乐，制定实施全省旅游专业村、农家乐建设规范和服务等级标准，促进乡村旅游规范化、标准化建设。实施乡村旅游"后备箱"工程，将原生态农副产品开发包装成旅游商品，拓宽农民增收渠道。实施乡村旅游精准扶贫工程，在深度贫困县集中扶持 500 个贫困村发展乡村旅游，加快206个乡村旅游示范村建设，力争到2020年全省乡村旅游总收入达到300亿元，吸纳50万农民就业。纵深推进全域旅游无垃圾行动，着力改善乡村旅游环境条件。

深化与"一带一路"沿线国家和地区农产品贸易合作，积极参与中新互联互通南向国际贸易通道建设，以兰州、天水、武威国际陆港和兰州中川国际空港为依托，大力支持农业企业开展跨国经营。创新农产品营销体系，办好敦煌农业国际合作论坛、甘肃农博会等，组织企业参加国内外农产品交易会、洽谈会，积极开展旱作节水农业、现代种业、设施农业和旅游、文化等方面的交流合作。实施特色优势农产品出口提升行动，加强标准化基地建设，提升精深加工能力，完善物流体系，强化品牌建设，畅通外销渠道，扶持壮大外向型农业企业。支持龙头企业加快名、优、特、新农产品产地认定和产品认证，培育具有国际竞争力的农业企业集团。支持农业装备制造业发展，加快农机节水设备等农业装备"走出去"步伐。引导农业企业积极参与国内农产品商品期货交易。加强自贸区优惠政策宣传，引导企业用足用好原产地优惠政策，增强产品国际竞争力。

参考文献

中华人民共和国国家统计局：《中国统计年鉴（2018年第二季度）》，中国统计出版社，2018。

甘肃省统计局：《甘肃省统计年鉴（2018年第二季度）》，中国统计出版社，2018。

国家统计局农村社会经济调查司：《中国农村统计年鉴（2018年）》，中国统计出版社，2018。

林毅夫：《中国经验：经济发展和转型中有效市场与有为政府缺一不可》，《行政管理改革》2017年10月。

韩长赋：《坚持所有权　稳定承包权　放活经营权为现代农业发展奠定制度基础》，《农村经营管理》2016 年第 12 期。

姜长云：《全面把握实施乡村振兴战略的丰富内涵》，《农村工作通讯》2017 年第 22 期。

魏后凯：《中国农业发展的结构性矛盾及其政策转型》，《中国农村经济》2017 年 5 月。

王亚华、苏毅清：《乡村振兴——中国农村发展新战略》，《中央社会主义学院学报》2017 年第 6 期。

《荒漠变沃土——甘肃省戈壁农业发展综述》，《发展》，2018 年 2 月。

2018~2019年甘肃省工业经济
形势分析与预测

蒋 钦[*]

摘 要： 2018年，甘肃省工业经济出现明显的企稳回升迹象，工业增加值增速等多项主要经济指标同比增长显著，工业结构转型升级效果明显，电子信息产业成为2018年全省工业经济增长的一大亮点。全省规模以上工业企业经济效益显著提升，"三去一降一补"持续发力，但工业投资持续下降，重点工业产品价格同比大幅增长，为全省工业经济发展提供良好外部条件的同时，也使工业经济发展面临更高的成本压力和市场风险。预计短期内甘肃省工业经济仍将保持增长态势，增速有所放缓。为维持经济稳中向好的发展趋势，要全面贯彻落实"三重""三一"工作部署，通过工业投资增量调整存量结构，利用自身优势更好融入"一带一路"建设，以构建生态产业体系和绿色发展推动工业经济高质量发展。

关键词： 甘肃 工业经济 "三重" "三一"

2018年是全面贯彻落实党的十九大精神的开局之年，也是甘肃省

---

[*] 蒋钦，甘肃省社会科学院区域经济研究所助理研究员，主要研究方向：产业经济。

实施工业强省战略的关键一年，经历了2017年的经济攻坚战之后，2018年1~8月甘肃省工业经济发展态势整体向好。工业增加值整体增速、各重点州市工业增加值增速以及重点支撑性产业增速普遍较上年同期大幅增长。工业内部结构调整更趋合理化，电子信息产业的飞速发展成为全省2018年上半年工业经济增长的一大亮点。全省规模以上工业企业主营业务收入、利润总额、资产利润率和主营业务收入利润率均呈增长态势，亏损企业数量持续减少，说明企业效益持续改善。工业"三去一降一补"持续发力，但工业投资持续下降。目前全省工业发展已处于企稳回升阶段，支撑甘肃工业向好的重要因素是省内重点工业产品产量增加，价格大幅上涨。这为甘肃工业经济发展提供良好外部条件的同时，也使工业经济发展成本压力逐渐增加。为维持甘肃工业经济稳中向好的积极发展态势，应全面贯彻落实省委、省政府的"三重""三一"工作部署，通过重大项目建设增加工业投资增量的同时调整工业存量结构，利用甘肃省自身优势更好地融入"一带一路"建设，以构建生态产业体系和绿色发展推动工业经济高质量发展。

一 2018年1~8月甘肃工业经济运行基本态势

（一）工业增加值增速回升显著

2017年8~12月，甘肃省规模以上工业增加值增速延续之前下滑趋势持续为负，2018年由负转正，工业经济发展较2017年处于逐月回升状态。2018年4月和5月连续两月甘肃工业经济增加值当月增速分别以0.6%和0.2%低速增长，6~8月，增速大幅提升，截至8月底，当月增速达到13.8%，比上年同期提高21.7个百分点；累计增速为5.8%，比上年同期高出6.3个百分点（见图1）。

与全国、西部地区和西北五省均值相比，甘肃省工业增加值增速从

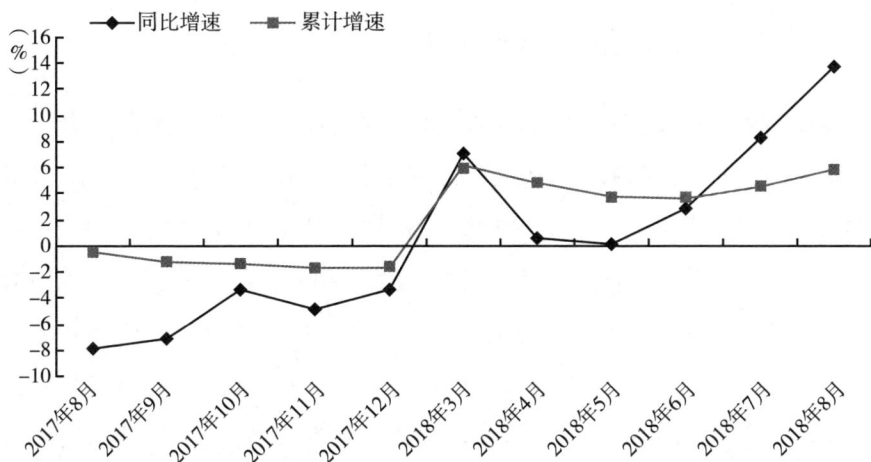

图1 甘肃省规模以上工业企业增加值增速变化趋势

2017年8月到2018年上半年底，一直处于落后状态，但从2018年5月开始，持续增长态势明显，增速于7月超越西北五省、西部地区及全国均值，8月增速居于西北五省首位，并高出西部地区均值（7.85%）5.1个百分点，高出全国均值（6.24%）约7.6个百分点（见图2）。

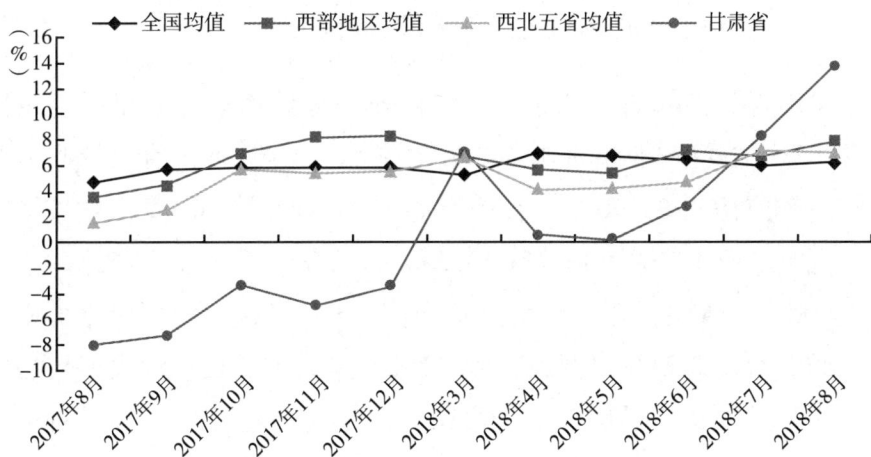

**图2 甘肃省规模以上工业企业增加值增速与全国、
西部地区及西北省份均值变化趋势对比**

（二）工业内部结构向好调整

2018 年，甘肃工业经济内部结构持续向好调整，电子信息产业、战略性新兴产业、高技术产业和非公经济保持稳定发展态势。2018 年甘肃省信息产业的持续较快增长成为甘肃省工业经济领域一大亮点，1～6 月，全省电子信息产业实现营业收入 84.91 亿元，同比增长 15.33%。其中，电子信息制造业实现主营业务收入 57.99 亿元，同比增长 17%；软件和信息技术服务业实现营业收入 26.92 亿元，同比增长 11.91%①。继 2017 年全年甘肃省战略性新兴产业工业增加值增长 11.3%，高技术产业工业增加值增长 8.7%，增速分别比规模以上工业高 13.0 个和 10.4 个百分点，2018 年 1～7 月，全省规模以上工业中战略性新兴产业工业增加值占全省规模以上工业的 7.3%，同比增长 4.2%。全省上半年新增非公经济市场主体 11.51 万户，非公经济主体占全省市场主体的份额达到 97.85%，规模以上非公企业完成增加值 120.2 亿元，占全省规模以上工业总量的 14.5%，同比增长 1.5%。

（三）支柱产业呈现趋稳向好发展态势

2018 年，甘肃省工业重点支柱产业增加值增速与上年同期相比提升明显，支柱产业呈现出稳步发展态势。1～7 月，冶金行业工业生产总产值增长 34.79%，有色行业工业生产总产值增长 19.74%，电力行业工业生产总产值增长 15.59%，石化行业工业生产总产值增长 15.35%，煤炭行业工业生产总产值增长 3.1%，食品行业工业生产总产值增长 1.73%（见图 3）。2018 年甘肃省支柱产业发展较上年明显回升，主要原因是受金川集团、白银公司、兰州石化、酒钢集团、方大炭素、靖远煤业等各支柱产业内重点企业的业绩支撑。

---

① 《今年我省工业经济呈现稳中向好态势》，《甘肃日报》2018 年 8 月 28 日。

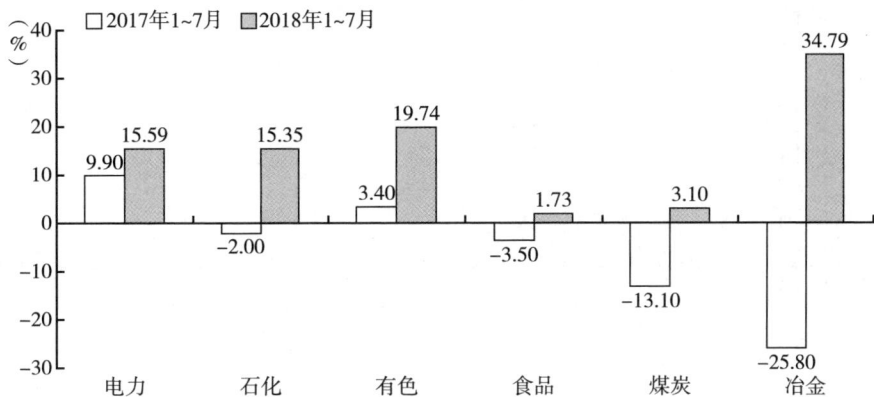

图3　甘肃省支撑行业规模以上工业增加值增速

（四）主要工业城市工业生产总体稳定

2018年，甘肃省各市州工业发展与2017年相比总体回暖，除嘉峪关市工业增加值累计增速同比下降0.1%外，其他大部分市州工业增加值增速较上年均有不同程度的回升（见图4）。其中，1～7月，临夏、金昌市等规模以上工业增加值增速达到10%以上，金昌市规模以上工业增加值57.58亿元，增速为14.3%；天水市规模以上工业增加值为61.93亿元，增速为10.1%，较上年同期增长了4.6个百分点；兰州市规模以上工业增加值350.9亿元，增速5.1%，较上年同期增长了0.8个百分点；白银市、平凉市、庆阳市规模以上工业增加值低速增长，增速分别为2.5%、2.8%和2.0%[①]。

（五）工业企业效益不断改善

2018年1～7月，全省规模以上工业企业主营业务收入、利润总额、资产利润率和主营业务收入利润率均呈增长态势。1～8月主营

---

① 数据来源于兰州市统计局月报。

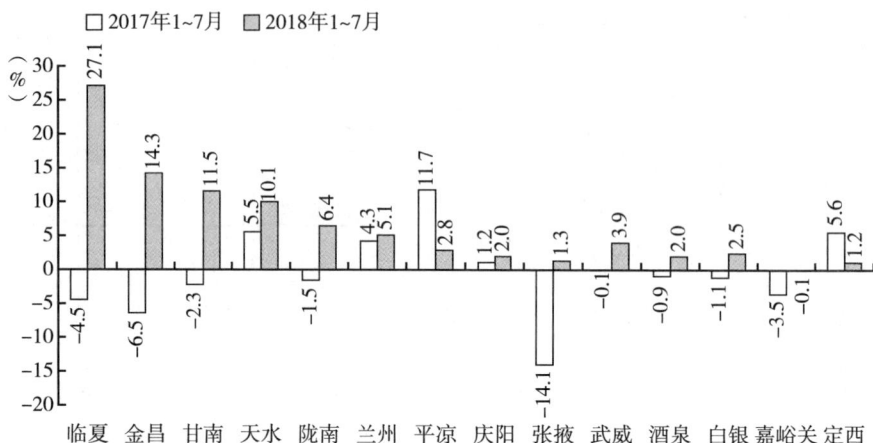

图4　甘肃省各市州工业增速对比

业务收入累计增速均为正，增长速度趋缓，8月有所回升。1~8月主营业务收入利润率呈现先降后升的态势，6月降到最低以后7~8月又回升到4.13%。利润总额在2018年1~2月增速达到峰值，相较上年同期增长高达649.3%，随后增速逐渐回落趋于平稳。资产利润率呈现稳定增长的趋势，说明工业企业资产利用效率逐渐提高。亏损企业绝对数量持续减少，但是3~7月同比增长为正。2018年8月，除利润总额增长速度放缓以外，其余指标均表现出向好的态势，进一步说明企业经营效益改善明显（见表1）。省工信委的统计数据显示，2018年1~7月，100户重点企业完成工业总产值2903.76亿元，同比增长18.63%，实现利润138亿元，同比增长109.86%。

表1　甘肃工业企业经济效益主要指标

单位：亿元，%

项目	1~2月	1~3月	1~4月	1~5月	1~6月	1~7月	1~8月
主营业务收入	1134.3	1835.8	2538.9	3215.4	4030.8	4794.2	5581.6
主营收入同比累计增长	10.6	8.1	7.1	5.5	5.7	5.5	5.7

项目	1~2月	1~3月	1~4月	1~5月	1~6月	1~7月	1~8月
主营业务收入利润率	4.82	4.4	3.88	3.88	3.78	4.13	4.13
利润总额	54.7	80.8	98.6	124.9	152.4	198	230.4
利润总额同比累计增长	649.3	272.4	178.5	124.6	95.4	103.3	90.9
资产利润率	0.46	0.67	0.82	1.03	1.26	1.61	1.86
亏损企业	807	877	827	801	789	750	722
亏损企业同比增减率	−3.7	4.7	1	5.1	5.3	1.8	−0.3

此外，甘肃省重点工业企业产销衔接较好，盈利能力持续提升。1～7月，省监管企业中盈利企业26户，盈利总额48亿元；全省工业、建筑业、投资、证券4个行业整体盈利，其中，工业企业对整体效益贡献率为71.2%，盈利较多的工业企业有金川公司、兰石集团、窑煤集团和靖煤集团，分别盈利21.71亿元、2.58亿元、2.21亿元和1.89亿元①。

（六）工业"三去一降一补"持续发力

2017年供给侧改革全省计划关闭退出煤矿10处，退出产能240万吨，现已全部关闭到位并完成省、市、县三级验收，全面完成煤炭行业化解过剩产能任务；已发现的15家"地条钢"企业全部拆除取缔，2018年甘肃预计退出煤炭产能456万吨。去扛杆方面，2018年1～8月资产负债率整体低于2017年同期，工业企业8月资产负债率为64.75%，较2017年同期的65.29%下降了0.54个百分点，资产负债率同比均有所下降；降成本方面，2018年1～8月，尽管工业企业主营业务成本占主营业务收入之比相较2017年同期增长均为负，

---

① 《甘肃省属企业经济运行整体向好　提质增效呈五大特点》，中国工业新闻网，2018年9月3日。

1~8月全省工业企业平均每百元主营业务收入中的成本为84.11元，相比2017年同期的86.17元减少2.06元，但2018年该指标出现缓慢上涨的趋势（见表2），主要原因是：2018年1~8月，甘肃省工业生产者购进价格上涨10.5%，涨幅扩大0.1个百分点；在产成品去库存方面，2018年1~8月产成品库存同比增长率较2017年后半年有所降低，不过相比2017年同期来讲，同比增长均为负，到4月累计降幅达到最低，为12.6%，说明产成品去库存效果持续稳定。

表2 工业企业去杠杆、降成本以及去库存主要指标

单位：亿元，%

项目	1~2月	1~3月	1~4月	1~5月	1~6月	1~7月	1~8月
资产负债率	64.90	65.24	64.97	65.61	64.81	64.68	64.75
资产负债率同比增长	-2.25	-1.69	-1.65	-0.93	-1.25	-1.51	-0.94
主营业务成本占比	82.55	83.71	84.32	84.32	84.42	84.6	84.82
成本占比同比增长	-3.11	-2.34	-2.16	-2.38	-2.49	-2.34	-1.96
产成品	385.7	405.4	372.5	378.6	363.6	365.4	368.4
产成品同比增长	-1.5	-7.3	-12.6	-9.3	-9.5	-6.1	-3.3

二 2018年甘肃工业经济运行主要问题分析

（一）企业效益显著改善，但成本压力越来越大

2018年工业产品出厂价格上涨对企业效益提升具有关键作用，然而与此对应的是，工业产品购进价格也几乎在同步上升（见图5），这不仅给企业带来较高的成本压力，而且使企业面临较高的市场风险，未来一旦价格增速放缓或价格回落或价格出现剧烈波动，将严重影响工业增加值及企业效益的增长。尤其是6月生产者出厂价格指数

开始出现小幅下降，7月开始工业产品购进价格增长率超过了出厂价格增长率，说明企业未来成本压力会继续增加，企业提升经济效益的压力较大。

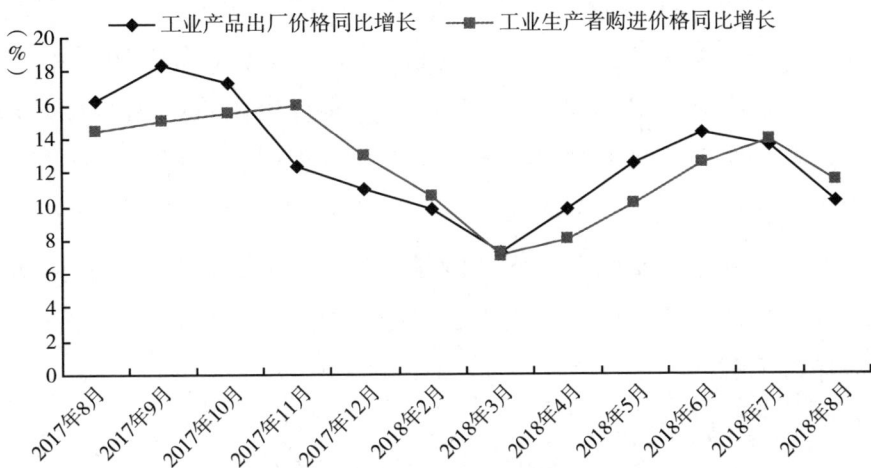

图5　甘肃工业生产者价格指数变化趋势

（二）工业发展总体稳健，但部分企业生产回升压力依然较大

2018 年，甘肃省工业经济与 2017 年相比回升迹象明显，工业企业效益持续增加，但重点工业行业、企业生产仍然面临较大压力。1～7月，平凉市 67 户规模以上工业企业中有 33 户企业生产下滑或停产，占到全市规模以上企业的近半数，华煤集团占平凉市规模以上生产量的 50% 左右，华煤集团部分下属煤矿年内停产，是造成平凉市工业增加值下滑的重要原因；兰州市石油加工、炼焦和核燃料加工企业实现增加值占全市规模以上工业的比重同比下降 5.3%，是影响兰州市规模以上工业增加值增速的主要因素；8 月，金昌市规模以上工业企业因原材料短缺、产品销售不畅、订单不足等原因新增 17 户企业停产。

（三）工业投资降幅收窄，但依然持续下滑

2018年全省固定资产投资增速除3月出现由负转正以外，其余月份均为负值，其中工业投资一直维持下滑态势。1~8月，全省固定资产投资同比下降8.9%，其中项目投资下降幅度高达14.7%。分产业统计数据显示，1~8月，除第一产业投资出现大幅增长以外，第二产业和第三产业投资均下降，第二产业下降16.8%，其中工业投资下降幅度最大，为18.9%（见表3）。工业投资降幅比1~7月收窄3.1个百分点，相比上年同期降幅收窄31.1个百分点。工业投资是工业经济发展的基础，工业投资的持续下降对甘肃省工业经济未来发展非常不利。

表3 甘肃工业企业投资主要指标

单位：%

项目	固定资产投资增速	项目投资增速	第二产业投资增速	工业投资增速
2017 年 8 月	−35.9	−40.9	−59.0	−50.0
2017 年 9 月	−38.7	—	−61.3	−50.0
2017 年 10 月	−40.0	−45.0	−62.7	−54.6
2017 年 11 月	−39.3	−44.0	−62.5	−54.4
2017 年 12 月	−40.3	—	−63.1	−54.9
2018 年 2 月	−6.4	−14.2	—	—
2018 年 3 月	2.7	−1.8	−9.3	1.7
2018 年 4 月	−1.8	−7.1	—	—
2018 年 5 月	−10.8	−14.5	—	−20.4
2018 年 6 月	−9.0	−14.5	−23.3	−20.8
2018 年 7 月	−9.3	−14.8	−16.7	−22.0
2018 年 8 月	−8.9	−14.7	−16.8	−18.9

（四）部分市州轻、重工业增长不平衡

从轻重工业看，2018年1～7月，平凉市重工业完成增加值29.05亿元，增长3.3%，增速比轻工业高出48.5个百分点，占全市规模以上工业增加值的98.18%。轻工业完成工业增加值0.54亿元，下降45.2%，比1～6月回升1.7个百分点。上半年，天水市轻工业增加值同比下降1.2%，重工业增长21.3%。陇南市上半年15户轻工业累计完成增加值4亿元，占规模以上工业增加值的25.5%，同比增长2.3%；重工业累计完成增加值11.6亿元，占规模以上工业增加值的74.5%，同比增长8.1%。武威市上半年规上重工业完成增加值14.68亿元，增长8.3%，增速比1～5月提高7.3个百分点，比轻工业高20.6个百分点，比规上工业增加值增速高6.8个百分点。兰州市1～4月轻工业完成增加值54.2亿元，同比增长2.7%，较一季度回落8个百分点；重工业完成增加值120.8亿元，同比增长3.6%，较一季度回落0.1个百分点。

（五）高耗能产业用电占比过高，产业结构调整任重道远

2018年1～8月，甘肃省全社会用电量为839.68亿千瓦时，同比增长12.75%，工业用电639.75亿千瓦时，同比增长13.83%。工业用电量自2017年11月开始，出现大幅度增长，2018年4月增速最高，同比增长率为14.4%，此后一直保持较高水平。从工业用电内部结构看，其中，1～8月，有色金属冶炼和压延加工业、黑色金属冶炼和压延加工业、化学原料和化学制品制造业、非金属矿物制品业和石油、煤炭及其他燃料加工业五大高耗能行业共用电451.46亿千瓦时，占全省工业用电量的比重超过三分之二（70.57%），占全省用电量的一半以上（53.77%），高耗能产业用电量长期居高不下，说明甘肃工业经济粗放型增长方式没有得到根

本转变，工业经济结构调整和产业升级速度缓慢，工业转型升级仍面临着较大的挑战。

三　影响甘肃工业稳定增长的因素及未来发展趋势

（一）2018年甘肃工业经济回升原因分析

2018年甘肃省工业经济稳中有升的原因是多方面的，其中最主要的一个支撑原因为省内重点工业产品产量和价格大幅上涨。2018年1～8月，全省9种主要工业产品中，十种有色金属、水泥和钢材产量基本保持稳定或者出现小幅增加，原煤、原油和天然气产量，除个别月份同比增长有所下降以外，均出现同比增加，尤其是天然气产量，从2017年8月到2018年8月，同比增长平均为1917.46%。原油加工量产量自2018年6月起开始大幅增加。2018年1～8月，全省工业生产者出厂价格同比上涨10.8%，工业生产者购进价格同比上涨10.5%。上半年，14户重点企业的28种产品中，26种产品价格有所上涨。其中石化油品、合成橡胶、镍、铜、铅、锌价格涨幅排名居前，方大炭素电极价格涨幅超过100%。1～7月，省工信委重点监测100户企业重点调度的对全省工业总产值影响较大的98个产品中，有50个产品产量同比增长，83个产品价格同比上涨。甘肃省工业企业主要处于供应链的上游，主要工业产品产量和价格的上涨为甘肃省工业经济平稳发展提供了良好的外部条件。

2017年8月到2018年7月，全省规模以上工业企业主营业务成本占主营业务收入的比值不断下降。同期产成品库存同比增长率持续为负，2018年资产负债率同比增长均为负，表明企业降成本、去杠杆、去库存成果显著，由此企业经济效益得到显著改善。

（二）影响甘肃工业未来发展的因素分析

1. 工业产品出厂价格同比增长显著

由图 5 可以看出，自 2017 年 8 月到 2018 年 8 月，工业产品出厂价格同比持续增长，即使期间出现小幅回落，依然保持在 10% 以上，随着供给侧结构性改革和产能出清的深入推进，能源过剩以及供需格局的恶化已基本告一段落，甘肃省重点企业是能源产品产业链上游供应者或者初步加工者，从中长期来看，煤炭作为基础能源的地位难以动摇，煤炭的供需缺口可能进一步放大，煤炭价格将迎来周期性上涨。近期来看，随着供暖季到来，冬储行情下，动力煤价格有望上涨。近期由于地缘政治紧张，国际油价较为敏感，国际石油市场面临更多的不确定性。"十三五"期间由于城镇化推进煤改气项目、天然气发电需求快速增长以及制造业需求回暖，天然气需求将持续增长，短期内天然气价格可能震荡上行。工业产品出厂价格的上升趋势有望保持一段时间。

2. 金融机构贷款增速较为平稳

2017 年 8～12 月，甘肃省金融机构本外币各项贷款同比增长波动较大，8 月同比增长最高，达到 14.3%，12 月同比增长最低，仅为 1.5%。自 2018 年开始，贷款余额同比增长较为稳定，8 月甘肃省金融机构本外币各项贷款余额 18944.2 亿元，增长 9.5%，增速比第一季度和上半年有所降低，但是增速较为平稳（见图 6）。金融机构贷款余额平稳增速进一步表明甘肃工业经济发展逐渐企稳。

3. 消费稳步增长

2018 年 1～8 月，全省社会消费品零售总额同比增长 8.0%，比 1～7 月提高 0.1 个百分点。其中全省限额以上批发业销售额同比增长 22.5%，限额以上零售业销售额同比增长 3.4%，限额以上住宿业营业额同比增长 7.9%，限额以上餐饮业营业额同比下降 3.9%。居民消费

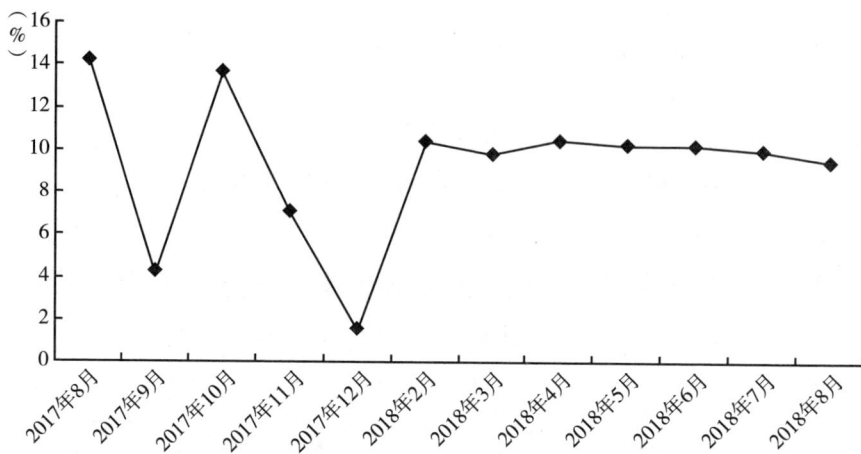

图6 金融机构贷款同比增长变化趋势

水平的趋稳，将产生需求驱动的经济增长，为甘肃未来工业发展奠定了稳定的基础。

4. 大型项目建设的拉动作用

2018年甘肃省政府确定省列重大建设项目165个，总投资8497亿元，年度计划投资1240亿元，其中，计划新开工项目82个，总投资3673亿元，年度计划投资520亿元；续建项目83个，总投资4824亿元，年度计划投资720亿元。2018年省列重大项目数量比2017年增加45个，当年计划投资占2018年全社会固定资产投资计划的20.34%。新增项目更加突出扶贫攻坚、生态环保、科技创新三个领域的重点项目，大型项目建设有助于引导全省工业经济持续企稳向好。

5. 政策限制导致部分行业短期减产

祁连山是我国西部重要生态安全屏障，是黄河流域重要水源产流地，甘肃省长期存在生态环境为经济发展让路的情况。2018年，甘肃省全面落实祁连山生态环境问题整改和中办回访调研报告重点任务，关闭不符合祁连山生态环境保护和污染治理各项政策的矿山，导致矿源减少，年内部分企业因原材料短缺而减产或停产。另外，甘肃省地处全国弃风限电的西北重灾区，受国家能源政策限制不再扩大风电建设规模和弃风限电的影响，新能源企业设备需求减少，新能源设备生产企业获得的订单数难以维持企业正常的生产，导致企业停产。限制政策的叠加短期内将对甘肃工业经济增长产生消极影响。

6. 铁路、公路货运量下降

2017 年 8 月至 2018 年 8 月，公路货运同比增长均为正，增速稳中趋降，自 5 月又表现出缓慢增长的势头。同期，铁路货运同比增长出现大幅下滑，自 2018 年 2 月，铁路货运同比增速达到最高值 11.8% 以后，增速开始显著下滑。4 月开始，铁路货运基本与上年持平，5 月和 8 月同比增长为负（见图 7）。从历史情况看，工业增加值增速的变动方向与铁路货运量的变动方向一致，铁路货运以大宗原材料为主，2018 年甘肃省铁路货运量大幅下降，原因之一是政策导致部分矿山关闭、原材料短缺，也预示市场对原材料的需求下滑，经济仍有下行压力。

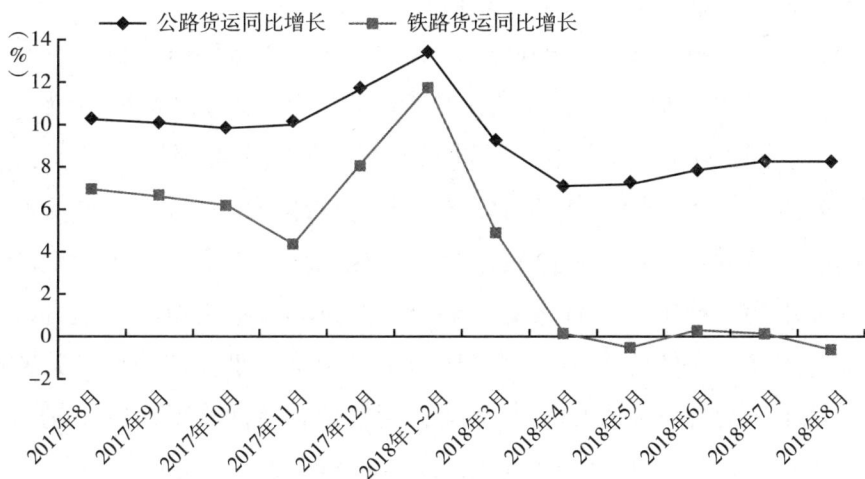

图 7　甘肃公路、铁路货运同比增长变化趋势

注：缺失值以前后月份的平均值替代。

（三）甘肃工业经济短期发展前景预测

众多指标显示 2018 年甘肃工业经济发展出现明显的企稳回升势头。工业增加值自 2018 年 5 月增幅明显，逐渐赶超西北地区其他省份的工业增速，7 月增速超过西北地区和全国均值，至 8 月工业增加值高达 13.8%，居西北五省首位。全省各州市以及支撑性产业增加值增速出现普遍回升。电子信息产业、高技术产业和战略性新兴产业增速均高于传统产业，说明工业结构内部调整向好发展。2018 年 3 月以来，主要工业产品产量和工业生产者价格指数的迅速增长，以及"三去一降一补"的持续发力，导致工业企业经济效益得到显著提升。同期工业用电量、金融机构贷款余额以及全省社会消费品零售总额增速均保持高水平，为工业经济的企稳奠定了基础。民间投资 2018 年结束了 2017 年的同比高速下滑趋势，除 2018 年 5 月份以外，表现出良好的增长势头。预期新增的大型建设项目对工业经济增量结构调整也将发挥良好的引导作用。

在工业经济企稳回升的同时，要关注引发工业经济下行的一些关键因素。2018 年以来工业投资下降幅度尽管收窄，但是依然维持较高水平的同比降幅，2018 年 6～8 月，同比降幅平均超过 20%。工业投资是工业经济发展的基础，工业投资的持续下滑将显著削弱工业经济的企稳基础。同期的铁路货运量增速也出现显著下降，表明地区间贸易需求尚未稳定。尽管主要工业产品产量和价格指数明显上升，但是值得关注的是工业产品购进价格与出厂价格几乎保持同步上升的趋势，这不仅会侵蚀企业的利润空间，而且使企业面临更高的市场风险和成本压力，使得工业增加值以及工业企业效益对价格因素更为敏感。尤其是 2018 年 7 月以来，生产者价格指数同比增长出现下降，而工业产品购进价格的同比增速超过出厂价格同比增速，表明企业成本压力以及工业增长压力将进一步增加。

综上分析，如果主要工业产品产量和价格继续维持稳定的增速，预计短期内工业经济增加值仍将保持稳定增长的趋势，但是增速将放缓，逐步向西北地区工业经济平均增速6%～7%回归。然而考虑到要素供给和成本压力以及产品价格可能发生的剧烈波动，也不排除工业经济下行的可能性。

四　促进甘肃工业稳健发展的对策建议

（一）增加工业经济增量，夯实工业经济基础

甘肃工业经济发展要坚持稳中求进的总基调，保持经济稳定增长。为巩固甘肃经济稳定增长趋势，政府应重点考虑以工业经济增量调整带动存量增加和结构调整。对于工业经济增量调整，要增加大型项目建设。狠抓重大项目对工业经济发展的引导带动作用，项目建设在补短板的同时能有力带动投资持续增长，弥补工业投资长期低迷的不足。结合甘肃省"十三五"规划纲要，积极谋划一些以基础设施、生态保护、产业升级、区域发展为代表的重大项目，为促进投资持续增长创造条件。挖掘消费增长潜力，大力推进"十大扩消费行动"，培育发展文化旅游、现代物流、金融服务、电子商务、健康养老等新消费热点，发挥新消费的引领作用，促进传统消费提质升级，以消费驱动工业经济稳定增长。

（二）利用政策和地理位置优势，更好融入"一带一路"建设

围绕"一带一路"倡议和甘肃省"丝绸之路经济带黄金段"的战略定位，结合甘肃省经济社会发展的实际情况，加快建设"丝绸之路信息港"，促进信息化和数字经济发展，以甘肃为支点，建设面

向中西亚、南亚及部分中东欧国家，服务西北的信息通信枢纽和信息产业基地，积极利用信息化以及大数据与"一带一路"沿线国家加强合作交流，不断增大甘肃工业经济总量。

借助于丝绸之路（敦煌）国际文化博览会平台、甘肃省在交通枢纽和物流节点上的优势、建立国家级自主创新示范区和研究中心等契机，以建设丝绸之路信息港、紫金云大数据中心为重点，抢占经济发展中的文化、通道、科技以及信息的制高点。积极落实渝桂黔陇四方合作共建中新南向通道框架协议，加快牙买加甘肃国际产能合作示范产业园、金川公司印尼红土镍矿等境外项目建设。通过商务代表处、营销网点及特色商品展销馆在"一带一路"沿线的布局等方式，扩大对外经贸合作。

（三）以绿色发展推动工业经济高质量发展

借助于祁连山生态环境修复治理和重大生态工程的实施，全面落实构建生态产业体系推动绿色发展崛起的决定，建设中部绿色生态产业示范区、河西走廊和陇东南绿色生态产业经济带。继续深入推进"三去一降一补"，围绕石油化工、有色冶金、装备制造等传统优势产业转型升级，促进供应链与工业的深度融合，推动产品向产业链价值链高端迈进。发挥轻工业的优势，加快战略性新兴产业发展，振兴实体经济，促进企业高质量发展。大力实施工业强省战略，制定出台传统产业智能化、绿色化改造行动计划，谋划实施重大标志性改造提升项目。

（四）贯彻落实"三重""三一"方案，全力稳增长

要按照高质量发展要求，深入落实"三重""三一"工作部署，精准谋划实施一批重大战略、重大政策和重大工程项目，"一业一策、一企一策"破解重点行业和重点企业难点卡点问题，努力保持

经济在合理区间平稳运行。以扎实开展"转变作风改善发展环境建设年"和"深化放管服改革工作突破年"活动为保障，推进"一窗办、一网办、简化办、马上办"改革，出台构建亲清新型政商关系的具体规定。全面落实公平竞争审查制度，不断加大反垄断执法和市场监管力度。完善工业经济运行调度机制，采取有力措施，稳增长调结构，确保工业提质增效，推动全省工业经济高质量发展。

（五）立足陇药资源优势，打造工业发展新动能

甘肃独特的地理位置和气候条件使甘肃拥有丰富的中药材资源，省内陇东、陇中、河西走廊和青藏高原东部都是中药材生产区。目前全省中药材人工种植面积达到405万亩，产量达110万吨，均居全国第一位，但省内中药材加工能力不足、规模小、产业链短、研发度低，全省规模以上加工企业仅有63家，年加工量仅占全省中药材总产量的23%，使甘肃处于中药材资源大省但是产业小省的现状。立足甘肃工业发展疲软和中药材发展困境，应以绿色中药材产品的加工业为突破口，重点培育壮大兰州佛慈制药股份、甘肃天士力中天药业公司、甘肃惠森药业科技集团等一批龙头企业，采取集绿色种植、生产加工、品牌培育、市场营销于一体的全产业链发展模式，全力推进中成药、中药精制饮片、中药提取物颗粒、中药养生保健品等中药材精深加工产品，使之成为甘肃工业发展的新动能。

B.4
2018～2019年甘肃省服务业形势分析与预测

郝希亮*

摘　要： 截至2018年9月，甘肃省服务业运行平稳，形成了以信息传输、软件和信息技术服务业，租赁和商务服务业，交通运输、仓储和邮政业等产业竞相发展的新格局，在国民经济中的地位和作用日益凸显，已成为甘肃经济中增长最快、吸纳新增劳动力最多和产业贡献率最高的产业。截至2018年前三季度，服务业产值增长率达到9%以上，规模持续扩大，在地区生产总值中所占比重超过50%，增加值增速逐季提高并高于全省生产总值增速和第二产业增加值增速。随着甘肃省促进服务业发展的各项相关政策效应进一步显现及《甘肃省"十三五"服务业发展规划》的全面推进，预计2018年第四季度，甘肃省服务业将继续保持前三季度以来的平稳增长态势，全年实现产值增速接近10%，产业结构占比达53%以上。2019年，甘肃省服务业发展速度将进一步加快，实现产值增速达10.5%左右，产业结构占比保持在55%以上。但同时应该看到，与我国发达地区相比，与人们追求幸福美好生活的需要相比，甘肃服务业发展存在较大的差距，主要体现在：服务业总量偏小、内部结构发展不均衡、整体劳动生产率不高、地域发展不平衡等。本文在分析甘肃服务业发展现状的基础上对甘肃服务业未来发

---

* 郝希亮，甘肃省社会科学院区域经济研究所助理研究员，主要研究方向：区域经济学。

展做出展望和预测，并针对甘肃服务业发展存在的问题，提出了优化服务业发展环境，服务业内部结构的调整与升级，培育具有区域特色的优势服务行业，提升财政、金融政策对服务产业的支持能力等相关对策建议。

关键词： 甘肃　服务业　生产性服务业

实体经济是一个国家或地区经济的立身之本，是最大的创新驱动器和就业容纳器，它在转变经济发展方式、维持经济社会稳定中发挥着中坚作用。服务业是实体经济的重要组成部分，加速发展服务业，对于稳增长、调结构、扩内需、增就业具有重要的现实意义。

2017年以来，随着我国经济进入新常态以及国内外经济形势的变化，甘肃省经济发展面临一定的下行压力。2018年是十九大报告提出和甘肃省经济发展实现由工业化初中期向工业化中后期转型升级的关键一年。全省主动适应经济发展新常态，积极转变经济发展方式，促进供给侧结构性改革、加快消费升级速度，同时新业态和新商业模式快速发展，不断推动服务业持续健康发展。甘肃省服务业不仅是减缓经济下行压力的"稳定器"，也是促进甘肃经济加快发展、实现经济结构转型升级的"助推器"，更是孕育甘肃新经济、新动能成长的"孵化器"，保持和进一步促进服务业继续快速稳定增长对于甘肃经济发展具有重要的战略意义。

一　2018年甘肃省服务业发展形势分析

（一）服务业总体保持平稳增长态势

1. 服务业平稳增长、产业结构比重上升

2018年以来，在甘肃省面临较为复杂严峻的宏观经济环境、经济下行压力持续加大的背景下，甘肃省服务业保持平稳增长态势，增速高于第一、二产业，产业结构占比持续上升，成为甘肃经济发展的"稳定器"和重要拉动力。2018年前三季度，全省生产总值6043.71亿元，同比增长6.3%。其中，第一产业增加值695.56亿元，同比增长4.6%；第二产业增加值2116.97亿元，同比增长4.5%；第三产业增加值3231.18亿元，同比增长8.0%，保持了较快的增长态势，分别比第一产业、第二产业高出3.4个和3.5个百分点。服务业增加值占GDP的53.46%，服务业已成为经济发展的主要拉动力，有效地推动了国民经济稳中向好发展。

2. 服务业固定资产投资快速稳定增长、发展原动力增强

2018年，随着甘肃省一系列促进服务业加快发展的政策全面落实，甘肃省服务业投资环境趋好，各方主体投资意愿上升，服务业发展原动力逐步增强，服务业固定资产投资规模和增速保持稳定增长趋势。服务业半数以上行业固定资产投资保持稳定增长，其中，科学研究和技术服务业实现营业利润11.5亿元，同比增长13.5%；卫生和社会工作实现营业利润0.7亿元，同比增长30.0%。

3. 支柱行业拉动力强、重点领域发展势头良好

2018年1~7月，全省规模以上服务业实现营业收入356.0亿元，比上年增长10.8%，增速比上年同期提高3.4个百分点。

分行业看，营业收入占比较大的三大支柱行业有信息传输、软件和信息技术服务业，租赁和商务服务业，交通运输、仓储和邮政业，占比分别为35.2%、28.9%和15.3%，合计营业收入达282.4亿元，占全省规模以上服务业营业收入的76.1%，对全省规模以上服务业营业收入贡献率达72.1%。2017年，三大支柱行业营业收入同比增速分别达1.5%、27.2%和7.1%，拉动全省规模以上服务业营业收入增长8.3个百分点。

分重点领域看，规模以上服务业重点领域包括生产性服务业、科技服务业、高技术服务业部分行业。2018年1~7月，规模以上服务业

企业中，生产性服务业实现营业收入 292.1 亿元，同比增长 10.1%，占规模以上服务业营业收入的 82.1%；科技服务业实现营业收入 185.5 亿元，同比增长 2.7%，占规模以上服务业营业收入的 52.1%；高技术服务业实现营业收入 174.3 亿元，同比增长 2.3%，占规模以上服务业营业收入的 48.9%。三大重点领域营业收入均保持平稳增长。

表 1　2018 年上半年甘肃省第二、三产业增加值、增速和产业结构比重比较

单位：亿元，%

项目	增加值		增速		产业结构比重	
	第二产业	第三产业	第二产业	第三产业	第二产业	第三产业
1~3 月	549.3	909.1	4.5	6.0	34.86	57.69
1~6 月	1238.0	2052.9	2.5	6.7	35.84	59.52

资料来源：甘肃省统计局。

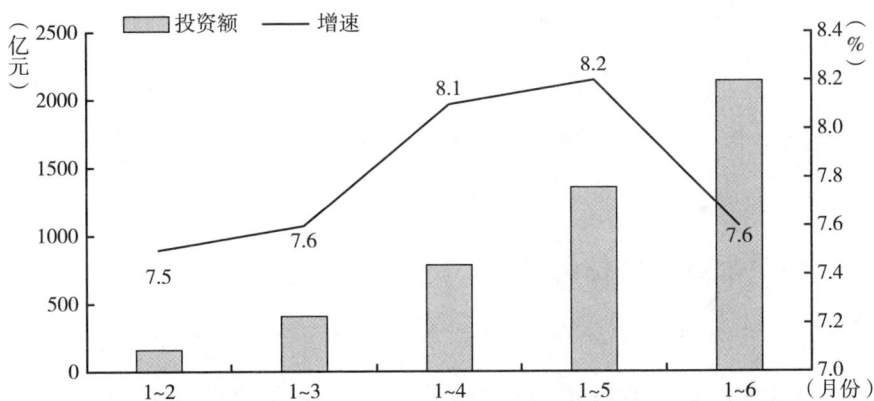

图 1　2018 年 1~6 月甘肃省第三产业月末累计固定资产投资额及增速

资料来源：甘肃省统计局。

（二）消费品市场平稳运行、网上零售快速发展

2018 年上半年，在甘肃省委、省政府落实国家一系列稳增长、

调结构、扩内需、促消费宏观调控政策的作用下，全省消费品市场呈现出平稳增长的态势，居民消费对经济增长的拉动作用进一步增强，消费结构不断优化，新兴产业迅速发展，消费升级类商品销售增速持续加快。

1. 社会消费品零售总额增速放缓

上半年，全省社会消费品零售总额同比增长 7.9%，其中，从城乡结构看，上半年城镇社会消费品零售总额同比增长 8.0%，乡村社会消费品零售总额增长 7.4%，城镇高于乡村 0.6 个百分点。

2. 消费领域新业态保持快速发展

上半年，全省限额以上批、零、住、餐企业通过公共网络零售额同比增长 19.2%，高于社会消费品零售总额增速 11.3 个百分点，保持快速发展势头。

（三）批、零、住、餐业保持稳定增长

2018 年上半年，全省批发业销售额同比增长 13.5%，零售业销售额同比增长 11.0%。同时，住宿业营业额同比增长 12.8%，餐饮业同比增长 13.2%，保持稳定的增长态势。

（四）金融业平稳运行

2018 年以来，在经济下行压力加大、贷款增速明显回落、信用风险持续暴露、不良贷款率上升、降控压力加大的复杂局面下，全省金融机构认真执行稳健货币政策，立足于实体经济发展需求，改善金融服务，支持改革转型，加强风险防控，合理配置信贷资源，不断加大对扶贫开发、民生改善等社会薄弱环节的信贷支持力度，努力满足项目建设和"三农"发展等重点领域的资金需求，信贷投放与经济发展的资金需求基本匹配，全省金融运行总体平稳。

其中，2018年上半年，全省金融机构本外币各项存款余额18555亿元，同比增长1.6%；金融机构本外币各项贷款余额18874亿元，同比增长10.2%。2018年上半年存款和贷款增速呈增长态势。

（五）交通运输持续稳定发展

1.铁路货运增长

2018年上半年，甘肃省境内各铁路局（包括兰州铁路局、西安铁路局、乌鲁木齐铁路局、青藏公司、呼和浩特铁路局）完成客运量2613.4万人次，同比增长41.2%；客运周转量186.0亿人公里，同比增长12.6%。完成货运量3067.2万吨，同比增长0.2%，降幅收窄4.7个百分点；货物周转量713.6亿吨公里，同比增长6.9%，增长幅度为1.7个百分点。

2.公路货运增速小幅回落

2018年上半年，全省完成公路客运量1.9亿人次，同比下降1.2%，客运周转量124.4亿人公里，同比下降4.0%。货运量2.9亿吨，同比增长7.8%；货物周转量489.3亿吨公里，同比增长6.3%。

3.航空运输吞吐量快速增长

2018年上半年，全省完成民航旅客吞吐量767.71万人次，同比增长17.64%。其中兰州中川国际机场旅客吞吐量突破600万人次，较上年同期提前23天；嘉峪关机场完成旅客吞吐量24.35万人次，同比增长9.08%；敦煌机场完成旅客吞吐量29.55万人次，同比增长147.34%；庆阳机场完成旅客吞吐量19.51万人次，同比增长13.57%；金昌机场完成旅客吞吐量8.22万人次，同比增长4.7%；张掖机场完成旅客吞吐量7.86万人次。

4. 邮政电信业快速增长

光纤宽带和 4G 网络建设、共建共享、提速降费等工作深入推进，激发了用户需求，2018 年 1～8 月，电信业务总量同比增长 174.8%。移动终端、数字消费、线上支出等技术日臻成熟，有效带动了平台经济、智能经济发展。快递业务量增长 26.1%。

二 甘肃省服务业发展趋势、特征和前景预测

（一）甘肃省服务业发展趋势、特征

1. 服务业发展速度

2013～2017 年，甘肃省服务业保持快速稳定增长，平均增长率达 9.22%，高于同期 GDP 平均增长率 1.42 个百分点。特别是近年来，在宏观经济环境趋于严峻复杂、全省经济发展面临较大下行压力的大背景下，全省服务业均保持较稳定的增长速度。2014 年，甘肃省服务业产值增长率首次超越第二产业，2015～2017 年甘肃省服务业产值增长率均高于第一产业和第二产业增长率，相对第一、二产业的增长率优势进一步扩大，表明近年来甘肃省服务业已发展成为甘肃省抵御经济下行的"稳定器"和经济发展的新引擎。

表2 2013～2017 年甘肃省三次产业产值增长率比较

单位：%

年份	2013	2014	2015	2016	2017	平均增长率
GDP 增长率	10.8	8.9	8.1	7.6	3.6	7.8
第一产业增长率	5.6	5.6	5.4	5.5	5.4	5.5
第二产业增长率	11.5	9.2	7.4	6.8	-1	6.78
第三产业增长率	11.5	9.5	9.7	8.9	6.5	9.22

资料来源：2013～2017 年《甘肃省国民经济和社会发展统计公报》。

2. 服务业产业结构比重和拉动率

2013 ~ 2017 年，甘肃省三次产业结构比重由 2013 年的 13.48：44.75：41.77调整为 2017 年的 13.85：33.38：52.77，第三产业占比增加11个百分点。2014 年，甘肃省第三产业比重首次超过第二产业，2017 年，甘肃省第三产业占比相对于第一、二产业的优势进一步加大，表明服务业已发展成为当前甘肃经济的主体支撑力量。2014 ~ 2017 年，甘肃省第三产业对整体经济的拉动率持续超过第二产业，表明服务业已发展成为当前甘肃经济的重要拉动力。

表3 2013 ~ 2017 年甘肃省三次产业的产业结构比重和拉动率比较

单位：%

年份	产业结构比重			拉动率		
	第一产业	第二产业	第三产业	第一产业	第二产业	第三产业
2013	13.48	44.75	41.77	1.46	4.83	4.51
2014	13.20	42.80	44.00	1.17	3.81	3.92
2015	14.06	36.74	49.20	1.14	2.98	3.99
2016	13.61	34.84	51.55	1.03	2.65	3.92
2017	13.85	33.38	52.77	0.50	1.20	1.90

资料来源：2013 ~ 2017 年《甘肃省国民经济和社会发展统计公报》。

3. 服务业就业结构比重

2013 ~ 2017 年，甘肃省就业结构呈第一产业逐年下降，第二产业基本维持不变，第三产业逐年上升、增幅明显的格局（见表4），2017 年至今，随着甘肃经济逐步迈入工业化中后期和服务业逐年加快发展，甘肃省服务业吸纳就业的能力进一步提升，服务业已成为当前吸纳新增就业的主渠道。

表4 2013～2017年甘肃省三次产业就业结构比重比较

单位：%

年份	第一产业	第二产业	第三产业
2013	59.26	16.05	24.69
2014	58.02	16.10	25.88
2015	57.06	16.11	26.83
2016	55.96	15.92	28.12
2017	54.86	15.72	29.41

资料来源：甘肃省统计局编《甘肃发展年鉴》（2014～2018）。

4. 服务业发展规模

2013～2017年，甘肃省第三产业产值规模从2013年的2740.65亿元发展到2017年的4050.77亿元，产值规模增长近47.80%，第三产业产值规模实现了较快增长，但受甘肃整体经济、社会发展水平的限制，甘肃第三产业相对于先进省份起点低、基数小，当前的产值规模仍然相对偏小。2017年，甘肃省第三产业产值规模在西部11省区中仅居第九位，与西部头名四川省的差距达4.5倍以上，与西北五省区中先进省份陕西省的差距也在2倍以上，与西部省区平均产值规模水平差距达约78%，甘肃服务业发展相对滞后，亟待进一步加快发展。

5. 服务业行业构成

2018年1～9月，甘肃省服务业构成中，代表传统服务业的批发和零售贸易业，住宿和餐饮业，交通运输、仓储和邮政业合计占26.37%，与先进省份相比，传统服务业占比仍然偏大；自2013年以来，甘肃省服务业中传统服务业的比重逐年下降，金融、房地产等现代服务业的比重明显上升，以信息传输、软件和信息技术服务业为代表的新兴行业发展迅速，但尚未成为甘肃服务业的主导产业，总体来看，近年来甘肃省服务业的行业结构趋于逐步优化。

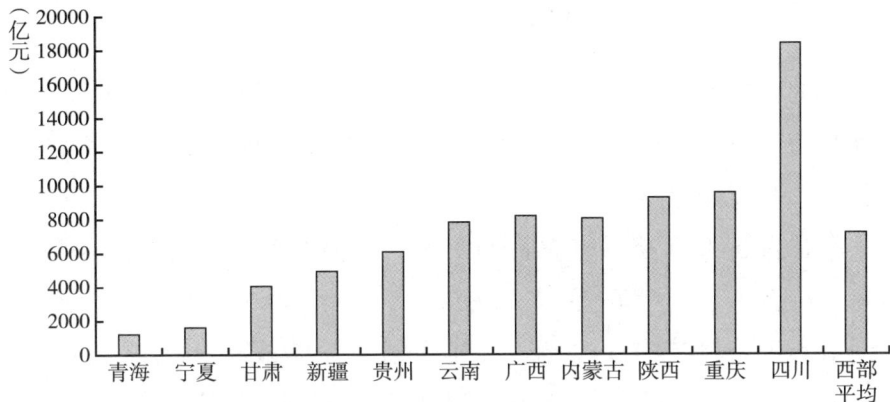

图2 2017年甘肃省第三产业产值规模与西部十省区的比较

资料来源：国家统计局2017年度数据整理。

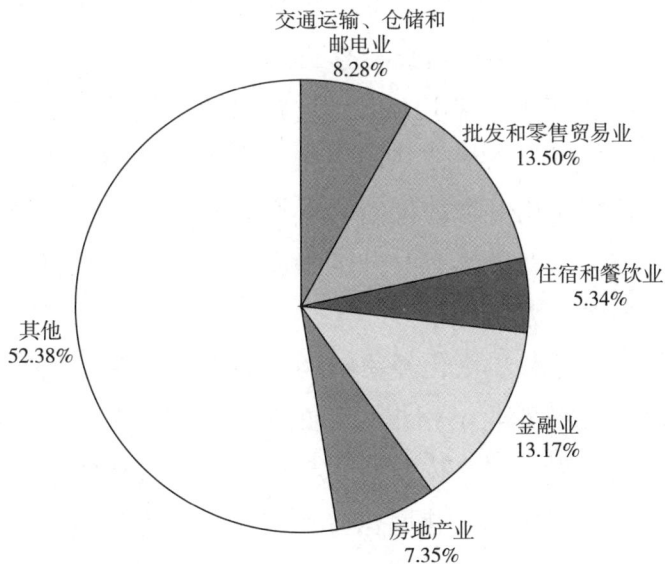

图3 2018年1～6月甘肃省第三产业行业构成

资料来源：根据《2018年甘肃省国民经济和社会发展统计月报》整理计算。

（二）甘肃省服务业发展前景预测

通过对甘肃省服务业当前面临的宏观经济环境、政策环境、发展形势及近年来发展趋势的综合研判，可对甘肃省服务业的今后发展前景进行以下合理预测。

从甘肃省服务业当前面临的宏观经济环境来看，当前国家着力实施乡村振兴、"一带一路"、创新驱动、新型城镇化、大众创业万众创新、供给侧结构性改革、"互联网＋"等战略和倡议，上述一系列国家战略和倡议在甘肃省的逐步贯彻落实，将为甘肃省服务业发展创造有利的发展环境。一是乡村振兴战略的全面推进，将促进农业生产性服务业和农业消费性服务业快速增长，增加有效供给，扩大消费需求，满足人民的美好生活需要。二是"一带一路"倡议的深入实施，将为甘肃省服务业发展提供更大的空间、更广阔的资源整合平台和更积极的话语权，有利于推进服务业"走出去"和全方位发展，提升对外开放水平。三是新型城镇化进程的加快，将进一步促进人口集聚与生活方式的变化、生活水平的提高，扩大生活性服务需求，城镇化带来的创新要素集聚和知识传播扩散，有利于增强创新活力、驱动传统产业升级和新兴产业发展。四是供给侧结构性改革的全面推进，有利于适度扩大社会总需求、化解过剩产能、降低企业成本、进一步优化经济结构、提高要素配置效率、提升第三产业占比，为服务业增长提供新的发展机会。五是以兰州新区、循环经济示范区和兰白科技创新改革试验区为重点的经济平台，以丝绸之路（敦煌）国际文化博览会和华夏文明传承创新区为重点的文化战略平台，以国家生态安全屏障综合试验区为重点的生态平台，三大平台的支撑作用更加显现，将对甘肃省服务业即期增长和长远发展起到重要的牵引和支撑作用。

从甘肃省服务业当前面临的政策环境来看，今后将较长时期处于一段国家、省内有利于促进服务业发展的政策叠加机遇期。从国家层面来看，十九大以来，国家陆续推出一系列直接或间接促进服务业发展的相关政策，近年来国务院又相继推出关于鼓励支持大众创业、万众创新，以及促进健康服务业、养老服务业、现代保险服务业发展等一系列措施，对服务业加快发展的政策支持力度不断加大。国家"十三五"规划中把服务业发展摆到了更加突出的中心位置，明确提出了"加快推动服务业优质高效发展"的指导意见。从甘肃省内层面来看，甘肃省委、省政府充分认识到了服务业发展对甘肃经济的重要战略意义，致力于将服务业打造为甘肃经济发展的新引擎，近年来出台了《甘肃省人民政府关于加快发展生产性服务业促进产业结构调整升级的实施意见》《甘肃省人民政府关于支持服务业加快发展的若干意见》《甘肃省人民政府关于加快发展生活性服务业促进消费结构升级的实施意见》等一系列支持服务业发展的相关政策，不仅直接助力生产性服务业加快发展、促进生活性服务业发展壮大，而且对服务业的发展环境、保障支撑等各方面提出了全面优化措施。2016年7月推出的《甘肃省"十三五"服务业发展规划》更是作为指导甘肃省服务业发展的纲领性文件，指明了今后甘肃省服务业的发展方向和路径。

从甘肃省服务业的发展形势来看，2018年以来甘肃省服务业保持平稳增长，增速高于第一、二产业，产业结构占比持续上升，且超过第二产业成为甘肃第一大产业，对甘肃经济发展的贡献率和拉动率不断提升；服务业产业内部结构趋于合理；吸纳就业能力逐年凸显，成为甘肃当前吸纳新增就业的主体。

综合以上研判，预计2018~2019年，随着甘肃省促进服务业发展的各项政策效应进一步显现和《甘肃省"十三五"服务业发展规划》的全面落实，甘肃省服务业发展速度将进一步加快，实现产值增速达10.5%左右，产业结构占比达55%以上。

三 甘肃省服务业发展存在的问题

（一）服务业发展规模和发展水平相对偏低

近年来，甘肃省服务业发展虽然取得长足进步，但与先进省份相比，发展规模和发展水平仍然相对不足。2017 年，服务业产值规模仅居西部 11 省区（除西藏）倒数第三位，与西部先进省份和西部平均水平存在较大差距。

甘肃省服务业发展规模和发展水平不足，与受甘肃较落后的经济、社会、资源条件限制有较大关系。甘肃人均收入水平低、工业经济规模和实力偏弱、市场发育不完善、城镇化水平低、基础设施滞后等严重影响和制约着甘肃省服务业的发展空间和规模水平，甘肃服务业加快发展，必须与甘肃经济社会总体发展战略相结合，实现相互促进、相互融合。

（二）服务业内部结构不合理

一是服务业内部行业结构不合理，2013～2017 年，全省服务业细分行业中传统服务业投资比重较大，其中批发零售业、交通运输业、住宿餐饮业、房地产业的年平均投资总额占服务业年平均投资总额的 70% 以上。新兴服务业如金融业、教育、科学研究与技术服务业等年平均投资总额占比不足 20%。目前甘肃省服务业行业构成中传统产业仍然占据较大比重，这些传统服务业多集中于劳动密集型行业，附加值和技术含量较低，业态和服务方式较陈旧，竞争力和抗风险能力较弱，近年来现代服务业逐步发展壮大，以文化产业、信息传输、软件和信息技术服务业等为代表的新兴产业发展方兴未艾，但还未能发展成为引领、带动甘肃省服务业发展的主导产业。

二是服务业内部组织结构不合理，目前甘肃省服务业中企业主体"低、小、散"的问题普遍存在，缺乏大企业集团、品牌效应和具竞争优势的专业化市场主体，突出区域优势和特色、与地区功能相协调的服务产业体系尚未形成，不同区域内没有形成良好的分工协作关系，行业内大小协同发展的良好格局尚未形成，服务业内部组织结构亟待进一步优化。

（三）消费需求不振影响生活性服务业加快发展

消费需求是生活性服务业发展的原动力，目前，甘肃省消费需求不振，将进一步影响甘肃省生活性服务业的加快发展，需要重点予以关注。

一是居民消费意愿不强，在经济新常态下，甘肃省经济发展增速放缓、结构性调整加快推进，人们对收入增长的预期放缓，即期消费意愿不足；二是受甘肃工业经济增速减缓和进出口贸易减少影响，大型原材料零售批发企业销售增长乏力；三是传统零售企业受经济形势和消费心理变化等影响而发展乏力，而电子商务、网络购物等新兴消费业态受制于滞后的消费环境发展不足。

（四）服务业发展环境尚需进一步优化

从当前甘肃省服务业发展环境来看，仍存在一些问题需要进一步调整优化。一是服务业劳动力成本相对生产力上涨过快；二是服务业金融资源配置不合理，"融资难"成为阻碍服务业发展的重要因素；三是土地供给不足和价格上涨过快，制约服务业发展；四是流通成本过高，阻碍服务业发展；五是部分行业准入成本过高，影响相关服务业发展；六是人才支撑和创新体系建设不足，影响服务业进一步发展；七是健全的政策体系，尤其是产业导向政策、特定的财政补贴和政策优惠不够充分。

（五）工业发展对服务业推动作用不强

工业繁荣是服务业发展的根基，目前甘肃省工业发展对服务业的推动作用不强，仍存在以下问题：一是 2018 年以来甘肃省服务业增速高于第一、二产业，产业结构占比持续上升，但是工业增长持续放缓是服务业占比相对快速上升的重要原因，服务业的产业结构占比很大程度上存在虚增。二是第二产业特别是制造业是生产性服务业的主动需求方，决定着服务业特别是生产性服务业的发展高度和竞争力。但现阶段，甘肃工业发展对服务业的推动作用有限，服务业和工业发展的融合作用有限。

四　甘肃省进一步加快服务业发展的思路对策

（一）把服务业发展摆到更重要位置，进一步发挥服务业的"助推器"和"稳定器"作用

近年来，服务业已发展为甘肃经济第一大产业，对经济发展的拉动作用不断提升，成为甘肃经济发展的重要"助推器"。今后数年，从国内外经济形势来看，甘肃省经济发展仍将面临较大下行压力，服务业对经济周期性变化不敏感，因而具有熨平经济波动的重要作用。同时，今后数年也是甘肃经济由工业化初中期向工业化中后期转型升级的关键阶段，表现为经济将由工业主导向服务业主导逐步转变，这期间服务业的较快发展能在很大程度上缓冲工业增速放缓带来的压力，使经济增速换挡而不失速，成为今后甘肃经济发展的"稳定器"。

因此，首先应当充分认识到服务业对甘肃经济发展的重要战略意义，把服务业发展摆到更重要的位置，进一步发挥服务业"助推器"和"稳定器"的作用。

（二）加快发展生产性服务业，进一步促进产业结构调整升级

当前，甘肃省正处于产业转型升级、加快经济发展方式转变的攻坚时期，加快发展生产性服务业，是加快甘肃省产业结构调整、促进经济稳定增长的重要措施。

结合甘肃省产业发展实际，生产性服务业的发展应从以下几方面展开：一是按照"功能定位、合理布局、集聚发展、整体推进"的原则，重点支持培植一批市场竞争力强的生产性服务企业和企业集团，重点建设培育一批产业集聚度高、发展特色鲜明的省级生产性服务业重点园区，作为甘肃省生产性服务业的龙头带动企业和产业聚合中心，错位竞争，增强辐射效应。二是围绕甘肃生产性服务业发展的核心领域和关键行业，大力发展现代物流业，积极发展科技服务业，加快发展信息服务业，健全完善商务服务业，有序发展金融服务业，促进全省生产性服务业质量提升、结构升级、创新驱动、多元业态和可持续发展。三是围绕甘肃生产性服务业发展的关键环节，重点推进相关生产性服务业进一步加快发展，以整合资源、深化合作为重点，突出研发平台建设和工业设计服务，完善成果产权交易市场化服务体系；以提升能级、拓展领域为重点，积极拓展第三、第四方物流服务；以优化整合、健全机制为重点，大力发展基于大数据、"互联网＋"、物联网、云计算的电子商务服务平台，完善现代金融服务体系；以信息支撑、提升能力为重点，大力发展业务流程外包，促进技术信息服务水平全方位提升；以扩大领域、创新模式为重点，大力发展面向省内外客户的专业维修维护服务；以培育主体、完善体系为重点，围绕优势平台大力发展第三方检验检测认证服务；以塑造品牌、规范发展为重点，积极发展咨询签证、信用服务、评估代理、经纪和行业组织等中介服务。

（三）加快发展生活性服务业，促进消费结构升级

加快发展生活性服务业，是当前及今后甘肃省提高人民生活水平的重要举措、推动经济增长动力转换的重要途径，为促进甘肃省消费结构升级、推进产业结构调整优化，充分发挥生活性服务业在推动全省经济持续稳定增长中的支撑作用具有重要战略意义。

当前甘肃省生活性服务业应以居民和家庭服务、健康服务、养老服务、旅游服务、文化服务、体育服务、法律服务、批发零售服务、住宿餐饮服务、教育培训服务等贴近人民群众生活、需求潜力大、带动作用强的服务领域为重点，推动生活性服务业便利化、精细化、品质化发展，促进传统生活消费方式向现代型、服务型转变。加快发展甘肃生活性服务业，应从以下三方面入手：一是增加服务有效供给。鼓励各类市场主体根据居民收入水平、人口结构和消费升级等发展趋势，创新服务业态和商业模式，优化服务供给，增加短缺服务，开发新型服务，扩大服务消费需求。二是深度开发人民群众从衣食住行到身心健康、从出生到终老各个阶段各个环节的生活性服务，满足大众新需求，适应消费结构升级新需要，积极开发新的服务消费市场，进一步拓展网络消费领域，加快线上线下融合，培育新型服务消费，促进新兴产业成长，提升服务质量水平。三是营造全社会重视服务质量的良好氛围。

（四）进一步优化服务业发展环境、加大政策保障力度

进一步优化服务业发展环境。充分承接、释放国家支持文化创意和设计服务、旅游、体育休闲、物联网、养老健康、现代保险等新兴服务业态发展的政策红利，发挥《甘肃省"十三五"服务业发展规划》对服务业发展的引领和促进作用。进一步开放服务业市

场，建立公开、平等、规范的准入制度，打破部门和行业垄断，创造公平竞争环境，形成政府、市场、企业良性互动格局。充分发挥产业引导股权投资基金的重要作用，吸引社会资本投入现代服务业。完善支持企业创新转型的配套政策，放大政策支持的杠杆效应。加快完善服务业相关法律规范，强化市场监管，营造公开透明的行业发展环境。

打造服务型政府，进一步发挥政府规制职能，动态进行分类指导。政府在保证市场自由度的前提下，要通过法律的甚至行政的手段，积极营造竞争合作环境，鼓励和激发服务业的创新精神。同时要根据服务业内外条件的变化，适时调整竞争政策、技术政策、贸易政策、税收政策、财政政策等，应当实时跟踪服务业的发展动态，与高效、精干的政府支持机构一起共同开展制度建设，依靠市场机制，规范和管理服务业。

进一步加大服务业政策保障力度。发挥财政资金引导作用，加大金融服务支持力度；落实降税减负政策，切实减轻企业负担；优化服务业用地供应方式，完善用地保障机制；支持创新驱动发展，积极培养引进人才，强化服务业人才支撑；推进服务业转型升级，鼓励发展新兴行业和新型业态，鼓励运用信息技术、文化元素、先进管理方式等改造传统服务业，鼓励服务业进一步扩大对外开放合作。

（五）依托和服务工业，推进服务业和工业的深度融合

自2016年以来，甘肃工业增速持续下滑、工业投资大幅下降，成为制约全省经济稳增长的主要短板，要坚持"工业强省"战略，推动甘肃制造业转型升级，激发传统产业内生动力尤为重要。而推进"工业强省"战略，唯有坚持走科技含量高、经济效益好、资源消耗低、环境污染少、人力资源优势得到充分发挥的新型工业化道路。而这种工业发展模式从项目的设计和建设到运营都需要相应的服务支

撑。与传统工业化道路相比，新兴工业化道路由于对科学技术、人力资源和科学管理的依赖，先天就对服务业有比较旺盛的需求。

因此，与工业形成相互促进、良性循环发展的内在联动关系是今后甘肃服务业快速发展的基本方向。一方面，服务业的发展必须依托工业化的深入，工业化的发展可以为服务业提供"硬件"与技术支持，还可以增加服务业的中间需求，有助于增加服务产品，提高服务质量，丰富服务内涵与手段，带动服务业及整体经济的发展。另一方面，工业化突破传统的发展模式，又需要依赖服务业尤其是生产性服务业的兴起与发展。因此，依托和服务工业发展，构建服务业与工业协同发展的体制机制，是甘肃服务业及其集群发展的重要战略选择。

甘肃省财政形势分析与展望

王丹宇*

摘　要： 2018年前三季度，甘肃省以习近平新时代中国特色社会主义思想为指引，全面贯彻落实党的十九大精神，稳增长、调结构、促就业、惠民生，全省经济运行呈现缓中趋稳、稳中向好的态势。1~7月财政收入运行平稳、增速稳中有升，8~9月，随着减税降费效应逐渐释放，财政收入持续回落；财政支出实现较快增长、运行进度合理、重点支出保障到位，财政在生态环境改善、精准扶贫推进、民生需求保障及降低实体经济成本等诸多方面发挥了重要作用。未来受国内外复杂多变的形势影响，经济回稳向好中的不确定性因素增多，预计甘肃省财政增收压力依然较大，收支矛盾依旧突出。2019年甘肃省要继续实施积极的财政政策，在加力减负、补齐短板、促进消费、节用裕民等方面努力作为，推动经济高质量发展。

关键词： 甘肃省　财政形势　财政收入

2018年前三季度，甘肃省以习近平新时代中国特色社会主义思想为指引，全面贯彻落实党的十九大精神，按照高质量发展要求，统

＊ 王丹宇，甘肃省社科院区域经济研究所副研究员，主要研究方向：区域经济。

筹推进促改革、稳增长、调结构、惠民生等各项工作，全省经济缓中趋稳、稳中向好的态势更加明显，1~7月财政收入运行平稳，增速稳中有升，8~9月，随着减税降费效应的逐渐释放，财政收入增速持续回落；财政支出实现较快增长，运行进度保持在合理区间，脱贫攻坚、基本民生等重点支出保障到位。

一　2018年1~9月甘肃省财政运行状况

（一）财政收入增速稳中趋缓，收入进度保持在合理区间

1~9月，甘肃省一般公共预算收入完成640.8亿元，比上年同期增长8.8%，增收51.9亿元。其中，省本级一般公共预算收入完成184.4亿元，增长11.6%；市县级收入456.4亿元，增长7.7%。分阶段增幅看，在经济运行平稳向好、工业产品价格高位运行、企业效益持续改善以及部分上年结转收入在年初入库等因素带动下，全省一般公共预算收入一季度增长7.8%、上半年增长10.2%、7月末增长11.6%，增速稳中有升；8月以来，受减税降费政策效应持续显现影响，收入增速稳中趋缓，8月和9月末增速分别回落至10.7%和8.8%（见图1）。从收入进度看，截至9月末，全省一般公共预算完成年初预算的75.3%，省级收入完成年初预算的76.7%，市、州收入完成年初预算的74.8%，全省、省本级和市州收入进度总体保持在合理区间。

（二）减税降费政策效应逐步显现，税收收入增幅明显回落

2018年在落实积极财政政策、加大减税降费力度的背景下，地方税收收入增幅明显回落，由一季度的26.3%下降到上半年的17.6%，9月末进一步回落到14.3%（见图1）。分税种看，增值税214.7亿元，增长10.4%，比上半年和上月末分别回落6.3个和2.9

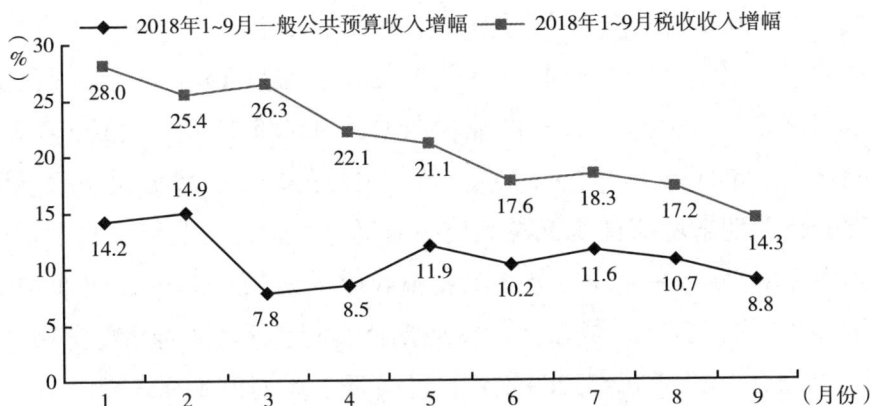

图1 甘肃省一般公共预算收入、税收收入增幅

个百分点，主要是增值税税率下调以及落实财政部、国家税务总局《关于2018年退还部分行业增值税留抵税额有关税收政策的通知》要求，对符合条件的144户企业退还期末增值税留抵税额7.35亿元，其中4.85亿元在9月集中退付，涉及地方税收2.4亿元，相当于拉低当月税收增幅6.1个百分点；企业所得税完成63.6亿元，增长16.5%，比上半年和上月末分别回落1.8个和2.6个百分点，主要是继续落实已出台各项企业所得税优惠政策，加上上年同期基数较高（2017年9月，企业所得税增长46.8%）影响；个人所得税完成25.3亿元，增长23.5%，与上半年基本持平，比上月末回落0.4个百分点；其他中小税种合计完成153.4亿元，增长17.8%，增幅与上半年基本持平，比上月末回落3.2个百分点。从收入结构看，1~9月甘肃省税收收入占一般公共预算收入的比重为71.3%，高于上年末4.2个百分点，收入质量趋于改善。

（三）第二、三产业税收收入稳中有降，工业税收收入增速下降明显

1~9月，全省全口径税收收入累计完成1072.9亿元，比上年同期增收110.6亿元，增长11.5%，增幅比上月末回落1.8个百分点。分产业看，第二产业税收收入617.1亿元，增长13.1%，增幅比上月末回落2个百分点；第三产业税收收入454.5亿元，增长9.2%，增幅比上月末回落1.4个百分点。值得关注的是，受增值税税率下调和部分行业期末增值税留抵税额集中退付等影响，工业税收收入增速回落态势明显。1~9月，全省工业税收收入增长13.1%，工业增值税增长9.6%。其中，成品油、钢坯钢材和有色金属行业增值税分别下降14.4%、40.3%和32.9%，合计拉低工业增值税9.5个百分点；受当月集中退付增值税留抵税额的影响，专用设备、化工产品、电气器材和电信设备等行业增值税分别增长35.1%、-16.4%、-4.1%和-37.9%，增幅比上月末分别回落46.8个、12.6个、10.2个和39.6个百分点，合计拉低工业增值税增速0.5个百分点。另外，得益于工业生产增速回升、工业品价格上涨以及减税降费带来的实体经济降本增效，工业企业所得税同比增长90.8%，建材、煤炭、电力和电信设备等行业分别增长3.7倍、5.8倍、1.3倍和81.4%。

（四）非税收入延续下降态势，财政收入结构优化

1~9月，受实施降费政策、规范非税收入征缴以及上年一次性收入入库较多导致的基数高等因素影响，甘肃省非税收入持续减收。截至9月末，全省非税收入累计完成183.8亿元，下降2.8%，比上年末和上年同期分别降低5.7个和1.9个百分点，降幅呈逐月收窄态势（见图2）。全省同期非税收入占一般公共预算收入的比重较上年同期下降3.43个百分点（见图3），一方面体现了减税降费政策及规范非税收入的成效，另一方面反映出财政收入结构的优化。

从主要项目看，行政事业性收费受落实降费措施和规范收入秩序等因素影响同比减收9.36亿元，下降22.8%，下拉非税收入增幅4.9个百分点；国有资源有偿使用收入减收2.88亿元，下降5.5%，

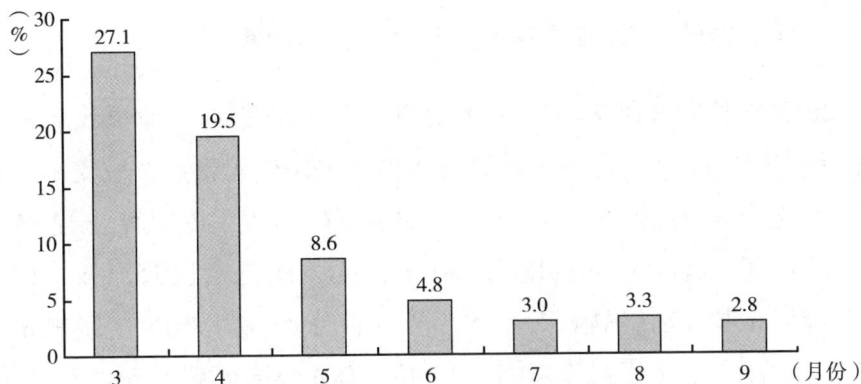

图2 甘肃省 2018 年 3～9 月非税收入降幅

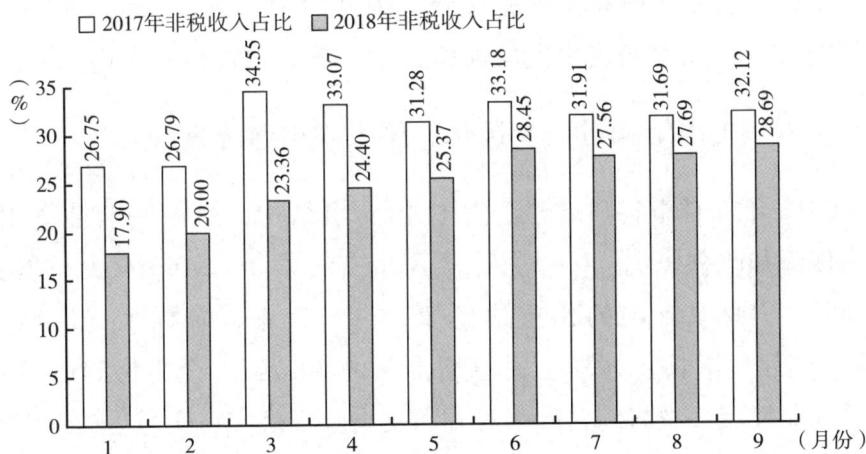

图3 甘肃省非税收入占比比较

主要受新增建设用地土地有偿使用费收入和矿产资源专项收入减收影响。专项收入增收 1.11 亿元，增长 2.2%；罚没收入增收 2.46 亿元，增长 13.5%，增幅比上月末提高 9.3 个百分点，主要是公安、交通、检查系统罚没收入二、三季度集中入库较多带动增长；政府住房基金增收 1.01 亿元，增长 9.1%，增幅比上月末提高 5.1 个百分点，主要是庆阳、武威、兰州等市县加大政府住房基金收入项目催缴征收力度带动增长。

（五）财政支出较快增长，进度均衡合理

2018 年甘肃省落实财政政策要更加积极的要求，加快政府债券发行和使用进度、全力保障脱贫攻坚和基本民生等重点领域支出，全省财政支出增长较快。1～9 月，甘肃省一般公共预算支出累计2748.5 亿元，比上年同期增支 360.7 亿元，同比增长 15.1%，比上半年和 8 月末分别提高 6.5 个和 3.7 个百分点，为 2018 年以来累计增幅次高的月份（仅低于 2 月末的 17.1%）；省级支出 632.5 亿元，同比增长 19.9%；市县级支出 2116 亿元，同比增长 13.7%。从进度看，全省一般公共预算支出完成变动预算的 74.1%，省级支出完成预算的 72%，市县级支出完成预算的 74.6%，进度均衡合理。

（六）支出结构进一步优化，民生支出保障良好

2018 年，甘肃省财政进一步优化支出结构，严控一般性支出，全力保障和改善民生，1～9 月十类民生支出累计 2220.1 亿元，增长15.5%，占财政支出的比重达到 80.8%。其中，农林水支出增支139.7 亿元，增长 41.2%，占总增支额的 38.7%，全力保障脱贫攻坚、农业发展、农村综合改革等方面支出政策落实；交通运输支出增支 56.7 亿元，增长 25.3%，占总增支额的 15.7%，重点支持公路、铁路、民航机场等重大基础设施建设项目；节能环保支出增支 18.7亿元，增长 33%，占总增支额的 5.2%，重点推进祁连山生态保护、退耕还林还草、生态林保护等重点项目；社会保障和就业支出增支24.6 亿元，增长 6.6%，占总增支额的 6.8%，重点落实提高城乡低保补助、企业职工及机关事业单位退休人员养老金补助标准、城乡居民养老保险基础养老金财政补贴标准等民生政策；住房保障支出增支20.8 亿元，增长 20.1%，占总增支额的 5.8%，支持保障棚户区改造、保障性住房建设等项目加快实施。

（七）政府性基金收支运行平稳

1~9月，全省政府性基金收入248.1亿元，比上年同期减收21亿元，下降7.8%。其中，省本级收入65.4亿元，下降17.8%；市县级收入182.7亿元，下降3.6%。全省政府性基金收入中，国有土地使用权出让收入174亿元，下降3%；车辆通行费42.5亿元，下降25%，主要是受取消二级公路收费政策影响。全省政府性基金支出329.8亿元，比上年同期增支40.8亿元，增长14.1%。其中，省本级支出88.5亿元，下降8.7%；市县级支出241.3亿元，增长25.6%。全省政府性基金支出中，国有土地使用权出让收入安排的支出196亿元，增长32%；车辆通行费安排的支出77.7亿元，下降12.9%。全省国有资本经营预算收入4.4亿元，比上年同期增收0.6亿元，增长16.2%；加上中央转移支付和上年结余等，全省国有资本经营预算支出11.4亿元，比上年同期增支4.1亿元，增长45.6%。

二 2018年1~9月财政运行的特点与问题

（一）财政加大资金投入，支持生态环境建设

2018年省财政充分发挥职能作用，积极落实祁连山生态环境问题整改措施，加大资金投入，支持生态环境建设。生态环保资金重点用于支持生态环境保护修复、退耕还林还草、草原生态保护、土地整治、水土保持、农业面源污染等项目实施。省财政筹集到15亿元支持祁连山生态保护修复，其中，10亿元采取差异化奖补方式用于保护区矿业权退出，目前祁连山自然保护区144宗矿业权已退出140宗。积极争取到中央基础奖补资金20亿元、省级筹集资金26亿元用

于祁连山山水林田湖草生态保护修复，其中，2018 年安排 15 亿元，用于重点实施黑河流域和石羊河流域生态环境综合治理。此外，省财政首期出资 20 亿元，设立绿色生态产业发展基金，重点支持文化旅游、中医中药、通道物流、数据信息、节能环保、循环农业等十大产业发展。

（二）持续实施减税降费政策，切实降低实体经济成本

2018 年各级财税部门持续实施减税降费政策，以政府收入做"减法"换取企业效益做"加法"、市场活力做"乘法"，不仅为财政收入提供了源头活水，也为全省经济实现高质量发展积聚新动能。1～7 月为各类市场主体减免税收共计 191.79 亿元，占全省同期税收收入的 21%。从产业看，节能环保产业减免 4.99 亿元，支持"三农"产业发展减免 11.5 亿元，支持文化产业减免 1.4 亿元，鼓励高新技术产业发展减免 2.37 亿元，支持企业改制转制、文教事业、交通运输、医疗卫生等其他各项事业共计减免 104.42 亿元。另外，促进西部大开发减免 18 亿元，支持金融资本市场发展减免 30.06 亿元，扶持小微企业发展减免 19.05 亿元。从税种看，减免增值税 68.97 亿元、企业所得税 49.78 亿元、个人所得税 9.35 亿元、契税 5.66 亿元，资源税 2.32 亿元、城镇土地使用税 1.57 亿元、环境保护税 0.39 亿元，其他税种 53.75 亿元。

此外，省财政相继降低部分政府性基金征收标准，停征、免征和调整部分行政事业性收费。自 4 月 1 日起，将残疾人就业保障金征收标准上限，由各地社会平均工资的 3 倍降低至 2 倍；停征首次申领居民身份证工本费。自 6 月 20 日起取消收费公路车辆通行费最低起征额；7 月 1 日起，将重大水利工程建设基金征收标准在现行标准上再降低 25%，同时取消公路运输中超限车辆卸载及补偿收费、非刑事案件物证鉴定费、公安专业自学考试费等 3 项行政事业性收费。通过

清理规范，甘肃省省级行政事业性收费项目由 2017 年的 22 项减少到 19 项，其中省级涉企行政事业性收费项目由 2017 年的 4 项减少为 3 项①，进一步减轻了社会负担。

（三）扶贫支出增幅持续攀升，进度明显加快

2017 年底中央经济工作会议确定"今后三年要重点抓好决胜全面建成小康社会的防范化解重大风险、精准脱贫、污染防治三大攻坚战"。2018 年甘肃省各级财政部门严格落实增列专项扶贫预算政策，建立扶贫资金动态监控系统，加大资金使用的督导力度，精准发力，扶贫支出高增长、超进度。1～9 月，扶贫支出累计 232.4 亿元，比上年同期增支 133 亿元，增长 134%，完成预算的 94.6%，高于均衡进度 19.6 个百分点，为脱贫攻坚战提供了有力的支撑。其中，农村基础设施建设支出 35.4 亿元，增长 44%；生产发展支出 73.2 亿元，增长 36.9 倍；扶贫贷款奖补和贴息支出 14 亿元，下降 47.6%；"三西"农业建设专项补助支出 3.4 亿元，增长 16.2%；其他扶贫支出 104.2 亿元，增长 152.2%。

（四）省内市、州财政收入向好，地区间财力不均衡

2018 年 1～9 月，市、州级财政收入累计完成 456.36 亿元，同比增长 7.7%。14 个市州中，甘南、庆阳、张掖、武威、平凉 5 市增幅高于 10%；白银、嘉峪关、酒泉、定西、陇南、兰州、天水、金昌 8 市州增幅在 10% 以内，临夏州财政收入负增长（见表 1）。与 2017 年同期 5 个市州增速提高、9 个市州增速回落相比，2018 年 14 个市州收入增速"9 升 5 降"（见图 4），市、州财政收入向好。

———————————

① 《企业税费做"减法" 市场活力做"加法"》，《甘肃日报》2018 年 8 月 10 日。

表1   甘肃省地方财政收入及增速比较

单位：亿元，%

地区	2017年1~9月		2018年1~9月	
	累计	增速	累计	增速
兰　州	172.53	14.91	182.79	5.9
嘉峪关	13.39	4.00	14.66	9.5
金　昌	16.23	4.82	16.34	0.7
白　银	20.87	11.34	22.84	9.5
天　水	31.58	3.15	33.2	5.1
酒　泉	26.52	-2.50	28.76	8.4
张　掖	17.68	0.65	20.1	13.7
武　威	20.73	0.20	22.92	10.5
定　西	16.56	0.84	17.9	8.1
陇　南	16.76	-2.58	17.93	7.0
平　凉	20.36	17.93	22.43	10.2
庆　阳	33.41	13.30	38.86	16.3
临　夏	11.78	-0.11	11.4	-3.2
甘　南	5.22	13.57	6.23	19.3

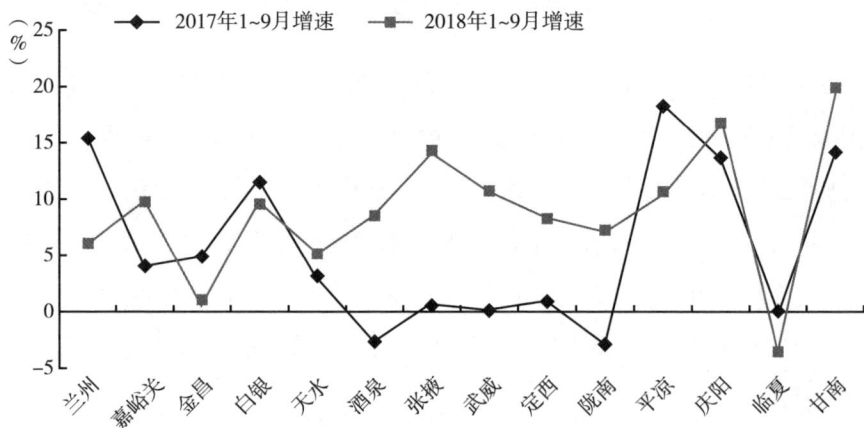

图4   甘肃省14个市州财政收入增速比较

省内市、州间一般公共预算收入差距非常大，2018 年 1 ~ 9 月，兰州市一般公共预算收入为 182.79 亿元，占一般公共预算收入合计的比重为 40.05%，而甘南市仅为 6.23 亿元，占比为 1.36%，兰州市占比是甘南市的 29.4 倍，经过省级财政平衡作用的发挥以及中央转移支付，二者差距明显缩小，兰州市可用财力为 328.59 亿元，占全部市州可用财力合计的比重为 15.53%，而甘南市可用财力为 166.77 亿元，占比 7.88%，兰州市占比是甘南市的 1.97 倍，二者差距远低于一般公共预算收入的差距（见表 2）。省内地区间财政自给率也两极分化严重。地区间财力不均衡加大了省级、地市级政府在均衡财力、保民生、维稳定、促和谐方面的压力。

表 2　甘肃省内地区间可用财力比较

单位：%

地区	2017 年 1 ~ 9 月			2018 年 1 ~ 9 月		
	一般公共预算收入占比	可用财力占比	财政自给力	一般公共预算收入占比	可用财力占比	财政自给力
兰　州	40.73	15.97	55.66	40.05	15.53	55.63
嘉峪关	3.16	1.26	54.94	3.21	1.26	54.97
金　昌	3.83	1.86	45.02	3.58	2.13	36.25
白　银	4.93	5.62	19.13	5.01	5.64	19.14
天　水	7.45	9.29	17.51	7.27	9.59	16.37
酒　泉	6.26	4.49	30.45	6.30	5.12	26.55
张　掖	4.17	5.79	15.73	4.40	5.60	16.95
武　威	4.89	7.97	13.40	5.02	6.14	17.65
定　西	3.91	8.01	10.66	3.92	8.66	9.77
陇　南	3.96	8.32	10.37	3.93	8.22	10.31
平　凉	4.81	6.84	15.33	4.92	7.04	15.05
庆　阳	7.89	9.09	18.92	8.52	8.78	20.91
临　夏	2.78	8.60	7.06	2.50	8.41	6.41
甘　南	1.23	6.90	3.89	1.36	7.88	3.73

注：财政自给率＝一般公共预算收入/可用财力。

三　未来甘肃财政运行的宏观形势判断及展望

2018 年中国经济总体保持稳中向好态势。前三季度我国经济增长 6.7%；9 月全国城镇调查失业率是 4.9%，相比上月和上年同期均下降了 0.1 个百分点；31 个大城市城镇调查失业率为 4.7%，比上月下降 0.2 个百分点。前三季度城镇新增就业超过 1100 万人，提前一个季度完成了全年的目标任务；居民消费价格前三季度上涨 2.1%，涨幅比上半年略微扩大了 0.1 个百分点，扣除食品和能源之后，核心 CPI 前三季度上涨了 2.0%，和上半年持平，价格也比较平稳。前三季度，全国居民人均可支配收入 21035 元，实际增长 6.6%，增速和上半年持平。所以，从经济增长、就业、物价和收入这些宏观指标来看，我国经济运行保持了总体平稳、稳中有进的基本态势。可是我们看到发展的外部环境发生了明显变化。美国新政府上任以来，奉行单边主义、贸易保护主义，不断升级对华经贸摩擦，宏观政策分化、国际竞争性减税、国际金融市场和商品市场波动等外部挑战变数明显增多，引发的不稳定、不确定性给中国经济发展带来了困扰和冲击。3 月以来，我国固定资产投资增速连续 6 个月回落，至三季度末，全国固定资产投资同比增长 5.4%，增速比上半年回落 0.6 个百分点；社会消费品零售总额同比增长 9.3%，增速比上半年回落 0.1 个百分点；9 月全国城镇调查失业率为 4.9%，比上月下降 0.1 个百分点，比上年同月下降 0.1 个百分点，连续保持在低位。9 月制造业 PMI 为 50.8%，总体延续扩张态势，但同月的新出口订单指数和进口指数有所回落。长远来看，经贸摩擦对中国经济运行的影响可能包括对经济增长的影响、对就业的影响、对物价的影响和对国际收支的影响等。国内结构调整阵痛将继续显现，经济运行稳中有变、稳中有缓，下行压力加大。

从省内看，下半年财政运行既有积极因素，也有较多不确定性因素。一方面经济平稳向好为财政收入奠定了良好基础，国、地税征管体制改革也有利于提高征管效率，促进税收增长；但另一方面，减税降费政策性减收影响还将逐步显现，执行新的中央与地方收入分享体制后，减收速度将大于增收。工业增加值、固定资产投资等先行指标企稳回升的基础还不稳固，后期工业品价格也存在较大不确定性，加之国家加大房地产调控监管力度以及自然灾害多发频发等，预计未来全省财政收入将继续维持低位增长态势。脱贫攻坚、乡村振兴、民生改善、生态保护、基础设施建设等刚性需求只增不减，财政收支矛盾将进一步加剧。

四　对策建议

中央经济工作会议明确提出了"财政政策要更加积极有效"的要求。"积极"就是要主动发挥财政在国家治理中的基础和重要支柱作用，"有效"就是要抓住关键环节，精准发力，达到"四两拨千斤"的效果。2019 年全球发展不确定性因素增多，经济风险日益加大，甘肃省要认真落实聚力增效的积极财政政策，全力支持打好三大攻坚战、深化供给侧结构性改革、落实创新驱动发展战略，更好发挥财政在优化资源配置、提供公共服务、调节收入分配、保护生态环境等方面的重要作用，以更加有力的举措展现财政新作为。

（一）进一步加强财源建设，努力提高财政保障能力

加强财政经济运行态势预判、研判，认真分析税源结构，依法强化收入征管，积极跟踪重点行业、重点税源、重点项目，确保应收尽收、足额入库。积极落实财税优惠政策，支持促进实体经济发展，扶持重点行业、支柱产业加快发展，培植涵养财源，为财政可持续增收

夯实税源基础。创新财政政策扶持方式，激励企业自主创新。以"拨改投""拨改引""拨改买"等财政资金创新方式发挥财政资金的杠杆作用、强化财政资金引导作用、提高财政资金使用效率。采取现代治理手段提高政府行政效率，降低制度性交易成本，切实减轻企业收费负担。通过全方位、全过程、全链条预算公开保证各项扶持政策公平普惠，形成各方稳定的发展预期。围绕国家产业政策和投资方向，积极争取中央在财力性转移支付和扶贫、生态、预算内基建投资等方面的支持，努力提高财政保障能力。

（二）调整优化支出结构，统筹保障重点支出

加大财政资金统筹力度，进一步调整和优化支出结构。严格控制一般性支出，清理盘活财政存量资金，确保脱贫攻坚、生态环保、重点项目、改革创新等重点支出。牢固树立"抓民生就是抓发展"的发展观、政绩观，像抓经济建设一样抓民生保障，积极回应"民生关切"，努力落实"民生诉求"，使发展成果更多更公平惠及全体人民。积极推进财政涉农资金统筹整合，加强对重点项目的跟踪监控，量力而行、尽力而为，提高财政资金使用效益。提高省对市县一般性转移支付规模，重点向深度贫困地区倾斜。严格落实支出考核奖惩机制，督促市县加快支出进度，确保支出增速保持合理区间，提高支出时效。

（三）积极发挥财政职能，全力支持脱贫攻坚

甘肃贫困面大、贫困程度深，是全国打赢脱贫攻坚战最困难的省份。省十三次党代会以来，新一届省委、省政府坚持把脱贫攻坚作为全省头等大事和第一民生工程，全省脱贫攻坚工作呈现出良好发展态势，各方面取得了显著成果。到2020年甘肃省还要实现189万贫困人口脱贫、57个贫困县摘帽，脱贫攻坚工作已进入最为关键的阶段，

公共财政的精准投入、精准使用和精准管理至关重要。一是加大财政投入。不断优化财政专项扶贫资金管理，调整财政支出结构，确保政府扶贫投入力度和脱贫攻坚任务相适应。二是充分发挥财政资金的杠杆作用，拓宽筹资渠道，引导社会力量投入扶贫攻坚，支持产业扶贫、金融扶贫、文化扶贫以及就业扶贫；将扶贫政策、扶贫资源、扶贫项目以及扶贫资金捆绑，聚焦投向贫困地区及贫困群体。三是以扶贫规划和重大扶贫项目为平台，以财政专项资金为基础，整合各类扶贫资金，简化工作流程，由县、乡级政府负责扶贫项目的组织实施。

（四）加强政府债务管理，切实防范化解债务风险

加强政府债务管理，防范和化解地方政府债务风险是财政部门责无旁贷的担当。通过存量债务的债券置换缓解地方政府流动性风险、拓展财政空间，通过增量债务的限额管理有效遏制债务增长势头，存量和增量"双轮驱动"收窄政府杠杆率、扩大财政政策调控空间。完善风险评估、预警和应急处置机制，建立健全政府债务限额、举债、使用、偿还等情况的社会公开机制，加强债务资金使用和对应项目实施情况监控，推进政府债务项目滚动管理和绩效管理。认真研究中央关于地方政府专项债券的相关政策，在土地储备、收费公路专项债券试点的基础上，积极探索交通运输、农林业、能源、生态保护、保障性安居工程、教育、文化、医疗、卫生、养老等传统基础设施和公共服务领域的 PPP 项目专项企业债券。

（五）加大预算改革力度，推进全过程绩效管理

以实施全面绩效管理为目标，建立编制有目标、执行有监控、完成有评价、结果有运用的预算全过程绩效管理。细化项目预算资金支出内容的管理，逐步完善国有资本经营预算编报机制，改进社会保险基金预算编制和管理。强化预算约束，预算执行过程中不得随意新开

增支减收的口子；统一财政资金的分配权，减小非正式预算权力的影响，消除财权碎片化，形成"大预算"，提高资金的整体配置效益。加强重点支出和重大项目资金使用的绩效评价，完善追踪问效机制，将评价结果与预算安排紧密结合，做到花钱必问效、无效必问责；对于绩效评价结果，努力做到"五个全"，即全覆盖、全方位、全过程、全周期、全监督，让绩效管理覆盖所有财政资金，提高公共财政运转的透明度和公信力。

B.6
甘肃省金融业发展形势分析及预测

常红军　杨召举*

摘　要： 2018 年 1~9 月，甘肃省金融总体保持平稳运行态势，甘肃省银行业金融机构有效落实稳健中性的货币政策，围绕金融去杠杆、强监管的目标，不断优化信贷结构；地方法人银行机构快速发展，银行业规模稳步扩大，金融机构经营实力进一步增强；证券业稳步发展，资本市场层次更加完善；保险业民生保障功能增强，保险资金支持甘肃省经济建设取得较好成效。甘肃省金融机构准确把握金融工作总体要求，进一步落实金融改革发展任务，积极防范和化解金融风险，精准发力服务好甘肃省实体经济重要领域，金融"脱虚向实"效果明显，金融对重点项目、普惠金融、精准扶贫、文化创意等特色领域支持力度持续增强，成效显著。2019 年，甘肃金融业总体将继续平稳运行，宏观调控能力将进一步提高，金融机构将有效落实稳健中性的货币政策，做好防范化解重大金融风险工作，继续推进金融改革开放发展，着力提升金融服务和管理水平，促进甘肃金融业实现高质量发展。

---

* 常红军，甘肃省社会科学院副研究员，研究方向：金融证券、区域经济学；杨召举，中国人民银行兰州中心支行经济师，研究方向：货币金融学。

关键词： 甘肃 金融业 货币政策

2018 年 1~9 月，甘肃省金融总体保持平稳运行态势，甘肃省银行业金融机构有效落实稳健中性的货币政策，围绕金融去杠杆、强监管的目标，不断优化信贷结构；地方法人银行机构快速发展，银行业规模稳步扩大，金融机构经营实力进一步增强；证券业稳步发展，资本市场层次更加完善；保险业民生保障功能增强，保险资金支持甘肃省经济建设取得较好成效。甘肃省金融机构准确把握金融工作总体要求，进一步落实金融改革发展任务，积极防范和化解金融风险，精准发力服务好甘肃省实体经济重要领域，金融"脱虚向实"效果明显，金融对重点项目、普惠金融、精准扶贫、文化创意等特色领域支持力度持续增强，成效显著。2019 年，甘肃金融业总体将继续平稳运行，宏观调控能力将进一步提高，金融机构将有效落实稳健中性的货币政策，做好防范化解重大金融风险工作，继续推进金融改革开放发展，着力提升金融服务和管理水平，促进甘肃金融业实现高质量发展。

一 2018年甘肃省金融形势分析

（一）银行业

2018 年 1~9 月，甘肃省金融机构围绕防范化解金融风险、精准脱贫、污染防治三大攻坚战，认真贯彻落实双支柱调控政策，扎实推进普惠金融、金融支持对外开放、金融风险防范和绿色金融"四项工程"，不断创新融资模式，积极拓宽融资渠道，持续优化金融服务，为甘肃经济高质量发展提供了有力保障。全省金融运行平稳，贷款增速企稳,存款低位运行,债券融资规模快速增长,实体经济融资成本保持较低水平,总体呈现出"稳、进、好"的势头,即"稳"的态势在巩固、"好"的因素在累积、"进"的力度在加大。

1. 贷款增速企稳,信贷结构变化明显

2018 年 9 月末,全省金融机构本外币各项贷款余额 19107.27 亿元,增长 9.85%,同比下降 4.07 个百分点,较年初增加 1400.55 亿元,同比少增 67.12 亿元。2018 年以来,贷款增长保持稳定,月度贷款增速围绕 10% 窄幅波动,最高增速为 4 月的 10.46%,最低为 8 月的 9.53%。从百元 GDP 占用贷款看,2017 年全省百元 GDP 占用贷款(231 元)比全国平均水平高 79 元,随着贷款增速持续高于 GDP 增速,百元 GDP 占用贷款将进一步上升。

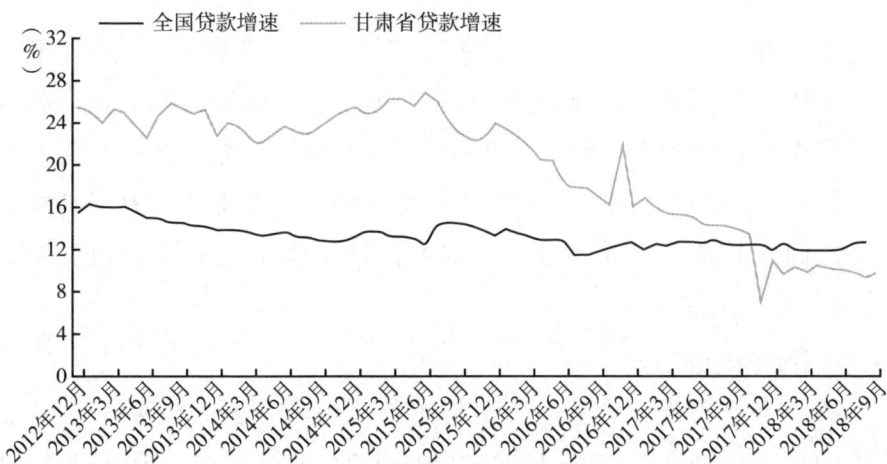

图 1 全国和甘肃贷款增速对比

贷款投向重点突出、结构优化。一是交通、水利等行业贷款较快增长。2018 年 9 月末,全省交通运输、仓储和邮政业贷款余额 2830.24 亿元,同比增长 17.3%;水利、环境和公共设施管理业贷款余额 1515.42 亿元,同比增长 21.41%,为稳增长提供了金融支撑。

二是现代服务业贷款快速增长。2018年9月末，全省租赁和商务服务业、科研技术服务业贷款同比分别增长36.9%、59.53%，较全省贷款平均水平分别高27.05个、49.68个百分点，有力促进了产业结构转型升级。三是小微企业贷款较快增长。2018年9月末，全省小微型企业贷款余额4552.55亿元，同比增长10.41%，占企业贷款余额的35.47%，金融支持小微企业发展力度不断加大。四是个人消费领域贷款增量占比较高。2018年9月末，全省个人消费贷款余额2120.72亿元，同比增长22.96%，较年初增加291.21亿元，占各项贷款增量的20.79%，其中个人短期消费贷款同比增长31.09%，促进了消费规模扩大和消费结构转型升级。此外，2018年9月末制造业贷款余额较年初减少27.75亿元，反映出全省工业经济有效信贷需求依然不足。

从机构占比结构看，政策性银行和地方法人金融机构贷款增长较快。2018年9月末，政策性银行在甘分支机构和地方法人金融机构贷款同比分别增长11.36%、12.65%，较全省平均增速分别高1.51个、2.8个百分点；四大国有商业银行、股份制商业银行在甘分支机构贷款同比分别增长5.99%、7.92%，较全省平均增速分别低3.86个、1.93个百分点。

2. 存款快速回升

2018年9月末，全省金融机构本外币各项存款余额18797.01亿元，增长4.23%，增速较上年末提高2.74个百分点。2018年1~9月，新增各项存款1019.8亿元，同比多增512.46亿元。在经历了两年大幅下滑后，全省金融机构本外币存款增速于2018年2月跌至最低点（0.70%），随后整体企稳，三季度开始回升，尤其是8月、9月存款增速环比分别提高1.21个、1.73个百分点。

从存款主体结构上看，"两增两降"特点明显：住户存款、广义政府存款快速增长；企业存款、非银行业金融机构存款降幅较大。

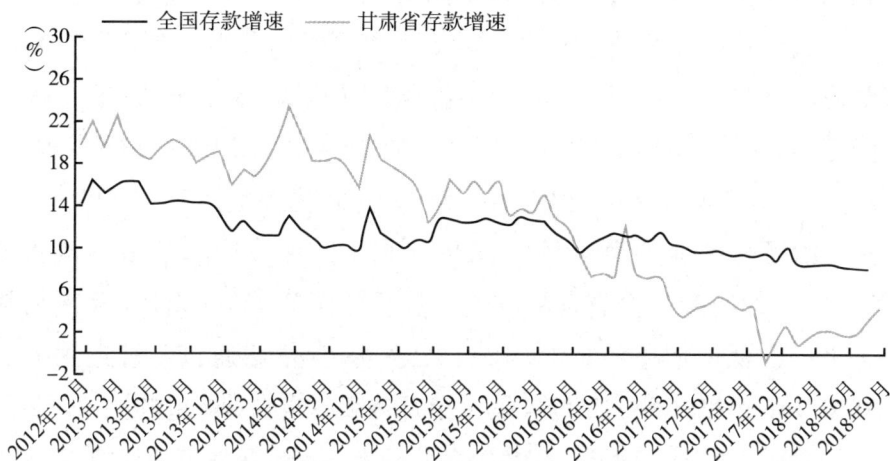

图2 全国和甘肃存款增速对比

2018年9月末，全省住户存款余额9637.01亿元，增长7.62%，较年初增加541.13亿元，同比多增124.65亿元。广义政府存款余额3575.42亿元，同比增长12.76%，较年初增加383.34亿元，同比多增131.91亿元。住户存款和广义政府存款新增额共计924.47亿元，占各项存款新增额的90.65%。受企业经营下滑等因素影响，企业存款减少，2018年9月末，全省企业存款余额5210.18亿元，同比下降5.39%。2018年9月末，全省非银行业金融机构存款余额363.11亿元，同比下降8.29%，主要是受资本市场低迷、金融结构性去杠杆等因素影响。

从机构占比结构看，国有商业银行存款同比增幅较大，股份制银行存款下降趋势得到遏制，地方法人金融机构存款保持稳定增长。2018年9月末，四大国有商业银行、股份制银行、地方法人金融机构存款增速分别为3.18%、3.88%、7.75%。2018年1~9月，四大国有商业银行存款增加408.28亿元，同比多增146.83亿元；股份制银行存款增加16.2亿元，同比多增280.23亿元；地方法人金融机构存款增加 519. 27 亿元，同比多增 96. 15 亿元。

从近十年存款增速变化情况看，大致可以划分为三个阶段。高位下降阶段（2008~2015 年）：全省存款增速从 2008 年末的 26. 13% 缓慢降至 2009 年末的 24. 39%、2010 年的 21. 07%、2011 年的 18. 39%、2014 年的 15. 64%、2015 年的 16. 55%，存款增速呈现高位缓降态势，但这一阶段的增速明显高于全国平均水平。中位快降阶段（2016~2017 年）：2016 年末全省存款增速大幅下降至 7. 46%，2017 年末下降至 1. 49%。低位企稳阶段（2018 年以来）：存款增速自 2 月达到最低点 0. 70% 后企稳回升，目前连续 4 个月持续稳定在 2% 左右。

3. 金融市场交易活跃，非金融企业债券融资规模保持快速增长

受资管新规、债券交易新规等政策影响，金融机构逐步压缩同业存放等线下业务，增加同业拆借和同业存单等线上业务，货币市场交易活跃。2018 年上半年，全省在银行间货币市场交易额 30271. 93 亿元，增长 19. 30%。其中，债券回购交易额 29561. 98 亿元，增长 17. 50%；同业拆借交易额 709. 95 亿元，增长 219. 12%。

2018 年 1~9 月，全省在银行间市场累计发行各类债券（含同业存单）580. 2 亿元，同比增加 65. 9 亿元，增长 12. 81%。其中，非金融企业发行债务融资工具 132. 6 亿元，同比增长 17. 24%。2018 年 1~9 月，非金融企业发行具有明确资金用途的债务融资工具中，97. 4% 用于偿还企业债务，部分企业债券融资"借新还旧"特征明显。

4. 实体经济融资成本仍保持较低水平

2018 年 1~9 月，全省金融机构定期存款利率为 2. 13%，同比上升 17 个 BP。在银行资金成本上行的情况下，中国人民银行兰州中心支行综合运用再贷款、再贴现等手段，引导金融机构充分考虑经济下行压力，合理确定贷款利率，各金融机构主动让利企业，实体经济融资成本维持在较低水平。2018 年 1~9 月，全省金融机构新发放贷款加权平均利率为 5. 74%，持续低于全国水平。尤其是随着定向降准、

再贷款等货币政策措施效果的逐步显现，贷款利率环比下降幅度较大，2018年9月当月全省金融机构新发放的贷款加权平均利率环比下降18个BP。此外，企业债券融资利率不断下降，2018年1~9月全省非金融企业债务融资工具加权平均利率为5.46%，同比下降18个BP。

5. 金融运行态势趋稳

一是贷款增速企稳。从增速看，近年来受经济下行影响，贷款增速持续下降，于2018年1月跌破10%，随后有所回升，近3个月连续保持在10%以上；2018年6月末，贷款增长10.18%。从增量看，2018年以来贷款增长平稳，月度增量在150亿~200亿元。二是社会融资规模保持平稳。在强监管背景下，尽管委托贷款等表外融资大幅减少，但全省社会融资规模依然保持平稳增长。2018年上半年，全省社会融资规模增量1996.34亿元，比上年同期多增285.99亿元。三是金融发展环境企稳。2018年以来，全省经济增速下滑趋势得到遏制，经济运行稳中向好，为金融发展提供了较为稳定的宏观环境。

6. 金融支持服务经济力度进一步加大

一是企业直接融资持续向好。企业直接融资意识不断增强，债券融资快速增长。2018年上半年，全省非金融企业在全国银行间市场融资额同比增长31.75%。二是金融服务实体经济态势持续向好。全省金融机构更加专注主业，表外业务加快回归表内，有利于加大对实体经济支持力度、防范化解非标投资风险。

7. 信贷政策落实更加有力有效

一是信贷结构调整工作扎实推进。2018年6月末，全省第三产业贷款余额同比增长13.42%，科研和技术服务业、租赁和商务服务业、卫生和社会工作行业、水利环境和公共设施管理业贷款余额分别增长54.80%、24.60%、40.96%、25.22%，小微企业贷款较快增长，对经济转型发展支持力度加大。二是普惠金融、绿色金融工作扎实推进。全省金融系统积极探索绿色普惠金融融合发展模式，深入实施小微企业应收账款融资专项行动，切实加大深度贫困地区脱贫攻坚和产业扶贫支持力度，不断提升金融精准扶贫精准性。积极推进兰州新区申报全国绿色金融改革创新试验区，推动兴业银行与甘肃省人民政府签署500亿元绿色融资战略合作协议。三是定向支持工作扎实推进。通过普惠金融定向降准、优惠存款准备金率考核政策等，引导金融机构加大对小微企业、脱贫攻坚等的支持力度。

8. 全省精准扶贫贷款余额达到2500亿元

2018年以来，甘肃省金融部门积极探索创新金融扶贫模式，精准对接贫困地区脱贫攻坚融资需求，不断加大扶贫贷款投放，金融助推脱贫攻坚效果显现。截至2018年6月底，全省精准扶贫贷款余额达到2500亿元。近年来，甘肃省不断完善扶贫贷款担保、贴息和风险补偿等增信缓释机制，金融机构创新推出"财政＋信贷""保险＋信贷"等多种政银保合作模式和扶贫贷款产品，精准对接贫困地区基础设施建设、扶贫产业发展、易地搬迁等多个领域融资需求，为金融深度参与全省脱贫攻坚拓展了融资渠道。截至2018年6月末，全省累计发放各类扶贫贴息贷款1500多亿元，惠及200多万贫困农户和20多万个涉农、扶贫经济主体。

（二）证券业

2018年以来，甘肃资本市场继续稳定健康发展，对促进甘肃省经济发展方式转变和经济结构调整的能力和作用愈发增强。

1. 上市公司情况

截至2018年9月末，甘肃辖区共有A股上市公司33家，总股本421.06亿股，总市值2212.33亿元。33家上市公司中，在上海证券交易所上市16家，在深圳证券交易所主板上市8家，在中小板上市6家，在创业板上市3家。从地区分布看，兰州市20家，白银市3家，酒泉市、武威市、嘉峪关市、天水市、陇南市各2家，其余7个市（州）无上市公司。从控股股东看，地方国资控股13家，中央企业控股2家，民营资本控股18家。

2. 拟上市公司情况

截至2018年9月末，甘肃拟上市公司共有9家。兰州银行股份有限公司正在审核中；甘肃清河源清真股份有限公司、兰州金川新材料科技股份有限公司完成辅导验收；敦煌西域特种新材股份有限公司、甘肃扶正药业科技股份有限公司、金昌宇恒镍网股份有限公司、甘肃中天羊业股份有限公司、华龙证券股份有限公司和甘肃银行股份有限公司6家处于辅导期。

3."新三板"挂牌公司情况

截至2018年9月末，甘肃辖区有"新三板"挂牌公司37家，其中兰州市18家，定西市、天水、白银各3家，张掖市、武威市、酒泉市和临夏回族自治州各2家，嘉峪关市、陇南市各1家。

4. 证券经营机构情况

截至2018年9月末，甘肃辖区有1家证券公司，117家证券分支机构，其中20家证券分公司，97家证券营业部。客户托管资产总额1053.91亿元，同比减少27.37%；证券资金账户数226.12万户，同比增长8.07%。辖区证券分支机构实现证券交易额6708.20亿元，同比减少22.35%；实现营业收入4.85亿元，同比减少28.15%。

5. 期货经营机构情况

截至2018年9月末，甘肃辖区有1家期货公司，7家期货分支机构，其中1家期货分公司，6家期货营业部。客户权益总额5.63亿元，同比减少12.98%；期货账户数1.36万户，同比增加15.25%。辖区期货经营机构实现期货交易额3271.75亿元，同比减少17.52%；实现营业收入4452.29万元，同比下降16.59%。

6. 甘肃银行股份有限公司在香港挂牌上市

2018年1月18日，甘肃银行股份有限公司在香港交易所正式挂牌交易，股票代码为"2139.HK"。甘肃银行股份有限公司也因此成为西北地区首家上市银行。甘肃银行股份有限公司发售价格为每股H股2.69港元，集资净额为57.43亿港元。此次IPO，甘肃银行股份有限公司共引入华融融德（香港）投资管理有限公司、华讯国际集团、China Create Capital Limited（中科创资本）、香港大生投资控股有限公司等四名基石投资者，认购的发售股份总数为约11.63亿股发售股份，相当于全球发售项下初步提呈发售的发售股份总数的约52.6%。甘肃银行股份有限公司是经中国银行业监督管理委员会批准，通过合并重组原平凉市商业银行和原白银市商业银行，联合其他发起人共同设立的，由甘肃省政府直接管理的唯一一家省级法人股份制商业银行。在H股成功上市不足4个月，甘肃银行股份有限公司又宣布启动A股上市工作。

7. 甘肃省上半年上市公司营业收入和净利润实现双增长

2018年上半年，在金融领域调结构、去杠杆的大背景下，甘肃辖区上市公司生产经营状况总体保持稳定，经营业绩整体向好，营业收入和净利润实现双增长。上半年，辖区上市公司实现营业收入862.48亿元，同比增长10.58%，实现归属于上市公司股东净利润63.78亿元，同比增长75.89%。其中，民营企业经营业绩增速明显，仍是主要利润增长点。上半年实现营业收入251亿元，同比增幅达39%，实现归属于上市公司股东净利润46亿元，同比增幅达130%。盈利能力方面，23家上市公司实现盈利。资产方面，上半年，甘肃辖区上市公司总资产2878.40亿元，较上年同口径上市公司总资产额增长10.81%，流动资产1054亿元，占资产总额的45%，同比增长9%，高于总资产同比增长幅度。

（三）保险业

2018年，甘肃省保险业规模不断扩大，围绕甘肃省经济社会发展大局，拓展服务的广度深度，服务质量进一步提高，经济补偿和风险保障功能得到有效发挥，服务经济社会建设作用日益增强，更好地满足甘肃经济社会发展和人民群众的需求。

1. 保费收入增长放缓、赔付支出增长加速

2018 年 1~9 月，甘肃省累计实现原保险保费收入 332.44 亿元，同比增长 8.66%，增速比上年同期有较大幅度下降。其中，产险公司保费收入 93.93 亿元，同比增长 12.39%，高于上年同期增幅；人身险公司保费收入 238.51 亿元，同比增长 7.26%。2018 年 1~9 月，甘肃省累计发生原赔付支出 97.01 亿元，同比增长 14.83%，比上年同期 9.98% 有所上升。其中，产险公司赔款支出 42.56 亿元，同比增长 17.01%，较上年 6.6% 有大幅上升；人身险公司赔款及给付支出 54.45 亿元，同比增长 13.20%，与上年基本持平。

2. 甘肃省政府办公厅出台《关于加快发展商业养老保险的实施意见》

2018 年 8 月，甘肃省政府办公厅出台《关于加快发展商业养老保险的实施意见》，提出以应对人口老龄化、保障和改善民生为导向，结合区域养老实际需求，从产品供给、服务创新、促进养老服务业发展、发挥保险资金优势等方面，加快发展商业养老保险。坚持因地制宜，在统筹规划、落实政策、信息共享、强化监督等方面完善配套措施，积极融入地方社会养老保障体系建设。明确到 2020 年，在全省基本建立市场体系完备、产品形态丰富、服务模式多元、经营诚信规范的商业养老保险保障体系。

3. 甘肃省政府办公厅出台《甘肃省2018~2020年农业保险助推脱贫攻坚实施方案》

2018 年 7 月，甘肃省政府办公厅印发了《甘肃省 2018~2020 年农业保险助推脱贫攻坚实施方案》，方案聚焦贫困地区和贫困户，坚持普惠和特惠相结合、保自然风险和市场风险相结合、简化流程和重

心下移相结合，体现增品、扩面、提标、降费的特点，农险品种保额普遍提高30%~100%，同时保险费率降幅30%~40%，承保理赔以户为单位，"一户一策、一户一保、一户一单、一户一赔"，农户根据自己家里的种植养殖情况，勾选菜单式选择投保，为每一户提供一揽子保险保障。

4. 甘肃保险业聚焦"四大领域"助推精准扶贫

一是聚焦"大宗＋特色"农业扶贫。11个中央补贴大宗险种贫困户参保面扩大，6个县区减免建档立卡贫困户自缴保费，玉米、马铃薯和奶牛保险保额分别提高43%、100%和66%。地方特色农险"百花齐放"，开办中药材、肉牛、枸杞、百合、玫瑰等近30个传统及新型农险险种，其中多个产品简单赔付率在100%以上。二是聚焦"普惠＋特惠"健康扶贫。普惠大病保险贫困人群报销起付线从5000元降至3000元，将33种特殊疾病纳入保障，大病保险惠及全省人口的85%。创新"三户一孤"特惠保险，已有3396人次享受到5123万元的保险补偿。"政企扶贫宝""精准扶贫100"等专属保险，提供风险保障23亿元。三是聚焦"增信＋直投"产业扶贫。"保险＋投（融）资＋担保""政府＋龙头企业＋金融机构＋保险机构＋养殖专业合作社＋农户"等2个支农融资模式落地。全省9个县开办"政保银"保证保险，共支持580家企业融资超2亿元。四是聚焦"扶智＋扶困"综合扶贫。先后选派30多名干部到扶贫任务重的市县挂职锻炼。

5. 甘肃秦安"两保一孤"精准扶贫成为中国保险业助推脱贫攻坚十大典型

中国保险行业协会在2018年"7·8"全国保险公众宣传日动员会暨文化建设与传播专业委员会年会上发布了首届"全国保险业助推脱贫攻坚十大典型"，甘肃"两保一孤"获推十大典型之一。"两保一孤"精准扶贫是指为农村失去发展能力的一/二类低保户、五保户和农村孤儿，通过政府购买、市场运作方式，保险公司提前给付，精准帮扶到户到人。实现医疗费用"事前、事中、事后"有机衔接，为特困群众享受基本医保和特惠政策打通"最后一公里"。

6. 甘肃省首家全国性地方法人保险公司黄河财产保险股份有限公司在兰州开业

2018 年 1 月 16 日，甘肃省首家全国性地方法人保险公司黄河财产保险股份有限公司在兰州开业，结束了甘肃省地方法人保险公司空白的历史。黄河财险是保监会批准的第一家设立双总部的保险公司、第一家开业即可经营农业保险和信用保证保险的保险公司、第一家开业即可在两个省（市）开展保险业务的非少数民族地区保险公司。在农业保险方面，黄河财险将坚持服务精准脱贫的工作方针，结合甘肃农业情况，开发特色农业保险产品，争取使黄河财险成为"农业保险扶贫"的先行先试点，打造甘肃保险扶贫特色。在信用保证保险方面，将涉农保险作为信用保证保险的主攻方向，解决"三农"融资难的问题。

二　金融运行中存在的问题

2018 年甘肃金融业在稳定运行、为甘肃经济实现跨越发展发挥重大支持作用的同时，由于经济继续下行、经济结构深入调整、金融去杠杆、强监管等多种原因，也存在一些不容忽视的问题。

（一）银行业

1. 信贷增长面临较大压力

虽然 2018 年以来全省固定资产投资降幅收窄，但新开工项目减少、工业投资持续下降，实体经济有效信贷需求放缓。2018 年 1～9 月，全省 500 万元及以上新开工项目 4784 个，同比减少 615 个。全省工业投资自 2015 年以来持续负增长，2018 年 1~9 月同比下降 16.1%。此外，近期国家调整了易地扶贫搬迁融资方式，由银行贷款转为发债融资，部分易地扶贫搬迁贷款提前偿还。目前，全省相关平台公司已提前偿还易地扶贫搬迁贷款 33 亿元。未来一段时期，债务集中到期较多，一定程度上将持续影响贷款增速。据调查，国有企业、基础设施建设、地方政府融资平台等领域 2019 年贷款到期额达到 1600 亿元，是 2018 年到期额的 2 倍多。

2. 企业经营压力加大，对存贷款增长造成双重挤压

一方面，大中型企业去杠杆任务较重，制约融资增长。2018 年 9 月，中共中央和国务院印发的《关于加强国有企业资产负债约束的指导意见》指出"国有企业平均资产负债率到 2020 年末比 2017 年末降低 2 个百分点"。当前，全省部分国有企业杠杆率较高，尤其是电力、冶金行业规模以上工业企业资产负债率均超过 70%，一定程度上约束了融资增长。另一方面，小微企业经营困难，金融介入难度加大。小微企业盈利能力减弱，亏损面持续扩大，小微企业债务违约增多，加上银行资金成本上升、小微企业贷款管理成本较高等因素影响，小微企业贷款利息收入难以有效覆盖成本和风险。此外，在企业经营困难、融资放缓的情况下，企业可用于存款资金、企业贷款派生存款将增长乏力，进一步加大全省存款增长压力。

3. 金融机构经营压力加大，盈利能力下滑

当前，金融机构面临信贷投放难度增大、不良贷款率较高、资金成本上升、流动性指标下滑、存贷比攀升等问题，管理难度持续加大，盈利水平明显下降。2018 年 9 月末，全省银行业机构不良贷款额 768.21 亿元，不良率 4.02%，较年初提高 0.51 个百分点。部分机构流动性指标有所下滑，2018 年 9 月末全省地方法人金融机构流动性比例 52.6%，较年初下降 0.46 个百分点。从盈利角度看，一方面，银行息差收窄，影响银行收益。2018 年三季度，全省银行业金

融机构净息差 2.97%，同比下降 0.28 个百分点。另一方面，不良贷款上升，贷款损失准备增加，冲减了银行利润。1~9 月，全省银行业金融机构净利润 186.27 亿元，同比减少 17.72%。

4. 固定资产投资增长压力大

2018 年以来，全省固定资产投资持续下行，对贷款增长影响较大。一是基础设施投资领域投融资问题尤为突出。随着投融资体制改革的深入和对政府债务管控加强，部分基础设施项目建设进展缓慢。1~7 月，基础设施投资同比下降 20.6%。二是工业投资形势更加严峻。全省工业投资自 2015 年以来持续负增长，2018 年 1~7 月全省工业投资同比下降 22%。三是停建缓建项目较多。1~7 月，全省2007 个 5000 万元及以上项目中有 253 个项目处于停建缓建状态，其中 7 月无投资的项目有 527 个。

（二）证券业

1. 直接融资能力较弱

2018 年上半年，甘肃省仅有甘肃银行在香港交易所正式挂牌交易，集资净额为 57.43 亿港元。A 股市场直接融资为零。从上述数据分析，甘肃省拟上市公司资源匮乏，企业直接融资能力还十分弱。

2. 证券经营机构收入减少

截至 2018 年 8 月末，甘肃辖区证券经营机构客户托管资产总额1062.41 亿元，同比减少 22.40%；辖区证券分支机构实现证券交易额 6253.98 亿元，同比减少 17.33%；实现营业收入 4.35 亿元，同比减少 23.28%。

（三）保险业

2018 年 1~9 月，甘肃省保险业呈现发展速度放缓的局面，主要表现在保费收入增长持续放缓、赔付支出增长加速等方面。

三 2019年甘肃省金融运行发展预测

（一）银行业

2019年，甘肃省银行业金融机构继续有效落实稳健中性的货币政策，围绕金融去杠杆、强监管的目标，积极防范和化解金融风险，着力提升金融服务和管理水平，促进甘肃金融业实现高质量发展。

（二）证券业

2019年，一是甘肃将继续积极做好上市准备工作，做好重点培育企业的上市工作，力争让拟上市公司尽快上市；二是充分发挥上市公司市场融资功能，推动甘肃省上市公司再融资工作；三是继续挖掘培育上市企业资源。

（三）保险业

2019年，甘肃保险业将紧紧围绕甘肃省经济社会发展目标，继续提高保险业助推甘肃省经济社会发展的能力和水平，进一步发挥在甘肃省经济社会发展中的重要作用。

四 甘肃省金融发展的对策建议

2019年，甘肃金融业要进一步深化改革，提高风险防范意识，强化推进金融改革发展的政策举措，发挥金融在甘肃省经济社会发展中的重要作用。

（一）扎实推进普惠金融、金融支持对外开放、金融风险防范和绿色金融"四项工程"

甘肃省金融机构认真执行稳健中性货币政策，引导金融机构创新融资产品、优化金融服务、扩大债务融资，为全省经济结构调整和转型发展提供有力的金融支持。充分发挥双支柱调控作用，准确把握政策执行的力度和节奏，促进辖区货币信贷和社会融资规模合理均衡增长。

（二）提升金融资源使用效率

甘肃省金融机构在严格执行去杠杆的同时，应从甘肃经济社会发展的实际需求出发，综合运用各类货币政策工具，引导金融机构盘活存量、优化增量，提升金融资源使用效率。

（三）着力做好薄弱环节金融服务工作

针对甘肃省在精准扶贫、小微企业、县域产业、创业创新等方面存在薄弱环节，甘肃省金融机构需精准施策，着力做好薄弱环节金融服务工作，切实提升普惠金融覆盖率、可得性和满意度。

（四）切实抓好金融风险防范化解工作

面对甘肃经济继续下行的严峻局面，甘肃省金融机构要充分考虑到金融风险，强化风险监测和源头管控，牢牢守住不发生系统性金融风险底线。

（五）提高资本市场服务甘肃实体经济能力

随着金融支持实体经济方式的多样化和资本市场的快速发展，甘肃省企业应该认真研究资本市场的发展趋势，认真分析资本市场的产品和工具的作用和应用方法，充分利用资本市场，加快甘肃省经济发展。

B.7
2018~2019年甘肃省高新技术产业发展形势分析

张晋平*

摘　要：　党的十九大报告已将高技术制造业发展的目标和蓝图绘就。在科技和产业加速重构的大背景下，高新技术产业已经成为新旧动能转换的关键与驱动力，决定着未来甘肃省产业的战略地位，也必将为甘肃的工业强省战略作出更大贡献。

关键词：　高技术产业　甘肃　工业强省

近年来，在省委、省政府的正确领导下，甘肃省高新技术产业发展进入了稳步并且加快发展的状态。2017年，全省高新技术产业（包括战略性新兴产业）稳步推进，规模以上工业中，完成工业增加值134.3亿元，增长11.3%，占规模以上工业增加值的比重为8.4%，增速高于规模以上工业13.0个百分点；高新技术产业完成工业增加值75.5亿元，增长8.7%，占规模以上工业增加值的比重为4.7%，①增速比规模以上工业高10.4个百分点。2018年以来，全省

---

*　张晋平，甘肃省社会科学院决策咨询与政策研究所副研究员，研究方向：信息学。
①　甘肃省统计局：《2017年甘肃省国民经济和社会发展统计公报》，《甘肃日报》2018年4月25日。

上下全面落实党的十九大精神，深入贯彻落实省委、省政府确定的工业强省战略，加快培育壮大新动能、改造提升传统动能，促进传统产业"脱胎换骨"，让新兴产业"挑起大梁"，提升了发展质量，进一步促进了全省高新技术产业的持续健康发展。

一 政策引导创新活力释放

（一）政策红利不断叠加

2017～2018年，省委、省政府及相关管理部门先后出台了《关于支持陇药产业发展政策措施的通知》（甘政办发〔2017〕206号）、《关于加快新材料产业发展的实施方案》（甘工信发〔2017〕243号，省工信委、省发展改革委、省科技厅、省财政厅、省政府国资委研究制定）、《关于构建生态产业体系推动绿色发展崛起的决定》（甘发〔2018〕6号）、《甘肃省关于强化实施创新驱动发展战略进一步推进大众创业万众创新深入发展的实施方案》（甘政发〔2018〕21号）、《甘肃省数据信息产业发展专项行动计划》（甘政办发〔2018〕88号）、《甘肃省先进制造产业发展专项行动计划》（甘政办发〔2018〕90号）、《甘肃工业互联网发展行动计划（2018～2020年）》（甘政办发〔2018〕147号）、《甘肃省中医中药产业发展专项行动计划》（甘政办发〔2018〕95号）、《关于进一步扩大和升级信息消费的实施意见》（甘政办发〔2018〕146号）、《甘肃省新一代人工智能发展实施方案》（甘政办发〔2018〕151号）、《关于支持陇药大品种大品牌推动龙头企业发展政策措施的通知》等政策，为贯彻落实创新驱动发展战略和培育新的经济增长点，引导企业加强新产品新技术研发，加快科技成果转化和产业化，全面提升创新能力建设水平，促进结构调整和产业升级，提升产业发展技术水平和企业竞争能力提供有力的政策保障。

（二）科技创新能力显著提升

近年来，甘肃省科技成果数量不断增加，科技进步水平成功跃升至全国第二梯队。依托兰州高新技术产业开发区、白银国家经济建设开发区、天水国家经济技术开发区、兰州新区等园区，建设了一批"双创"示范基地，形成创新创业高地，加快转变全省经济发展方式，有效促进新技术、新业态、新模式加快发展。

建有国家工程研究中心 5 个，国家认定企业技术中心 22 家，省部级以上科技成果 1070 项，其中，基础理论成果 371 项，应用技术成果 653 项，软科学成果 46 项。获得奖励 151 项。

组建了全省聚芳硫醚、镍钴新材料创新中心，成立了党参产业、凹凸棒石产业、装配式建筑产业技术创新联盟，启动实施了智能制造工程（6 个项目列入工信部智能制造专项）；成立了稀土功能材料产业研究院、生命科学技术产业研究院、金属纳米材料产业研究院和深圳市国创新能源研究院兰州分院。

培育认定了 17 家省级企业技术中心（1 家获国家技术创新示范企业）、18 家省级工业设计中心（1 家被认定为国家级），认定了 11 户省级生产性服务业示范企业（3 家获批国家服务型制造试点示范）和功能示范区，全年实施重点项目 993 个，完成投资 566.49 亿元。①

省工信委认定兰州真空设备有限责任公司等 7 户企业为甘肃省技术创新示范企业；认定甘肃第一建设集团有限责任公司等 16 家技术中心和嘉峪关大友嘉镁钙业有限公司 1 家分中心为甘肃省第二十批省级企业技术中心及分中心。

2018 年 2 月，国务院批复《兰州、白银高新技术产业开发区建

---

① 沈丽莉、杜雪琴：《夯实基础质效双增——甘肃全省工业经济发展综述与展望》，《甘肃日报》2018 年 4 月 23 日。

设国家自主创新示范区》，这是甘肃省获得的又一块"国"字号金字招牌，到2022年兰州白银国家自主创新示范区生产总值将达到500亿元。

兰州科技大市场已注册创业团队4560家，汇集创投、孵化器、中介等机构500余家，共享大型科研仪器925台，开放28所高校266个科研平台，汇集93家单位协同服务科技。

二 园区建设成为高新技术产业发展引擎

（一）兰州新区建设持续发力

兰州新区进一步加大对高科技企业的培育力度，一批高科技产业在兰州新区纷纷布局，形成了涵盖多项高技术产业、战略性新兴产业集聚式发展的产业新格局。累计引进产业项目506个，总投资3100多亿元，250多个项目建成投产，[①] 培育形成了装备制造、新材料、新能源汽车、信息产业、精细化工等支柱产业，预计2018年GDP在200亿元以上。[②] 战略性新兴产业占比高，引进了一批绿色生态高新技术产业。

1. 聚集发展大数据和信息化产业

大数据和信息化产业计划投资146.97亿元，完成投资40.28亿元的大数据产业园已具规模。加快大数据产业聚集发展，做大做实"丝绸之路信息港"，新签约了兰州新区云数据中心建设项目和华为兰州新区新型智慧城市建设等项目等大数据产业项目13个。[③]

---

① 刘贵奇：《兰州新区以改革创新推动高质量发展》，《中国改革报》2018年9月20日。
② 杨建忠：《奋力开创兰州新区高质量快速发展新局面》，《甘肃日报》2018年8月28日。
③ 张玉芳：《兰州新区产业推介会暨重点项目签约仪式举行》，《兰州晚报》2018年7月5日。

2. 打造高端装备制造基地

装备制造业是甘肃的传统优势产业，依托兰石集团等重型装备制造企业，着眼智能化、精密化、绿色化、离散化制造方向，重点布局石化重型装备制造、汽车及零部件制造、新能源装备及电工电器生产、数控机床及专用设备制造等高端装备制造基地。已落地兰石、兰泵、亚太立体停车、甘肃建投等先进装备制造产业项目 108 个，计划总投资 673.79 亿元，建成投产项目 54 个，在建项目 34 个，完成投资 240 亿元，实现产值 163 亿元。引进重离子应用技术及装备制造项目，预计到 2020 年形成产值 500 亿元以上。

3. 积极建设新材料产业加工基地

重点培育以武汉长飞为龙头的光纤光缆产业链，发展通信光缆、光纤产业等光器件及大数据产业链，实现与蓝宝石延伸加工的关联集群发展；利用以四联光电、正威铜业为龙头的光电新材料，发展高导电率导线、精密铜线、控制线缆，加快提升蓝宝石晶体产业化水平，积极推进产品研发；积极组建天成轻合金研究院，促进高端有色金属合金材料技术在新区快速转化；引进落地九江德福、超华科技等年产 15 万吨铜箔加工、80 万吨废铝回收利用、铝机械及铝铜合金深加工等有色金属深加工产业项目，预计年产值将达百亿元。

4. 建设西部地区精细化工产业基地

引进落地千吨级二氧化碳加氢制甲醇项目，引进年产 20 万吨合成气制乙醇项目、滨州市信达化工有限公司年产 2000 吨兽药产品项目、山东金茂建设集团年产 25 万吨矿物油加氢项目及重庆安迪氟化硅、浙江臻莹医药中间体等企业正在有序推进，积极与中石油、中石化等大型化工企业合作，打造 500 亿元精细化工产业园。

（二）兰州高新技术开发区以创新驱动发展

2018 年以来，兰州高新区始终坚持把项目建设作为园区发展的生命线，紧紧围绕高新技术产业和战略性新兴产业，深入推进精准招商，狠抓项目落地开工，招商引资和项目建设工作取得了显著成效。

1. 重大项目稳步推进

高新区列入的重大前期项目 28 个，总投资 149.44 亿元，2018年计划投资 19.05 亿元。中铁西北科学研究院研发中心与创新创业基地、甘肃紫光交通与控制项目、西脉新材料产业园、中农威特生物医药基地、兰州航天高新产业基地、兰州航天真空装备产业基地、甘肃路桥集团智慧制造产业园等投资 60 多亿元的十大重点项目开工建设，将进一步助力自主创新系统建设迈上新台阶。

2. 初步形成以生物医药为主导的产业集群

为更好地推动生物医药产业升级换代，总投资 40 亿元的兰州国家生物医药产业基地一期工程已经建成，由上海张江自创区引进的一批企业即将入驻。已聚集生物医药企业 150 多家，年实现营业收入175 亿元。依托甘肃省中药材资源优势及产业发展基础，坚持引驻和培育并举，大力发展生物技术研发、生物医药、生命健康服务等领域，努力打造西北地区最具影响力的生命科学产业基地。

三 高新技术产业创新的亮点

截至 2018 年 2 月，全省有高新技术企业 175 家，战略性新兴产业骨干企业 36 家，上市公司 24 家。[①] 1~7 月，有色行业工业总产值增长 19.74%，石化行业工业总产值增长 15.35%，冶金行业工业总产值增长 34.79%。1~9 月，全省电子信息产业实现营业收入132.95 亿元，同比增长 8.55%。其中，电子信息制造业实现主营业

---

① 张振东：《打造新时代高新区改革创新发展升级版——兰州高新区建设兰白国家自主创新示范区工作纪实》，《中国高新技术产业报》2018 年 4 月 23 日。

务收入 88.63 亿元，同比增长 9.8%；软件和信息技术服务业实现营业收入 44.32 亿元，同比增长 6.13%。[①]

（一）装备制造业

围绕实施"中国制造 2025 甘肃行动纲要"和"互联网＋制造"行动计划，重点发展石油钻采、炼油化工、海洋石油工程、高档数控机床、智能电工电器、现代农机装备、航空航天装备、新型真空设备、轨道交通装备等高端装备和智能装备，加快形成以绿色、智能、协同制造为特征的先进制造模式。积极打造高端装备和智能装备产业集群，力争全省形成产值 1000 亿元的高端装备和智能装备产业集群。

1. 石化通用装备

重点发展石油钻采、炼油化工和煤化工装备，推进石化通用装备向高端化、智能化方向发展。

高端智能石化装备发展方面，支持兰石集团有限公司、兰州海默科技股份有限公司等重点企业研发高端智能钻采、炼化装备，研发生产千万吨级炼油和百万吨级大型乙烯成套设备、天然气和石油长输管线智能制造装备及输送关键设备、大型天然气液化储运成套设备。

高端石化通用装备关键共性技术方面，依托酒钢集团公司煤炭分质利用项目和兰石集团有限公司新疆哈密大型煤化工装备制造基地建设，2019 年建成庆阳能源化工集团装备制造园石油机械生产基地项目。

2. 电工电器装备

重点加快新一代智能化输配电装备制造，推动特高压输变电设备、智能型高中低压开关设备、高效节能变压器、中型水电成套设备、数字电缆光缆等设备和产品向智能、集约及绿色环保方向发展。

---

① 李瑞楠：《总体企稳，稳中增效——前三季度全省工业经济运行分析》，《甘肃日报》2018年 11 月 1 日。

到 2020 年，力争电工电器装备制造业总产值达到 100 亿元，年平均增速达到 8% 以上。

电工电器装备制造基地建设方面，依托天水长城开关厂有限公司、天水二一三电器有限公司等重点企业优化电工电器产品，开发生产高、中、低压智能化输配电系列产品，推进智能配电用电装备在高铁、城市轨道交通、电动汽车和特种行业应用。2019 年兰州长城电工股份有限公司等重点企业建成全省电工电器制造企业行业工业云"双创"服务平台。

电机产业加快发展方面，兰州电机股份有限公司等企业以电机为龙头、电机系统为主干，重点发展数控机床主轴永磁同步高速电机、一体化数控车床主轴永磁同步高速电机和交流永磁同步伺服电机；重点发展电力、风电、太阳能等错峰飞轮储能电池组、应急飞轮储能电源、流体发电等新能源产品；在中小型发电机领域重点从船用电机制造发力。

3. 重大项目建设稳步推进

重离子加速治疗癌症的项目临床试验于 5 月 27 日在武威市启动，是甘肃省科技创新第一大工程，并且集全省之力来做。

中车西北高端轨道交通装备造修基地建设项目总投资 50 亿元。项目建成达产后，预计实现年收入 100 亿元，利税总额 15 亿元。

4. 先进制造业装备制造重点工程

推进兰石集团有限公司研发高端智能钻采、炼化装备。重点发展 15000 米陆地钻机、12000～15000 米浮式海洋平台钻井包产品、6000 马力压裂设备、大型高压超常温加氢反应器、催化裂化装置、高压换热器、大型反应器、智能钻机等。

推进中科院科近泰基医用重离子装备制造产业基地建设，加快形成相关配套产业，推动兰州重离子加速器大科学装置相关产业化应用。

推进兰州长城电工股份有限公司天水电工电器产业园建设。发展新一代智能化输配电装备，在252kV气体绝缘开关设备、核电1E级开关设备、轨道交通及船用开关设备及智能低压电器、1000kV直流大截面架空裸导线、220kV高压交联电缆等领域实现突破。

推进中车兰州机车公司城轨车辆造修及动车组高级修基地建设。重点发展铁路机车维修再造、轨道交通高端装备制造，建设西北地区最大的机车、客车、货车修造生产平台。

5. 先进制造产业结构更加优化

2018年6月，省政府下发《甘肃省先进制造产业发展专项行动计划》，三年内建设20个以上军民融合协同创新中心，年均增速达到8%以上，重点实施高分遥感数据产业应用平台等项目建设。

（二）新材料产业

依托甘肃省原材料产业基础和优势，以兰州石化、金川公司、白银公司、稀土公司、酒钢集团、中复连众（酒泉）复合材料公司等大型企业的技术和产品为重点，加强新产品研发和新技术新成果的转化应用，延伸拓展产业链，完善优化产业配套。大力发展有色金属新材料、化工新材料、新型功能材料、高端结构材料、电池材料、生物质材料等绿色低碳新材料。加快碳纤维复合材料、高品质特殊钢、先进轻合金材料等重点领域新材料产业化及应用。到2020年，实现新材料产业规模化、集聚化发展。

1. 重大项目建设

酒钢自主开发的J444E超纯铁素体不锈钢（为汽车排气系统专门开发的一个钢种），填补了国内空白，技术水平达到国内领先，形成了2205双相不锈钢、锌铝镁合金镀层板、汽车大梁钢等一批具有自主知识产权的系列化新材料。

宝钢化工与方大集团旗下的方大炭素共同出资27亿元，在红古建设10万吨超高功率石墨电极项目。

九江德福、超华科技等年产 15 万吨高档铜箔项目落地新区，兰州新区铜铝有色金属产能达到百万吨指日可待。

中能投醇基燃料、中航油等项目的加盟，有利于新区精细化工产业园区形成规模。

2. 新材料产业布局

有色金属新材料方面，涉及铜及铜合金、粉体材料及粉末冶金制品、电镀材料、电工材料、铝合金材料。化工新材料方面，涉及特种橡胶、工程塑料、高性能纤维、水性高分子材料、高性能氟材料、聚芳硫醚新材料、功能性膜材料、化工催化剂和助剂。高性能结构材料方面，涉及先进钢铁材料、新型碳纤维材料。其他新材料方面，涉及高端特种水泥、优质玻璃及制品、新型建筑材料、复合材料、风电叶片新能源材料、碳基新材料、绿色镀膜新材料、新型炭素石墨材料、新型核辐照材料、电子级晶硅材料。

3. 先进制造业新材料重点工程

依托甘肃省原材料产业基础和科研、资源、人才等比较优势，加强新技术新成果转化应用，强化技术攻关和新产品开发，延伸拓展产业链，大力发展有色金属新材料、化工新材料、新型功能材料、高端结构材料、电池材料、生物质材料等绿色低碳新材料。

有色金属新材料战略性新兴产业区域集聚区。依托金川集团股份有限公司及其子公司加快建设粉末冶金制品产业园、电池产业园、电镀产业园和电工材料产业园，推动兰州金川科技园与湖南瑞翔合作发展锂离子电池用镍钴锰三元前驱体材料，引入国内外有实力企业发展锂离子电池用碳酸锂、镍氢电池正极材料和锂离子电极储能材料。

支持甘肃稀土新材料股份有限公司完成稀土加工分离一体化改造工程。加强高端稀土功能材料产业化关键技术研发。

推进增材制造（3D打印）粉体材料开发与应用示范。重点发展氧化铜粉、氧化亚镍、超细钴粉、镍基合金粉、羰基镍粉、羰基镍铁粉等粉体材料，发展高端粉末冶金用粉体新材料产业，培育组建羰基金属创新中心。

推进化工新材料、新型功能材料、高端结构材料等新材料发展。推动金昌超细金属及氧化物实验生产线等项目建成投产，加快兰州科天水性科技有限公司水性科技产业园、兰州新区年产15万吨钛镁合金材料生产基地等项目建设。

（三）陇药产业

陇药产业是甘肃的重要战略性新兴产业，也是甘肃优先发展的特色优势产业。省政府下发《关于支持陇药产业发展政策措施的通知》、《甘肃省中医中药产业发展专项行动计划》和《关于支持陇药大品种大品牌推动龙头企业发展政策措施的通知》，重点扶持省内企业生产的生物制品、中成药、化学药、中药饮片、中药配方颗粒、医疗器械、中药农药等品种。

1. 生物医药产业发展格局形成

兰州作为"一带一路"重要节点城市，打造成百亿级生物医药产业链，在兰州新区和高新区布局建设了生物医药产业集聚区，形成了生物技术药物、现代中（藏）药、先进治疗设备、动物用生物制品等四大产业集群，培育了兰州生物制品研究所、中农威特、佛慈制药、奇正藏药等一批龙头企业，打造了口服轮状病毒活疫苗、注射用A型肉毒毒素、人血白蛋白、贞芪扶正胶囊等知名品牌产品，有力促进了生物医药产业整体推进和协同发展。兰州新区已初步形成了中成药、动物疫苗、医疗器械等生物医药产业集群，未来产值将达百亿元。

2. 中药产业园区升级

2018年，实施园区建设项目22项，总投资133.9亿元。重点建设的6个中药产业园区功能定位：兰州高新技术开发区中医药产业创新研发孵化园重点发展中药新产品研发、中试、孵化培育和技术会展；兰州新区生物医药产业园重点发展中药现代加工制造及物流配送；陇西中药材循环经济产业园重点发展中药提取物、中药配方颗粒、养生保健产品、中药饮片、中成药等产业；渭源中药材精制饮片加工园重点发展超微饮片、小包装饮片、精制饮片等优质中药饮片，鼓励发展中药保健产品；白银银西生物医药园重点发展化学原料药和医药中间体；民乐生态工业园区中药材中小微企业创新创业孵化园重点发展板蓝根、甘草、黄芪等中药饮片生产及商贸物流。

3. 优化中药材种植布局

在定西市、陇南市、甘南州、临夏州建设当归标准化生产基地。在定西市、陇南市建设白条党参、纹党标准化示范基地。建设 11 个道地药材标准化示范基地，实现大宗道地药材标准化种植面积达到 200 万亩以上。2018 年，实施道地药材标准化示范基地建设项目 17 项，总投资 80.4 亿元，中药材种植面积达到 440 万亩，大宗道地药材标准化生产面积达到 160 万亩。

4. 不断延伸陇药产业链条

支持建设科技创新平台，依托兰州大学、中科院兰州化物所、甘肃中医药大学、甘肃医学院等科研院所，联合重点骨干企业建立新药研发公共服务平台，对新认定的从事陇药研发机构进行政策性补助。兰州佛慈制药投资 13.4 亿元建设的兰州新区佛慈制药科技工业园一期项目正式投产；总投资 10.6 亿元的中农威特生物科技股份有限公司生物医药基地项目在兰州开工建设。

（四）新能源产业

积极围绕省委、省政府提出的"371"优势产业链培育发展行动和 2018 年出台的《甘肃省清洁能源产业发展专项行动计划》，围绕百万千瓦级光伏发电基地和光热发电示范工程建设，形成从硅材料、太阳能电池与组件、光伏逆变器等部件到光伏光热电站成套设备制造的完整产业链，建立风、光、水、火、核"五位一体"的绿色能源发展体系。

1. 努力降低弃风率

新能源消纳情况持续好转，2017年弃风、弃光率较2016年均下降了10个百分点，2018年有望在2017年的基础上再各下降10个百分点，弃风率降低至23%，弃光率降低至10%。

2. 打造兰州新区新能源汽车生产基地

引进落地兰州知豆电动汽车、兰石兰驼新能源电动车、甘肃建投新能源专用汽车、珠海银隆兰州广通新能源汽车、亚太新能源专用机动车等一批新能源汽车产业项目，总投资45亿元，设计年生产新能源公交车6000辆、乘用车9万辆、物流车25000辆、特种车6万辆的规模，实现年产值500亿元以上。目前，兰州知豆、兰石兰驼、省建投新能源汽车等项目已建成投产，珠海银隆、亚太新能源汽车加快建设，预计2018年实现产值60多亿元。2018年8月，亚太首款低速纯电动乘用车亚辰E70正式下线，年生产各类新能源专用车5万辆、微型电动车5万辆；10月，年产6000辆纯电动客车的广通新能源汽车在新区正式投产，首台自产纯电动公交车下线。

3. 布局全省新能源汽车产业

全力打造整车制造、动力电池、储能电站、汽车零部件、充电设施、废旧电池回收利用的绿色能源全产业链，建设兰州新区纯电动汽车产业基地，建设嘉峪关市专用车生产基地，支持金川集团股份有限公司等企业建设万吨级锂离子电池正极材料生产线，引导企业加快充电设备、动力电池、驱动电机、车用附件等相关产业发展，加快推进金昌市废旧电池资源综合利用产业基地建设。

4. 打造风电装备制造酒泉基地

截至2018年8月，酒泉风电装机达915万千瓦，占全省的71.4%；光伏发电装机200万千瓦，占全省的24.9%。

（五）信息产业

成功引进和落地以中科曙光先进计算中心、华为云计算、清华大学长三角研究院云计算基地等为代表的大数据产业项目。进一步支持企业开展云计算和大数据应用技术研究，推进工业、农业、物流行业等领域的大数据技术与产品研发，形成数据存储、数据处理、数据分析、数据应用、数据安全、数据外包服务产业集群，打造国家级大数据产业示范基地。

1. 启动实施2018年网络强省工程

投资50亿元建立中国西北部（兰州）大数据中心，助力数字经济和工业互联网发展；引进落地中科曙光先进计算中心、中国移动、清华大学长三角研究院、未来新影IDC影视云、华为云计算等大数据产业项目13个落户兰州新区。年底前将实现装配机架1万个、可为15万个云计算终端提供服务，预计到2020年装配机架达到5万个以上、可为60万个云计算终端提供服务。

中国移动、中国电信、省广电兰州新区数据中心、庆阳华为云计算大数据中心和金昌紫金云大数据产业园开园建设。

着力打造丝绸之路信息港，成立了丝绸之路大数据公司和大数据交易中心，组建大数据研究院、大数据产业联盟等产学研合作机构。兰州市有大数据相关企业6483家，其中12家企业被纳入全省战略性新兴产业骨干企业，54家企业被纳入全省战略性新兴产业和生产性服务业企业库。

推动制造业与互联网融合发展，围绕工业大数据、工业电子商务、制造业"双创"、智能制造合作等领域持续推进创新。深入实施智能制造工程，大力发展工业大数据，加快建设和推广工业互联网平台。

2. 布局大数据产业

丝绸之路信息港建设工程方面，建设"一带一路"陆上国际数据交换中心，建设服务"一带一路"互联互通南向信息专用通道，建设"一带一路"物流大数据平台，打造对外开放合作交流平台。

信息通信网络基础设施提升工程方面，实施信息网络基础设施提升子工程，推进"宽带甘肃"建设；实施电信普遍服务试点工程；实施下一代广播电视网建设子工程；实施电信普遍服务试点子工程，加强农村宽带网络建设；实施网络监管提升子工程，构筑信息安全体系；加快兰州新区国际数据专用通道项目建设。

开展大数据、物联网、互联网创新应用工程，包括省级创新应用平台创建子工程，实施数据资源整合共享与开放子工程，实施"电商扶贫培训全覆盖"子工程，实施教育信息化2.0行动计划子工程，实施省级交通运输"信息港"建设子工程，实施智慧旅游体系建设子工程，开展大数据精准扶贫子工程，推进物联感知网建设子工程。

开展两化融合和工业互联网推进工程，实施两化融合管理体系贯标和评估子工程，实施工业云及智能服务平台子工程。

实施数据信息产业培育发展工程，涉及大数据产业集聚发展子工程，集成电路产业发展提升子工程，新模式、新业态、新产业培育子工程，锂离子电池产业链培育发展子工程。

3. 布局信息制造产业

电子信息制造产业完善工程方面，集成电路及配套产业上加大新一代半导体材料和元器件工艺技术研发力度，提升集成电路芯片设计、制造、新型功率器件和集成电路封装测试能力。

电子产品应用推广工程方面，建设新型智慧城市；积极开展智慧公交、智慧路况、停车场管理等信息化建设工作，围绕"一带一路"深入推进智慧城市创新工程；应用推广物联网；利用区块链等技术，建设食品安全综合治理系统；支持建设具有泛在感知能力的能源物联网，打造能源大数据平台。

软件与信息技术服务业壮大工程方面，依托省级公共云计算平台，在兰州等地开展云服务消费示范等信息服务；支持大型龙头企业提供创业孵化、专业咨询、人才培训等服务，开展工业领域的信息技术服务。

工业互联网建设与推广工程方面，部署工业互联网网络设施，建设工业互联网平台，建设工业大数据平台，搭建工业互联网创新体验中心。

四　对策建议

甘肃省经济发展正处于新旧动能转换的关键阶段，高新技术产业发展面临着诸多挑战，如创新投入低、资源要素配置不合理、技术层次不高、核心技术部件研发能力较弱、产品附加值不高等问题较为突出，下一步需要进一步优化发展空间，提高创新发展能力。

（一）以建设兰白国家自主创新示范区为契机，加快构建高新技术产业生态圈

2018年2月，国务院批复《兰州、白银高新技术产业开发区建设国家自主创新示范区》，这是国家对甘肃发展高新技术产业的有力支持，要抢抓机遇，充分利用好这个"国"字招牌，着力搭建高新技术产业发展需要的生态系统。一是不断加大政策扶持力度。着力打造高质量发展园区，围绕甘肃省石油化工、装备制造、新材料、新能源、电子信息、有色冶金、生物医药、节能环保等重点领域进行项目、技术、人才、资本的深度融合；充分发挥政策支撑作用，构建优质营商环境，加大对高新技术企业在技术创新、人才引进、减税降费、孵化载体等方面的扶持力度，让企业发展进入"快车道"。二是

引导各类企业、研究机构、创新主体协同合作。高新技术产业生态不是一个独立系统，如政府掌握政策，但难以掌握企业动态需求；企业熟悉生产实情，但各个企业分散经营；市场中介拥有资源，但供需服务对接不准。因此，只有将"业界协同"理念融入产业生态圈建设之中，使各个业态相互交融，才能够形成一个高效运行的生态系统，从而进一步完善产业链条。三是形成产业集群化效应。栽下梧桐树，凤凰自然来。要进一步完善工业园区、科技开发区、科技孵化园等的配套设施，使其具备良好的产业基础、服务设施、人才支撑、生产服务等条件，吸引企业前来入驻。通过激发内生效应来不断壮大原有企业和吸引新企业技术资金的注入，进一步带动产业发展，使科技创新能力整体提升。

（二）以搭建全链条产业体系为目标，实现知识创造和技术创新能力的全面提升

高新技术产业已经成为最活跃的领域，但与传统产业相比，甘肃省高新技术产业的整体经济效率未能充分显现。在新一轮技术革命和产业变革背景下，应抓住产业分工格局的重塑，尽快实现产业转型升级，努力向价值链中高端水平迈进。一是聚焦核心技术领域，抓好重大项目落地。重大项目是高新技术产业发展的主引擎和助推器，一个重大项目的落地，往往能够形成一个产业。要围绕创新链、产业链，积极谋划、引进、建设重大项目；把大项目、好项目作为发展"龙头"，着眼战略性重大工程迭代优化，引领构筑产业发展高地，铸就产业发展新动能。二是抓住关键环节，推进核心技术研发和转化。不断加强自主创新能力的培育，通过"产、学、研、用"结合，找"支点"、治"痛点"、解"难点"，精准掌握企业需求，挖掘内生动力，提高科技资源配置效率，加大产业推进力度，形成未来发展与创新的驱动力。

（三）创新人才队伍建设，营造创新人才培养的大环境

人才是高新技术产业发展的第一动力。近年来，各地吸引人才的"千人计划""双创计划""漂流计划"等亮点纷呈，引进人才与产业的契合度更高，集聚一批顶尖人才，为产业带来发展新动力。一是建立人才引进机制。一个人才带来一个项目，一个项目激活一个企业。开辟专门渠道，实行特殊政策，实现高端人才精准引进。鼓励采取项目合作、技术咨询等方式柔性引进人工智能人才；响应国家"千人计划"等现有人才计划，加强高新技术领域优秀人才的引进工作；完善企业人力资本成本核算相关政策，激励企业、科研机构引进人工智能人才。二是通过重大研发任务积极探索人才、智力、项目相结合的柔性引进制度和远程工作机制，进一步完善专家数据库，以提升服务质量。三是鼓励省内外科研院所和科技人员以技术入股方式与甘肃省企业合作，对做出突出贡献的创新团队及科研带头人，在成果转化、创业孵化、产业扶持等方面的激励机制先行先试。四是支持校企共建人才培训基地。通过"纲举目张"式人才培训，构筑人才培养方面的协调发展、科学发展、质量发展运行机制及培训体系，进一步实现人才培养与高新技术产业发展需求的精准对接。

参考文献

甘肃省统计局：《2017年甘肃省国民经济和社会发展统计公报》，《甘肃日报》2018年4月25日。

沈丽莉、杜雪琴：《夯实基础质效双增——甘肃全省工业经济发展综述与展望》，《甘肃日报》2018年4月23日。

刘贵奇：《兰州新区以改革创新推动高质量发展》，《中国改革报》2018年9月20日。

杨建忠：《奋力开创兰州新区高质量快速发展新局面》，《甘肃日报》2018 年 8 月 28 日。

张玉芳：《兰州新区产业推介会暨重点项目签约仪式举行》，《兰州晚报》2018 年 7 月 5 日。

张振东：《打造新时代高新区改革创新发展升级版——兰州高新区建设兰白国家自主创新示范区工作纪实》，《中国高新技术产业报》2018 年 4 月 23 日。

李瑞楠：《总体企稳，稳中增效——前三季度全省工业经济运行分析》，《甘肃日报》2018 年 11 月 1 日。

2018～2019年甘肃省交通运输业发展形势分析与预测

路慧玲*

摘　要： 交通运输业是国民经济的基础性、战略性、先导性产业，2018年，甘肃省在外部环境刚性约束不断增多、结构性矛盾持续凸显的情况下，积极应对挑战，围绕聚焦全面建成小康社会大局，不断深化交通运输重点领域改革，使甘肃省交通运输基础设施不断完善，运输能力有所提升，交通领域投资不断增加，交通运输智能化、绿色化水平也持续提高。随着甘肃省经济形势回稳向好，城镇化和人民生活水平提高以及交通运输需求的不断增加，预计交通运输业将随之进一步优化发展。在今后发展中，应推进综合交通运输体系建设，大力发展多式联运；扩大交通运输服务领域，促进交通运输与现代物流业的融合发展；充分利用高新技术，助力智慧交通高速发展。

关键词： 甘肃省　交通运输业　智慧交通　现代物流

交通运输业是国民经济的基础性、战略性、先导性产业，对国民

---

* 路慧玲，甘肃省社会科学院区域经济研究所助理研究员，博士，研究方向：区域经济学。

经济和社会发展具有重要意义。2018 年是改革开放 40 周年，也是"十三五"规划的中期之年，更是决胜全面建成小康社会的关键一年。本年度中，甘肃省在外部环境刚性约束不断增多、结构性矛盾持续凸显的情况下，积极应对挑战，不断加大交通运输行业投入，围绕聚焦全面建成小康社会大局，不断深化交通运输重点领域改革，使甘肃省交通运输业不断发展。与此同时，交通基础设施建设的发展、运输服务能力提升又为区域内人民生活品质的改善、社会经济的发展提供了有力的支撑。但是，在新的发展阶段，甘肃省交通运输业仍需不断发掘自身发展潜力，提高行业运行效率，不断适应国民经济形势的新变化，以便更好地服务于国民经济的发展运行。

一 甘肃省交通运输业运行现状分析

（一）交通基础设施建设继续推进

1. 公路建设

2017 年，全省公路总里程达到 14.23 万公里，同比增长 0.2%。公路网密度稳步提升，达到 33.26 公里/百平方公里，整体通行能力显著提高。全年共建成高速及一级公路 249 公里，普通国省干线及旅游公路 1653 公里，农村公路 11733 公里。全省 55 个县通高速公路，二级及以上公路里程达到 1.33 万公里，农村公路达到 11 万公里，具备条件的建制村全部通沥青（水泥）路。

2018 年度开工建设的公路项目主要有张掖至扁都口高速公路、临夏至大河家高速公路、中川机场至兰州南高速公路（中通道）、清水驿至苦水段及忠和至河口段工程北环高速公路、兰州北绕城东段高速公路（含盐什公路连接线）、通渭至定西高速公路、定西至临洮高速公路、武都至九寨沟（甘川界）高速公路、陇西至漳县高速公路、卓尼至合作高速公路、王格尔塘至夏河高速公路、泾源（甘宁界）至华亭高速公路、静宁至天水高速公路张家川至天水段。其中，武都至九寨沟高速公路建设项目、王格尔塘至夏河（桑科）高速公路项目、麦积山大道改造工程项目、马营口至山丹西等项目均是联通著名风景区九寨沟的快速大通道，这些项目的建成将使国内外游客更方便快捷地进入甘肃省名胜景区，对于促进甘肃省及周边省份的旅游业发展具有重大意义。

2018年度续建的公路项目有渭源至武都高速公路、甜水堡（宁甘界）经庆城至永和（甘陕界）高速公路、平凉（华亭）至天水高速公路、景泰至中川机场高速公路、敦煌至当金山口高速公路、（固原）彭阳至平凉至大桥村高速公路、北山（蒙甘界）至仙米寺（甘青界）高速公路、南梁至太白高速公路、打扮梁（陕甘界）至庆城高速公路、静宁至庄浪高速公路、两当县（杨店）至徽县高速公路、临夏双城至达里加（甘青界）高速公路、榆中金崖至西固河口（张家台）高速公路、会宁至老君坡（宁甘界）高速公路、兰州市北滨河路西延线、白银至中川机场高等级公路、平山湖至甘州区公路，这些项目的建设和完成有助于进一步提升甘肃省的内外联通度。

此外，2018年甘肃省继续把交通扶贫作为交通运输行业的首要民生工程来抓，深入推进交通提升建设，为落后贫困地区发展提供有力的支持和保障。全省计划年内建设2万公里以上自然村组道路及村内主巷道，解决1.75万个自然村组出行难的问题。另外，甘肃省政府出台《助力脱贫攻坚加快自然村组道路建设实施方案（2018～2020年)》，计划于2018～2020年投资360亿元，对18个深度贫困县30户以上的自然村组、其他县市区50户以上的自然村组道路及主巷道实施总规模达8.04万公里的硬化，以解决全省33370个自然村组群众出行难问题。

2. 铁路建设

2017年，甘肃省铁路营业里程由2016年的3526.5公里上升至4070.0公里，增加运营里程543.5公里，比上年增长15.4%，铁路网密度由0.77公里/百平方公里上升至0.89公里/百平方公里。甘肃2018年将开建兰州至合作铁路、兰州至张掖三四线中川机场至武威段、西宁—成都铁路甘肃段三条，续建中卫至兰州客运专线。

2017年底，白银至阿拉木图国际货运班列开通，使甘肃省在扩大向西开放、推进与"一带一路"沿线国家道路联通上迈出了重要一步；2018年，兰州枢纽北环线青白石至桑园子以及干武线武威南至上腰墩区间线路拨接、自闭开通施工完成，使制约陇海、兰渝线运能运力的"最后一公里"被打通；兰州新区朱中铁路建成试通车，这对推进兰州新区西部物流集散中心和多式联运物流基地建设、提高兰州枢纽运输灵活性等具有重要意义。此外，动检车对兰新高铁至敦煌新建铁路下行联络线进行安全评估，评估后动车组列车将开进敦煌，使旅游名城敦煌的通达性进一步提升；并且加开多趟"环西部火车游"专列，以及青岛至陇南大型文化旅游专列等，对于加快西部旅游资源开发、创造经济发展新动能、推动丝绸之路经济带建设具有重要意义。

2018年，甘肃省铁路投资建设集团有限公司在兰州市成立大会，标志着甘肃铁路项目在投融资、建设、管理和运营方面有了新的平台，截至7月底，该集团及其前身累计完成铁路项目资本金投资252.69亿元，完成全省铁路运营总里程4872公里，为全省社会经济的发展做出了积极贡献。

3. 民航建设

2017年，陇南成县机场建成，使甘肃省民航机场总数达到9个。敦煌机场改扩建工程航站楼改造项目、航站区附属工程基本建成，中川机场三期扩建工程、武威民用机场、庆阳华池通用机场等项目前期工作顺利推进。全省旅客吞吐量达到 1470.25 万人次、运输起降架次 12.39 万架次、货邮吞吐量 6.37 万吨，同比分别增长 17.15%、12.16%、2.32%。其中，兰州中川国际机场旅客吞吐量达到 1281.64 万人次，在全国机场排名上升至第 27 位。各机场航班放行正常率达 93.49%，高于全国民航考核值。累计执行客货运航线 234 条，其中国内客运航线 211 条，国际（地区）客运航线 19 条，货运航线 4 条。新增航点 20 个，新增客运航线 80 条，加密客运航线 25 条，通达城市 112 座（含国际地区城市 18 座），各机场累计运营航空公司达到 42 家。

2018 年上半年，全省各机场累计保障完成运输起降 62633 架次、旅客吞吐量 767.71 万人次，同比分别增长 15.94% 和 17.64%，其中，兰州中川机场旅客吞吐量达 672.44 万人次，同比增长 14.27%。在全国排名第 29 位。2018 年上半年，民航集团新增 16 个航点。实现陇南机场的顺利通航，新增航线 4 条，不断开拓欧亚航空市场，带动出入境旅客人数不断增长。6 月 11 日，兰州中川国际机场旅客吞吐量突破 600 万人次，比上年提前 23 天；6 月 15 日，旅客吞吐量突破 700 万人次，较上年提前了 26 天。

4. 水路建设

2017 年，甘肃省水运建设项目有黄河兰州段及刘家峡库区消防救援工作船建设项目、全省重点码头建设及重点港口码头安保工程、全省老旧渡船改造项目、临夏州船舶航行安全监控工程和港口码头污染物接收转运处置设施建设项目，这些项目的实施有助于进一步提升和改善甘肃省水路运输能力和海事安全状况。此外，甘肃省水路运输完成旅客运输量 90.3975 万人次，旅客周转量 1704.3006 万人公里，完成货物运输量和货物周转量分别为 34.5987 万吨和 580.5281 万吨公里，水运建设取得较好成绩。实施水上救助 17 次，救助遇险人员 90 人，水运海事安全监管效果良好。

（二）客货运输能力稳中有升

1. 年度客货运输能力

甘肃省交通基础设施不断发展的同时，交通运输能力也随之提高。2017 年，各种运输方式累计完成客运量 4.28 亿人次，比上年增长 2.44%，同时，全年旅客周转量达到 643.10 亿人公里，比上年增加 1.15%；全年完成货运量 6.62 亿吨，同比增长 9.15%，货物周转量 2439.80 亿吨公里，比上年增加 12.42%（见表 1）。年末全省民用汽车保有量 334.6 万辆，比上年末增长 1.3%，其中包括载客汽车 233.7 万辆，载货汽车 51.9 万辆，分别较上年增长 15.7% 和 6.6%。私人汽车保有量 287.6 万辆，比上年增长 10.6%，私人轿车保有量 58.67 万辆，同比增长 28.32%。

表 1 2015～2017 年甘肃省运输量统计

年份	客运量		旅客周转量		货运量		货物周转量	
	绝对数（亿人次）	同比增长（%）	绝对数（亿人公里）	同比增长（%）	绝对数（亿吨）	同比增长（%）	绝对数（亿吨公里）	同比增长（%）
2015	4.15	4.16	641.10	2.69	5.82	1.77	2226.01	-11.55
2016	4.18	0.63	635.77	-0.83	6.07	4.12	2170.22	-2.51
2017	4.28	2.44	643.10	1.15	6.62	9.15	2439.80	12.42

资料来源：根据《甘肃发展年鉴 2016～2017》及《2017 年甘肃省国民经济和社会发展统计公报》数据整理。

2. 不同运输方式客货运输能力

从运输结构来看，公路是旅客运输的重要力量，铁路则在货物运输中占据主导地位：铁路运输完成货运周转量 1390.7 亿吨公里，增长 14.0%，旅客周转量 371.7 亿人公里，增长 3.3%；公路运输完成货运周转量 1048.9 亿吨公里，较上年增长 10.5%，完成旅客周转量

247.8亿人公里，降幅达2.2%。在各种交通运输方式中，公路客运量占比为89.17%，比上年下降1.82个百分点，公路货运量所占比重为90.85%，比上年增加0.52个百分点。公路货物周转量和旅客周转量分别占到各种运输方式的42.99%和38.65%，比重比上年分别下降0.77个和1.21个百分点。铁路运输方面，客运量和货运量分别占到10.46%和9.15%，客运量比重比上年增长1.82个百分点，货运量比重则比上年下降0.52个百分点。铁路货物周转量和旅客周转量分别占到各种运输方式的57.00%和57.97%，比重比上年分别增长1.33个和0.77个百分点。航空运输方面，客运量占到各种运输方式的0.36%，旅客周转量分别占到各种运输方式的3.38%，比重分别较上年提高0.01个和下降0.12个百分点（见表2）。

表2 2014~2017年各种运输方式客货运输量

年份	货运量(万吨)			货物周转量(亿吨公里)		
	铁路	公路	民航	铁路	公路	民航
2014	6450.3	50780	5.96	1524.05	992.60	0.167
2015	5936.1	52281	6.55	1313.62	912.14	0.201
2016	5861.0	54761	1.19	1220.33	949.64	0.196
2017	6052.2	60117	1.20	1390.70	1048.90	0.200

年份	客运量(万人次)			旅客周转量(亿人公里)		
	铁路	公路	民航	铁路	公路	民航
2014	2672.4	36224.0	866.38	377.87	229.02	17.26
2015	3123.0	37242.0	1061.00	370.74	248.75	21.45
2016	3604.3	37932.0	149.00	359.96	253.26	22.29
2017	4467.5	38079.7	155.70	371.70	247.80	21.70

3.2018年1~8月客货运输能力

2018年1~8月，甘肃省交通运输业运输能力中，公路货运量和货物周转量分别为4.1亿吨和702.4亿吨公里，同比分别增长8.2%和7.2%，增速较上年同期分别提高 2 个和 4 个百分点；铁路货运量为 4031.4 万吨，同比下降 0.7%，铁路货物周转量为 965.5 亿吨公里，同比增长 8.8%，增速较上年同期分别下降 7.6 个和 5.8 个百分点（见图 1、图 2）。

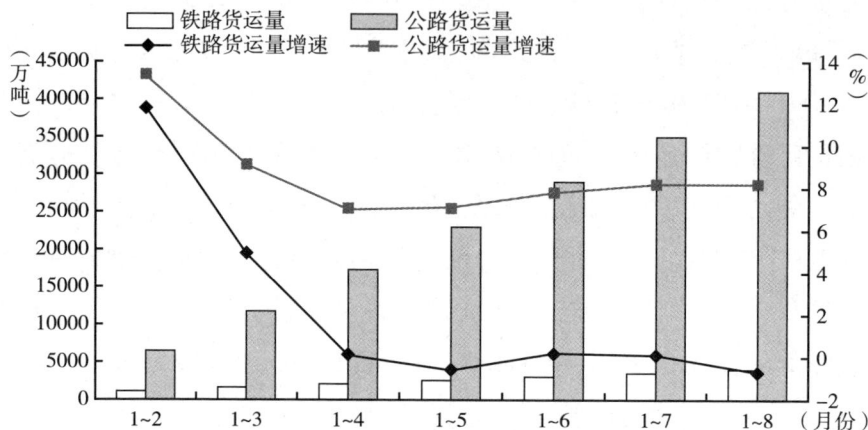

图 1　2018 年 1~8 月货运量比较

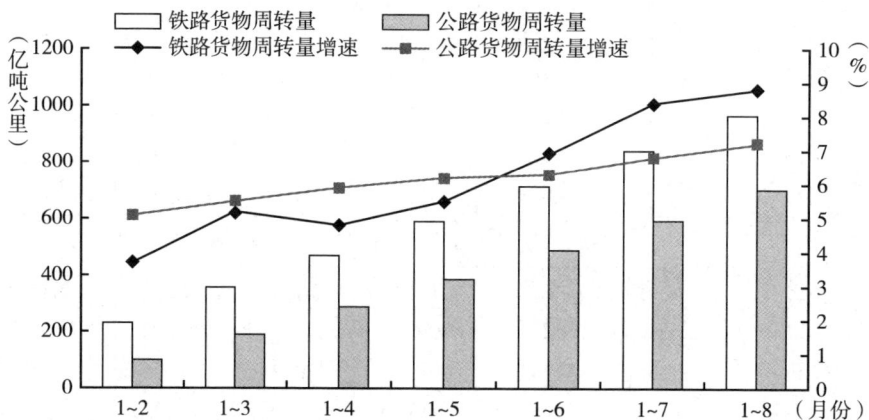

图 2　2018 年 1~8 月货物周转量比较

2018 年 1~8 月，铁路客运量 3794.9 万人次，同比增加 28.8%，增速较上年同期提升 10.8 个百分点；公路客运量 2.5 亿人次，同比下降 2%，增速较上年同期下降 3.1 个百分点。铁路旅客周转量

283.5亿人公里，同比增长11%，增速较上年同期增加10.7个百分点；公路旅客周转量163.2亿人公里，同比下降4.4%，增速较上年同期下降4.2个百分点（见图3、图4）。

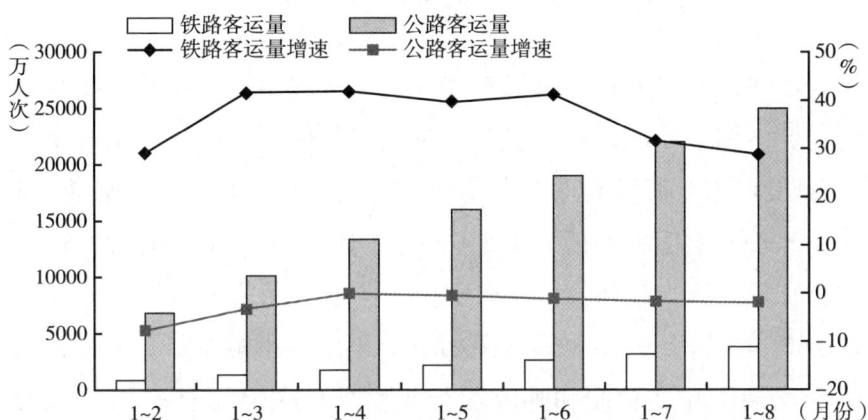

图3 2018年1～8月客运量比较

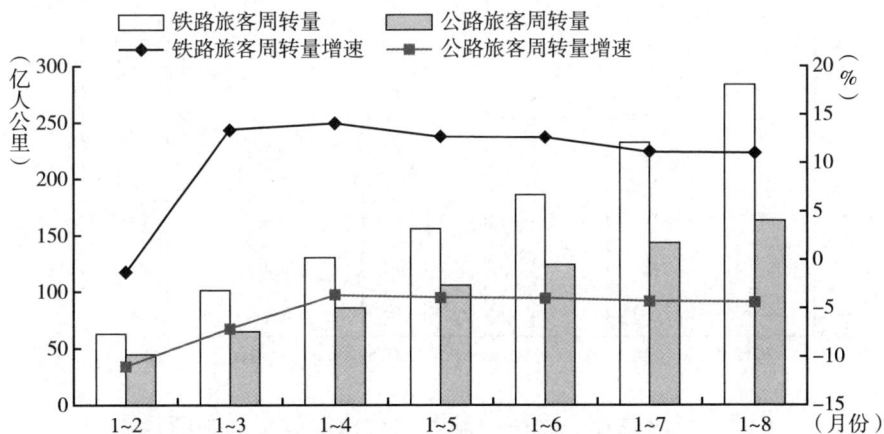

图4 2018年1～8月旅客周转量比较

总体来看，2018年1～8月，甘肃省铁路客运量、旅客周转量均有一定程度的增长，尤其是客运量增长较快。但公路运输中，客运量增长乏力，出现下降趋势。这主要是由于近年来省内多条高速铁路的开通为旅客出行提供了方便，越来越多的旅客倾向于通过铁路方式出行。

（三）行业增加值及其增长率逐步增长

近年来，而受宏观经济形势变化影响，煤炭、冶炼等大宗货物运输量减少，加上受施工、天气和设备故障等因素影响，甘肃省交通运输、仓储和邮政业行业增加值有所缩减。2017 年，全省交通运输、仓储和邮政业完成增加值293.5 亿元，同比增加8.1%（见图5），回落之势有所逆转。2018 年1～8 月铁路客运状况及公路货运状况总体表现出增长趋势，公路客运状况相较上年出现小幅下降，因此，预计2018 年交通运输、仓储和邮政业行业增加值及其增长率仍会继续增加。

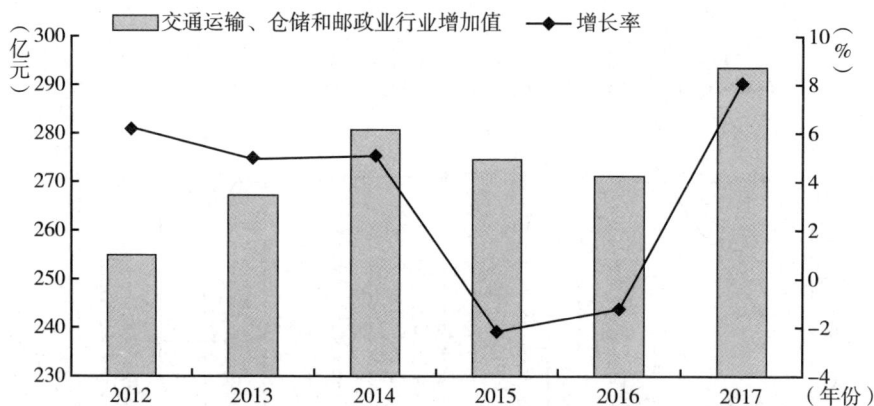

图5 交通运输、仓储和邮政业行业增加值及其增长率

（四）交通运输业绿色化、智能程度不断提升

随着《甘肃省"互联网＋交通"行动推进方案》和"3125"行

动计划的推进,甘肃省交通信息化、智能化程度不断提升,对方便公众出行、增效客货运输具有十分重要的意义。2018年,甘肃省电子缴费卡用户或ETC卡用户在缴纳通行费或ETC卡充值费后,可在发票服务平台开具电子发票。兰州中川国际机场乘机全流程人脸识别系统测试完成,兰州机场将实现无纸化通关,"刷脸"登机。另外,在交通运输部印发的《关于全面深入推进绿色交通发展的意见》指导下,甘肃省在2018年全力打造绿色环保公路建设项目,确保将省内公路建设项目对沿线群众生产生活及沿线山川河流、原生态植被与生物链的影响降至最小。总之,随着互联网技术的发展与大众环保意识的不断增强,甘肃省交通运输业绿色化、智能化程度也在不断提升。

二 甘肃省交通运输业发展中存在的问题

(一)综合交通运输体系尚不完善

将多样化的交通运输方式衔接配合,并结合先进的信息和管理技术,形成统一化、协调化的运输体系,使运输效率、经营效益和服务质量大幅提升,是当代运输业发展的必然方向。虽然甘肃省也将构建综合交通运输体系作为交通领域的重要目标,并取得一定成效,但由于投资不足、地理条件限制、规划不统一等因素影响,各种交通运输体系衔接不足,各类枢纽站及站场建设缺乏统一规划布局,且规模偏小、功能不完善,各类站场之间的无缝衔接仍未实现。另外,各种运输方式只注重各自市场的开发,对多种运输方式综合效能的开发不足。因此,统筹各种交通运输方式的规划布局,充分发挥各类运输方式的优势,实现交通运输资源的高效利用,构建集约型交通运输体系,是今后甘肃省交通运输业发展的重要方向。

（二）交通运输业与现代物流业融合发展不足

交通运输业是现代物流发展的重要载体，贯穿于物流供应的全过程中，物流业是融合运输、仓储、货代、信息等的复合型服务业，这两大产业的融合发展，对于推进供给侧结构性改革、加快培育新动能、改造提升传统产业、全面落实"去产能、去库存、去杠杆、降成本、补短板"具有重要意义，因此，交通物流融合发展体系的构建已上升为国家战略。

近年来，现代物流业的快速兴起，为甘肃省交通运输业的发展注入了新的活力，而甘肃省交通运输网络体系的不断完善，也为现代物流业的发展提供了重要保障。首先，运输业传统上以运输、装卸和搬运为主营业务，在这些方面积累了丰富的管理和经营经验，且拥有较为完备的运输网络和揽货体系，但现代物流业服务需求更具广泛性、专业性和灵活性，交通运输还不能提供现代物流发展中各个环节的有效衔接，且缺乏产品包装、信息反馈等必要的增值服务，大型生鲜产品、危险产品等运输困难，物流需求不能被满足，在运输频率、时间和可靠性、可获得性等方面也比较欠缺。其次，部分偏远农村地区交通运输基础设施建设滞后，客货运输能力较差，物流配送服务发展不足。最后，交通运输物流一体化信息平台尚未建立，导致运输部门和物资运输需求信息不对称，难以满足高效运输的需求。总之，交通运输业与现代物流业融合不足，加上甘肃省物流管理和设施装备建设比较滞后，导致物流速度慢、成本高、效率低，与发达地区相比仍有较大差距。

（三）智慧交通建设相对滞后

依靠高新技术使交通领域现有资源存量得以更新和优化，是交通运输业现代化的重要标志。近年来，甘肃省对智慧交通的发展秉承积极的态度，智慧交通建设取得了一定成效，完成了高速公路路网智能监控、ETC电子不停车缴费、"一卡通全国"等智慧交通建设项目。但是，新型的"互联网+交通运输"仍存在服务水平不高、协同能力较弱等问题，主要表现在：首先，在交通运输业信息资源的开放程度不高，行业之间、部门之间、地区之间缺乏有效联系，不利于发挥交通运输业大数据的优势。其次，当前的交通运输设备、运输系统和服务系统的信息化水平还不高，交通系统的多元素互动尚未实现，道路交通系统的运行效率和承载能力有待进一步提升。最后，发展智慧交通，需要大量的互联网、云计算、大数据、物联网等方面的专业人才，但甘肃省交通运输行业这些领域的人才非常缺乏，致使"互联网+交通"建设仍处于比较滞后的阶段。

三 甘肃省交通运输业发展前景展望及形势预测

（一）甘肃省交通运输业发展前景展望

1. 宏观经济总体向好

2018年，面对复杂的经济发展形势，甘肃省按照高质量发展要求，抓好各项工作，政策措施效应持续显现。1~8月，全省经济运行总体平稳，质量效益提升，经济活力增强，稳中向好的态势日趋明显。据初步核算，2018年上半年全省生产总值3497.6亿元，同比增长5.0%。工业生产也持续回暖，1~8月，全省规模以上工业增加值同比增长5.8%，增速比1~7月提高1.3个百分点。此外，市场销售额、进出口额及居民收入水平等均有一定程度的提升。

2. 交通基础设施投资力度加大

受经济发展水平等影响，甘肃省基础设施建设长期滞后，在新的发展阶段，落后的交通基础设施已成为制约甘肃经济发展的瓶颈。近年来，国家发展和改革委员会等部门有关补短板的政策陆续发布，甘肃省也加大了基础设施补短板的投资力度，加快了交通领域重点项目的建设速度。2012～2017年，交通运输、仓储和邮政业全社会固定资产投资总体呈现上升趋势，虽然2017年略有回落，但其占全社会固定资产投资额的比重有所增长，2016年占到10%以上，2017年达到16.79%，增加了5.4个百分点（见表3）。2017年，全省完成交通运输固定资产投资865.7亿元，超额完成交通运输部下达的800亿元目标任务，同比增长10.2%，完成投资居全国第10位，公路投资增速居全国第13位，占全省固定资产投资的15.2%。

表3　2012～2017年甘肃省固定资产投资情况

单位：亿元，%

年份	2012	2013	2014	2015	2016	2017
全社会固定资产投资	5145	6527.94	7884.13	8754.23	9663.99	5696.3
交通运输、仓储和邮政业全社会固定资产投资	306.59	434.16	793.74	814.89	1100.04	956.6
交通运输、仓储和邮政业全社会固定资产投资占比	5.96	6.65	10.07	9.31	11.38	16.79

3. 城镇化水平不断提升

交通运输业发展也是城镇化进程中非常重要的一环，便捷的交通可以为小城镇接受中心城市辐射、促进基本公共服务共享提供载体，对破除城乡二元结构、实现区域均衡发展意义重大。与此同时，随着工业化步伐的加快，2018年，甘肃省城镇人口总量达到1218.07万人，人口城镇化率达到46.39%，比2012年提高7.64个百分点，城镇化过程的不断加快，又促进人口、生产要素、产品等在一个区域内不断积聚，对区域交通运输条件产生新的要求，进一步促进交通运输系统的完善。

4. 运输需求将继续保持快速增长

2017 年上半年，甘肃省人均生产总值 29326 元，城镇居民人均可支配收入 27763.4 元，农村居民人均可支配收入 8076.1 元，恩格尔系数 29.6%，按照评判小康的部分标准：人均 GDP 高于 3000 美元，城镇居民人均可支配收入大于 1.8 万元，农村居民人均可支配收入大于 8000 元，恩格尔系数小于 40%，甘肃省总体上达到小康标准，民众消费结构正在升级，与交通运输相关的旅游、汽车等消费市场逐步扩大，交通运输方面的需求快速增长。另外，"一带一路" 黄金段、"南向通道" 等的建设，势必增加甘肃省交通运输体系的服务供给需求，推动甘肃省交通运输业发展。

（二）甘肃省交通运输业发展形势预测

以 2018 年 1～8 月客货运输量及周转量占全年总量的比重为 8/12 来大致推测 2018 年全年公路和铁路交通运输总量。经计算，2018 年，甘肃省铁路运输的客运量、旅客周转量、货运量和货物周转量分别为 0.57 亿人次、425.25 亿人公里、0.6 亿吨和 1448.25 亿吨公里，较 2017 年同比分别增长 26.67%、14.41%、 - 1.67%、4.14%。其次，根据甘肃省交通运输业发展的宏观背景，可以发现甘肃省经济正在趋稳向好，2019 年交通运输业将会延续 2018 年的发展势头，因此，以 2018 年 1～8 月增长率的平均值作为 2019 年交通运输业各项指标的增长率，在此基础上对 2019 年甘肃省交通运输业发展情况进行预测：2019 年铁路客运量同比增长 36.26%，达到 0.78 亿人次；旅客周转量同比增长 10.53%，达到 470.03 亿人公里；货运量增长至 0.61 亿吨，同比增长 2.25%；货物周转量预计实现 1537.9 亿吨公里，同比增长 6.19%。预计 2019 年公路客运量、旅客周转量、货运量和货物周转量分别为 3.66 亿人次、231.36 亿人公里、6.68 亿吨和 1118.29 亿吨公里，较 2018 年分别同比增长 - 2.34%、 - 5.49%、

8.67%、6.14%（见表4）。除公路客运量和旅客周转量有所减少外，其余各项指标值均会缓慢增长。

表4　2017~2019年甘肃省综合运输总量预测结果

运输方式	指标	2017年	2018年	2019年	同比增长（%）	
					2018年	2019年
铁路	客运量（亿人次）	0.45	0.57	0.78	26.67	36.26
	旅客周转量（亿人公里）	371.7	425.25	470.03	14.41	10.53
	货运量（亿吨）	0.61	0.6	0.61	−1.67	2.25
	货物周转量（亿吨公里）	1390.7	1448.25	1537.9	4.14	6.19
公路	客运量（亿人次）	3.81	3.75	3.66	−1.57	−2.34
	旅客周转量（亿人公里）	247.8	244.8	231.36	−1.21	−5.49
	货运量（亿吨）	6.01	6.15	6.68	2.33	8.67
	货物周转量（亿吨公里）	1048.9	1053.6	1118.29	0.45	6.14

四　甘肃省交通运输业发展的对策建议

（一）推进综合交通运输体系建设，大力发展多式联运

随着我国经济发展进入新常态，打造高效能、低成本的交通运输系统已成为交通运输业服务我国经济发展的必然选择，而大力发展综合交通运输体系、实现多式联运是交通运输领域供给侧改革的重要举措，有助于提升运输效率、降低流通成本、促进节能减排。要实现上述目标，一是要统筹规划各类交通运输的衔接，因地制宜，对各种交通运输方式的比较优势进行合理利用，对各种交通运输方式的枢纽和站场进行升级改造，使用标准化运载单元，进而促进各种运输方式的有效衔接，逐步实现客运"零距离换乘"和货运"无缝衔接"。二是要加强交通运输体系中运载单元的标准化建设，推进多式联运的基础构建，促

进交通运输体系向一体化方向发展。三是要加快综合交通运输体系信息化建设，逐步整合现有的交通运输系统，提高不同运输方式之间的信息共享水平，形成各种运输方式既自成系统又相互衔接的新格局。

（二）扩大交通运输服务领域，促进交通运输与现代物流业的融合发展

现代物流业的快速发展，对交通运输的需求不断增加。交通运输必须加快与现代物流业的融合发展，首先要提升服务水平，拓展服务领域，在保证运输、装卸、搬运、运输网络建设等传统运输交通服务不断完善的情况下，扩大交通运输的服务范围，如开展货物分类、分装、包装、挑选、贴标、反馈货物信息等增值服务。其次，加大交通运输设备更新换代的科技投入力度，研制不同规模、不同形式、不同功能的专业型运输设备，以满足不同批量、不同品种货物对专用运输设备的需求，确保各类货物安全、高效运输。最后，将甘肃交通扶贫与发展农村物流相结合，搭建农村物流公共信息服务平台，为贫困农村地区农副产品销售及农村消费双向流通提供载体。

（三）充分利用高新技术，助力智慧交通高速发展

交通运输业是关系人民生活的基础性产业，强化高新技术对交通运输领域改革的引领和支撑作用，应从以下几个方面着手：第一，继续推进"互联网＋交通"等智慧交通模式构建，多渠道筹集开展智慧交通试点，积极推广政府与社会资本合作模式，鼓励更多的社会资本参与智慧交通建设。第二，智慧交通是一个复杂的系统，建设时需要涉及多部门、多系统，为防止出现重复建设，避免形成信息孤岛，应加强智慧交通顶层设计，在规划建设时统一推进，最终实现跨部门的信息集成和共享。第三，将移动互联网与城市交通相结合，完善

APP 打车拼车等服务，提高城市交通运行效率；将互联网与货物运输相结合。第四，开发面向广大用户的智能运输系统，将采集到的道路交通服务信息传输给用户，便于公众合理规划出行线路及方式，便于管理部门疏解道路拥堵状况，也便于运输部门进行合理的车辆调配。第五，要引进物联网、云计算、大数据等新技术人才，并将这些技术应用到交通运输的各个方面，为公众提供各种智慧化的服务，打造便捷、高效、绿色、安全的出行环境。

参考文献

《甘肃省省道网规划（2013~2030年）》，甘肃交通运输规划网，2015年7月10日。

《甘肃省人民政府办公厅关于印发〈甘肃省"十三五"综合交通发展规划〉的通知》，甘肃政务服务网，2017年2月8日。

《今年甘肃省确定省列重大建设项目165个 总投资8497亿元》，每日甘肃网，2018年5月9日。

张国伍：《交通运输系统分析》，西南交通大学出版社，1991。

蒋正航：《智慧交通发展现状及建议》，《城市建筑》2017年第2期。

葛晓鹏、王庆云：《交通运输系统供给侧结构性改革探讨》，《宏观经济管理》2017年第5期。

张泰、蔡垚、张哲辉等：《加快完善我国现代综合交通运输体系的分析和思考》，《综合运输》2017年第5期。

王磊磊：《推动综合交通运输体系建设研究》，《科技创新与应用》2017年第2期。

专　题　篇

Special Reports

B.9
以促进产业升级为重点构建
现代化经济体系研究

邓生菊*

摘　要： 立足于经济新常态的宏观背景，认为甘肃省以促进产业
升级为重点构建现代化经济体系是立足于新的时代背景
和基本省情，实现全面建成小康社会目标，进而助推国
家"两个一百年"奋斗目标实现的必然要求。当前，甘
肃省产业发展的特点是：三次产业结构持续优化，产业
内部结构性矛盾突出；产业主体多元化发展，企业发展
不足以支撑产业升级；产业资源优势充分发挥，区域和
城乡经济发展不平衡；产业组织结构简单松散，规模经济

---

* 邓生菊，甘肃省社会科学院资源环境与城乡规划研究所副研究员，研究方向：区域经济学。

和外部经济效益难以发挥等。今后应立足于甘肃省情，围绕提升经济质量和效益这一核心，把握好政府和市场的关系，以推进供给侧结构性改革为主线，以促进产业升级为重点，通过培育绿色生态经济体系、开放包容经济体系、创新驱动经济体系、协同协调经济体系，努力构建现代化经济体系，实现经济的质量变革、效率变革和动力变革，实现市场机制有效、微观主体有活力、宏观调控有度，从根本上助推我国实现"两个一百年"奋斗目标。

关键词： 甘肃　产业升级　现代化经济体系

2018 年党的十九大紧扣新时代中国社会主要矛盾转变，适应中国经济由高速增长向高质量发展阶段转化，转变经济发展方式、转换发展动能和全面均衡发展的迫切需要，着眼于国民经济体系的全局，首次提出要构建现代化经济体系。它是党中央从党和国家事业全局出发，着眼于"两个一百年"奋斗目标做出的重大决策部署，是落实中国特色社会主义经济建设布局的内在要求，是决胜全面建成小康社会、开启全面建设社会主义现代化国家新征程的基本途径，也对甘肃以促进产业升级为重点构建现代化经济体系提出了新的目标要求。

一　甘肃构建现代化经济体系的重大意义

21 世纪以来，甘肃省经济社会发展取得了重要进展。与 2000 年相比，2017 年地区生产总值增长了 7.81 倍，固定资产投资增长了 12.85 倍，社会消费品零售总额增长了 9.44 倍，城镇居民人均可支配收入增长了 5.65 倍，农民人均纯收入增长了 5.65 倍，甘肃发展步入了新的历史起点。但我们也要看到，甘肃省欠发达的现状还没有根本改变，区域发展差距依然很大。据《中国省域经济综合竞争力发展报告（2016～2017）》，从全国四大区域内部经济综合竞争力的差异分析来看，西部地区 12 个省份的经济综合竞争力排位大多数处在下游区，平均得分只有东部地区得分的 67%，甘肃在西部地区处于相对靠后的地位，发展差距可想而知。

甘肃省经济发展水平整体较低，经济规模小，多年来主要经济指标在全国末位徘徊不前。全省经济以传统产业为主，产业技术层次和信息化水平低，非公经济发展滞后，经济外向度不高，经济发展动力和后劲不足，经济发展的资源环境约束加强，可持续发展能力偏弱，经济结构性矛盾突出，经济质量、效益和竞争力都还不强。甘肃作为我国经济发展的战略通道、国家生态保护的战略屏障、民族融合交汇的战略基地和国家安全的战略纵深区，无疑具有重要的战略地位。产业是区域经济发展的根本所在，不在产业升级上取得突破性进展进而加快构建现代化经济体系，就难以培育和增强新发展动能，难以摆脱区域发展差距不断拉大的困境，难以担当国家战略重任，难以适应我国由高速增长阶段转向高质量发展阶段的要求。可以说，以促进产业升级为重点构建现代化经济体系是立足于新的时代背景和基本省情，实现全面建成小康社会目标，进而助推国家"两个一百年"奋斗目标实现的必然要求。

二　甘肃构建现代化经济体系的产业现状

甘肃省第一产业比重偏高，第二产业初级重型化特征明显，优势工业主要集中在资源原材料产业，轻重工业发展失衡，国有和国有控股企业比重高，民营经济和中小企业发展不足，第三产业以传统服务业为主，现代服务业发展刚刚起步，产业结构单一，产业发展的行业结构、技术结构、空间结构、所有制结构、规模结构等不协调，经济面临较大的脆弱性，潜藏着较大的发展风险，必须以促进产业升级为重点加快构建现代化经济体系，才能适应新时代高质量发展的客观要求。

（一）三次产业结构持续优化，产业内部的结构性矛盾突出

新中国成立后至改革开放前，甘肃工业化道路同中国工业化道路基本吻合，即利用强制性的制度安排，实施了以大中城市重化工业发展为主导的单一工业结构和初步工业化。国家宏观工业经济发展战略和策略取向构成甘肃工业化迅速推进的主要动力，从而使甘肃形成了重工业优先发展的产业格局，形成了以工业化为主导的发展模式。1978年甘肃第二产业增加值占地区生产总值的比重达到60.31%，改革开放以来，遵循市场经济发展规律和产业演进规律，市场机制下产业结构由"二一三"逐渐变为渐趋合理的"三二一"结构，但产业内部结构不协调。

第一产业内部种植业所占比重较大，靠天吃饭和凭经验生产的粗放型发展方式还占有相当比例，林、牧、渔业所占比重较小，农业规模化、特色化、生态化、产业化水平低，信息化、装备化、品牌化水平不高，在通过农产品精深加工延长产业链和提升附加值方面非常欠缺，一二三产业融合发展的程度不高，农产品增值和农民增收能力弱。

第二产业重工业占据主导地位。产业内部以石化、有色、冶金为主，资源初级加工的重型化特征比较明显，2016年在全省规模以上工业增加值中重工业占比高达81%，结构单一使产业发展的稳定性不足，易受市场波动影响；有自主知识产权的技术很少，产业技术层次低，产品附加值低，缺乏产业关联度高、能发挥规模经济效益和技术扩散效应的强竞争力的产业集群，市场竞争力不强。资源依赖型工业产值所占比重大。甘肃现有的工业结构表现出资源型、高能耗、初级产品

加工和重化工业特征，资源型、高耗能产业在国民经济中占主导地位，经济增长过度依赖投资的增加和能源资源的消耗。由于甘肃省的重工业是建立在资源基础上，以冶金、煤炭、石油化工以及金属制品制造为主的资源性依赖工业在甘肃省工业中占有很大的比重，多年来基本维持在75%~85%的水平。甘肃省虽然资源相对丰富，但经过60多年的开发，很多资源已开始枯竭。嘉峪关市、金昌市、白银市三个资源型城市仍是以重工业、采掘工业和农产品初级加工为主，而附加值高的加工业及科技含量高的农产品深加工发展不足，这种产业结构严重制约了资源型城市的可持续发展。

第三产业中传统服务业所占比重较高，信息、金融、科技服务及物流等现代服务业特别是生产性服务业的供给不足，在带动产业升级、城市软硬件设施完善和人民生活水平提高方面的能力不强，在推进城镇化进程中作用的发挥还不充分。

三次产业的规模都比较小。甘肃省面积和人口分别是全国的4%和1.89%，但2017年全省地区生产总值只占全国的0.93%，其中第一产业增加值占全国的1.62%、第二产业增加值占全国的0.77%、工业增加值占全国的0.63%、第三产业增加值占全国的0.95%，对全国经济的贡献率很低。

（二）产业主体更加多元发展，企业发展难以支撑产业升级

1. 农业经营主体难以适应现代农业发展要求

近年来，甘肃省农业专业大户、家庭农场、农民合作社和农业龙头企业加快发展，农业经营组织越来越规范，促进了农业标准化生产和产业化、规模化经营，有效促进了农民增收。但由于农业生产经营投资周期长、比较效益低、风险系数大，且贷款抵押担保物缺乏，农业经营主体融资困难，保险和财政支持经营主体不足使弱质的农业发展困难；甘肃农村留守人口中以老人妇幼及低劳动技能人员为主，农业经营主体多

为地方有点经济头脑的人，大多农业经营主体缺乏技术人才和经营管理人才，洞察市场趋势与防范风险能力不强；部分农业经营主体运营不规范，组织管理体制不健全，产业基地化和生产标准化水平低，财务制度不健全，财务处理不准确不规范，生产经营体系松散等，难以适应现代农业发展的要求。

2. 工业企业发展内部结构欠佳

首先，国有及国有控股工业企业产值比重大，非公有制经济发展不充分。"一五"和"三线"建设时期，在国家重工业优先发展的战略导向下，一批国家重点投资项目相继落地甘肃，使甘肃逐步形成以国有经济为绝对主导的所有制格局，国有经济体量大、投资能力强、技术装备好、财政贡献大，成为全省经济的重要支柱。改革开放以来，随着全省国有企业改革的加快推进，对民营资本投资门槛的逐步降低，企业资本来源和资本构成的日益多元化，企业所有制结构不断优化，市场经济发展的动力和活力明显增强。但是，由于各种主客观因素的影响，与东部发达地区相比，非公有制经济发展仍很不充分，它们发展的起点低，制度软环境欠佳，民间资本实力薄弱，自身积累能力不足，融资难、融资贵，进而使得非公有制企业投资乏力，发展活力远不如发达地区。特别是由于国有大型企业以重工业为主，企业生产大多是两头在外，与地方经济的产业关联度低，配套协作能力弱，难以发挥应有的辐射带动作用，以中小企业为主体的非公有制经济无力借势发展。非公有制企业发展底子薄、经验少、技术差、管理弱，很多企业负责人是经验化管理，缺乏战略化、系统化的发展思路，没有制度化、规范化的经营管理理念，限于短视和资金不足，创新发展动力不强，整体来看，企业经济效益不佳，市场竞争力不强。2016 年，甘肃省私营工业企业主营业务收入、私营企业利润额分别为 710.08 亿元和 23.48 亿元，占全国相应指标值的 0.17% 和 0.09%。从行业结构看，全省非公有制企业主要集中在批发零售、农林牧渔、租赁商务服务、建筑、低端制造等领域，2016 年这些领域的非公有制企业占非公有制企业总数的 74.35%，大多数企业还停留在传统产业或产业链的末端，拥有高附加值、知名品牌和核心竞争优势的企业非常少。而与此相对应，近年来，无论工业总产值，还是规模以上工业增加值，国有及国有控股工业企业所占比重都达到了全省总量的 2/3 强，国有经济处于绝对的主导地位，非公有制经济发展非常不足，难以激发工业经济的动力活力和创新能力，制约着工业经济竞争力和质量效益的提高。

其次，大中型企业产值占比高，小微企业发展非常不足。甘肃省大中型企业数量少，行业分布和空间分布比较集中；小微企业量大面广，布点分散，还有些是开发资源的"五小"企业。技术装备好、高素质员工集中、规模大的国企与技术落后、行业分布分散、人员素质参差不齐、规模财力弱小的地方小微企业并存又割裂发展的二元结构矛盾突出。甘肃省经济发展对大中型骨干企业高度依赖，而大中型企业以资源性产业为主，受国内外资源产品市场波动影响大，同时，企业发展大多受制于外省区总公司发展战略目标、空间布局、利益格局，因此外部环境波动下骨干大企业发展有任何波动，都将使全省经济受到严重影响。

3. 服务业企业产业跨界融合与关联带动力不强

伴随着传统商贸、零售、餐饮、交通等服务业的转型，软件服务、信息服务、技术服务、文化娱乐、商务服务、金融保险、电商物流等新兴服务业兴起，服务业企业也加速扩张。但总的来看，知识性、生产性服务业滞后于享受性、生活性服务业发展，服务业企业创新驱动能力不强，服务质量、效率、多元化水平不高，多样化的现代金融服务、科技服务、信息服务等对实体经济支持能力弱，服务业企业对现代农业和工业转型发展的全产业链支撑和关联带动能力不强，与其他产业的跨界融合发展不足，服务业升级所需的高层次、高技术、高素质人才缺口仍然比较大，适应信息化时代及云计算、大数据、物联网、智能制造等的商业化应用能力弱，企业商业模式创新和价值再造能力欠缺，将地方特色产品和服务推向国内外广阔市场的能力弱；服务业企业多数仍表现为"多散乱低"的特点，企业数量众多，分布行业分散，经验化管理，财务收支不规范，人力资本缺乏，技术支撑不足，经营管理水平和技术层次较低。

（三）产业资源优势充分发挥，区域和城乡经济发展不平衡

甘肃省内地貌类型多样，自然条件的空间差异大。在国家早期经济发展战略推进下，依靠外力的纵深推入或外部"置入"，工业区主要依托自然资源集中的地带呈点状或块状分布，彼此缺乏有机联系。甘肃工业化发展立足于地方资源优势，初级重型化的工业经济特点，使得工业难以与农业、服务业实现深度融合，对农产品精细加工、地方消费品市场的活跃等更是缺乏带动能力。目前，甘肃新型工业与传统农牧业自成体系、自我封闭、单体循环发展。各类工业即便已经在空间上形成了集聚区，但也主要源于矿产资源的集中分布，产业间缺乏内在联系。

改革以来，甘肃酒泉、嘉峪关、庆阳、兰州等城市充分发挥资源优势和传统老工业基地优势，成为全省经济的主要支撑。全省工业布局以兰州、天水、白银、庆阳、金昌、酒泉、嘉峪关等大中城市为重心，两州两市扶贫攻坚区和庆阳老区发展相对滞后，工业核心区、工业大中城市被周边相对落后的区域分割或包围，对前者过于倚重的工业化和城镇化布局，缺乏发展的空间弹性，也蕴藏着一定的发展风险。未来亟须遵循主体功能区规划，优化产业空间布局，着力资源型城市接续产业发展，增强区域间产业发展的协调性，通过在重点行业、重点领域和重点地区率先突破，带动其他行业、其他领域和其他地区快速跟进，强化区际间的联动发展合力，构建空间协调发展的现代化经济体系，最终实现区域整体发展水平的跃升（见表1）。

表1 2016年甘肃省各市州地区生产总值

单位：万元，元

地 区	地区生产总值	第一产业	第二产业	#工业	建筑业	第三产业	#交通运输、仓储和邮政业	#批发和零售业	#住宿餐饮业	人均生产总值
兰 州	22642318	603568	7900955	5268264	2671192	14137795	1242763	2136239	603379	61207
嘉峪关	1534088	44352	603208	501356	101852	886527	82232	123970	29135	62641
金 昌	2078152	207180	1041350	725524	319915	829621	43196	113618	38501	44202
白 银	4422085	619819	1781063	1251757	532605	2021203	187029	371232	109724	25813
天 水	5905136	1003875	1899801	1268445	700219	3001460	269985	623641	147016	17800
武 威	4617272	1082737	1707372	1123097	607373	1827164	200986	261027	67023	25396
张 掖	3999436	1024188	1101312	706157	411511	1873936	224955	259760	119715	32729
平 凉	3672960	1029954	910570	486528	424237	1732436	108766	178335	103179	17486
酒 泉	5779341	871890	2022191	1308575	723797	2885260	484311	496926	169471	51721
庆 阳	5978324	854897	2854718	2552300	416550	2268709	90384	344410	189178	26734
定 西	3310768	787477	754374	434061	320313	1768917	83458	251140	97825	11892
陇 南	3398884	738565	733168	440073	293095	1927151	91752	238068	128740	13085
临 夏	2301067	383650	463294	258681	204613	1454123	31062	180997	110549	11395
甘 南	1359521	291206	218467	182105	36362	849848	22151	66021	80699	19213

（四）产业组织结构简单松散，规模经济和外部经济效益难以发挥

多年来，因为甘肃工业经济以能源原材料行业为主，相关产业协同配套发展不足，特别是精细加工和先进制造业的配套发展不足。因此，这种相对独立的特殊工业体系，使得产品处于价值链的低层次，产品附加值不高，资源原材料投入产出比低，经济效益差，在经济全球化环境下，市场风险大。而各类产业园区因为招商引资难，往往难以按起初的发展规划布局各类企业，产业组织结构简单松散，园区内企业间仅是简单松散的同业关系，既缺乏建立在产业链基础上的前向或后向联系，也缺乏横向的合作或竞争关系，水平一体化和垂直一体化的产业关联都发展不足，辐射带动能力强的核心企业非常缺乏，引入企业的"技术外溢"效应不足。源于共同利益的相互信任和深度合作不足，企业难以发挥规模经济和外部经济效益。

（五）企业创新驱动能力弱，产业核心竞争力不强

科技产业是高投资额和高投资风险的产业，甘肃省作为西部地区欠发达省份，企业资本积累能力弱，风险投资发展不足，社会资金大多不愿轻易介入，所以科技项目更多地依赖于财政项目资金和银行贷款。虽然地方政府不断加大对自主创新的支持力度，但由于财政能力有限，政府对科技型企业在项目支持、科技孵化、企业培育方面提供的资金支持非常有限，社会多元化投融资体系尚未形成，科技创新领域的投资缺口很大，企业在新产品、新工艺、新技术的开发上力不从心，产品升级的速度不能适应市场竞争需要，缺乏市场竞争优势。同时，产学研联系不紧密，科研教学与产业发展脱节的现象仍比较突出，科技产品的供给和需求信息不对称，企业缺乏科技支撑却无力研

发，而科研院所有创新技术却无处转化。事实上，甘肃也不乏达到国际、国内领先水平的创新成果，但由于成果转化渠道不畅，或者企业自有资金不足、科技意识薄弱、成果转化需求动力不足，或者盲目相信省外科技创新水平等，有很多本省应用成果没能在当地实现有效转化。科技与经济相脱节，也造成企业需要的新技术得不到研发力量支持，而科研机构取得的研究成果又难以准确对接企业需要，无法解决企业关键性技术难题。由此造成企业缺乏技术创新，整个产业难以较快实现转型升级，而产业发展的低水平又难以通过效益积累增强科技创新能力。

甘肃省工业企业的装备水平和技术水平较低，多数企业以资源密集为主，企业研发缺乏人、财、物等的支持，企业自主创新能力弱，产业发展缺乏核心竞争力。特别是民营科技企业空间集聚程度较低，规模小且技术层次低，受资金、技术、人员、发展环境等因素限制，多数企业自主研发能力不足或不具备自主研发新产品能力，缺乏拥有自主知识产权的高技术名牌产品，对外部关键技术依赖严重，科技实力整体不强。此外，甘肃在以信息化带动工业化、以工业化促进信息化的"两化"融合方面，在把信息化融合到技术层次、产品层次、企业层次、产业层次、管理层次等的工业活动方面，在提升工业创新能力和素质、转变工业发展方式方面还存在很大差距，企业信息化水平偏低，信息技术在企业的应用广度和深度不够，也制约了工业化的快速发展。

三 甘肃以产业升级为重点加快构建现代化经济体系的总体思路与着力点

立足甘肃省情，围绕提升经济质量和效益这一核心，应把握好政府和市场的关系，以推进供给侧结构性改革为主线，以促进产业升级为重点，通过培育绿色生态经济体系、开放包容经济体系、创新驱动经济体系、协同协调经济体系，努力构建现代化经济体系，实现经济的质量变革、效率变革和动力变革，实现市场机制有效、微观主体有活力、宏观调控有度，从根本上助推我国实现"两个一百年"奋斗目标。

（一）绿色生态的经济体系

甘肃大部地区干旱少雨，生态环境极度脆弱，以促进产业升级为重点构建现代化经济体系必须以生态环境保护为前提，健全各类生态"红线"约束机制，充分考虑生态环境承载能力，推进经济可持续发展。首先，要增强主体功能区规划的刚性约束。产业发展严格遵照主体功能区要求，对禁止开发区严禁各类经济活动，对区内居民采取搬迁移民或转为生态环境管护人员，对限制开发区进一步明确经济活动限制范围，控制开发强度规模。要提升水资源保护利用水平，在保证居民生活用水的基础上，优先满足生态用水需求，根据不同地域环境承载能力情况，适当限制用水量大的行业企业发展，提升水资源的节约循环利用水平。其次，促进绿色生态产业体系发展。要深刻汲取祁连山国家自然保护区生态破坏问题的教训，遵照生态优先、绿色可持续发展的要求，大力发展节能环保、清洁生产、清洁能源、循环农业、中医中药、文化旅游、通道物流、数据信息、军民融合、先进制造等生态产业，按照全省不同地域特点，在中部兰白、河西走廊和陇东南，分别建设绿色生态产业示范区、绿色生态产业经济带及一批绿色生态示范产业园，实施一批绿色生态示范重大工程。要加快初级重化工业和传统制造业的高新化、数字化、智能化、清洁化、绿色化改造，加快培育低碳环保的新业态和新产业，逐步构建发展活力足、竞争能力强、特色鲜明的生态产业体系，推动全省绿色产业崛起。最后，构建全社会和产业间的循环体系，要实施好《甘肃省循环经济总体规划》，努力实现资源统筹利用、污染集中治理、经济集约化发展，在加快转变生产方式上有新突破，从根本上实现经济可持续发展。

（二）开放包容的经济体系

要积极融入丝绸之路经济带，在深化产业融合和产业合作中增强产业竞争力。在产业融合方面，一是要顺应数字化、智能化和网络化的发展趋势，推动信息技术与现有产业的融合发展，改造提升传统产业，促进新业态、新产品、新商业模式等新增长点的形成。二是要通过产业延伸加快三次产业间的互促融合，如发挥现代物流、"互联网＋"、大数据等科技服务作用，在与第二产业融合发展中实现产业综合竞争力的整体提升。三是加快产业内部行业间的融合。如在第一产业内部的种植业、养殖业间，综合运用信息、生物、生态技术等，重新整合生物链各环节价值，形成新的产业形态。通过以市场为导向的产业融合，推动转方式调结构，尽快构建起现代化经济体系，加快经济提质增效和提升综合竞争力。在产业合作方面，要基于产业结构差异性和互补性，在充分了解对方国家或省区的民族宗教、政治环境、社会法制、历史文化等背景的基础上，通过产业互补、产业对接和错位发展加快与沿线国家及省域间的产业合作。要通过产业融合和在产业合作中加快产业升级步伐，提高产业价值链层级，增强产业综合竞争力和市场影响力，争取在产业发展中有更多的主动权、话语权和选择权，进而使目前以双边范围内低水平、低层次商贸流通为主的经济关系发展成为跨区域多边范围的深层次经济关系。

要准确把握国际国内产业发展趋势，充分发挥甘肃产业优势和发展潜力，依托我国在重点国别建立的产业园区、境外经贸合作区和甘肃省境外投资企业，开展石油化工、装备制造、民族用品和农产品加工等产业对接合作，增强产业国际竞争力和关联带动能力，促进产业迈向高端化、集约化、品牌化、信息化。可以依托能源通道及交通物流区位优势，引进中亚西亚石油、天然气能源和矿产资源，进行初级产品深加工，打造能源战略储备基地和过境资源消纳示范基地；积极与"一带一路"沿线国家开展能源和矿产资源、石油化工以及承接境外大中型工程项目等领域的对接合作；加大成套石油钻采、石化通用、风电发电、农业机械、数控机床、水泥玻璃、疫苗与血清生物制品等优势产品生产和出口，支持兰石、耐驰泵业、海默科技加大技改研发力度，建设面向中西亚、中东欧市场的出口企业产品生产基地；以高新技术为先导，培育装备制造核心生产企业和配套企业，推进能源开发、电工电器、通信设备、汽车及零部件等相关行业发展，打造先进装备制造业基地；加强与中亚等国在现代农业、旱作农业、设施农业、农作物种植、农产品精深加工、仓储物流和营销基地等方面的互利合作，做好国际标准品牌认证；加快高原夏菜标准化生产基地和冷链物流体系建设，扶持高原夏菜、玫瑰、百合、中药材、花卉、瓜果、肠衣等特色优势农产品出口创汇，建成国家重要的绿色农产品深加工产业基地；发挥周边省区伊斯兰民族聚集优势，以清真食品、清真生物制品、民族工艺品及日用品、皮革制品、纺织服装等产业为重点，建立民族特需用品生产加工出口基地，拓展民族用品贸易渠道，推动绿色清真产业发展；以创新、绿色、低碳、可持续发展为方向，提升石油化工、装备制造、新材料、生物医药、电子信息、现代农业和现代物流业等产业园区功能，大力发展进出口贸易。围绕华夏文明传承创新区建设，推动丝路文化、黄河文化和民族文化融合发展，打造品牌化、特色化、国际化的文化旅游企业与产品；发挥科研教育优势，促进与中亚西亚国家科技教育、文化旅游等领域合作，形成文化产业高地和旅游集散中心。

（三）创新驱动的经济体系

新时代要更加充分地认识到创新驱动产业升级的重要性，遵循科学技术和经济发展规律，顺应大数据、互联网、信息化、智能化与各产业深入融合，着力提高全要素生产率，加快构建起现代化经济体系。

要择优重点培育一批中小微科技创新型企业。要建立以企业为主体的技术开发体系，调动企业开展科技研发和主动应用科技成果的积极性，通过各种政策措施鼓励企业以多种方式创建研究开发机构，增加科技投资，组织科技研发活动，同时鼓励和支持一批科研机构进入企业或与企业形成多种形式的密切合作关系，共同组成科研生产联合体，或合建技术开发中心，建立"风险共担、利益共享"的联合机制，提高企业技术创新能力；要选择一批产品特色鲜明、技术水平高、企业知名度高、竞争力强的骨干民营科技创新型企业，在企业创办、融资担保、财政贴息、技术资产入股比例、基础条件共享、中介服务、科技计划立项、成果评审、科技奖励、高新技术企业认定、知识产权保护等方面制定重点扶持政策；依托兰州新区和各类开发园区，重点培育一批创新能力强的创新型科技企业，健全中小微科技企业服务体系，营造公平竞争的市场环境，加大科技型中小企业创新基金争取和支持力度，综合运用科研资助、贷款贴息等方式，激励科技型中小微企业加大科技投入，引导和支持各类科技孵化器对在孵的原创型企业、原始创新的人才和原始技术给予更为优厚的条件和服务，通过项目的形式给予适当的启动资金和发展资金支持，加快孵化一批成长性创新企业。

要着力推进主导产业创新发展。加快高新技术产业化发展，形成以市场为导向的新产业新产品开发链，以技术进步加快传统工业改造升级，不断提高科技进步率，力争使主导产业和骨干企业的技术水平达到国内先进水平，部分达到国际先进水平；要重点培育一批带动面广、产业关联度大、技术水平高、竞争力强的创新型骨干企业，强化对企业的财政科技投入引导以及税收金融扶持，支持企业掌握核心和关键技术，力争打造一批拥有自主知识产权、主业突出、品牌优势明显、核心竞争力强的企业集团；鼓励骨干企业加强科技交流，与科研院所、高等院校之间建立产学研战略合作关系，组建研发机构，争取认定为国家工程技术研究开发中心、国家重点实验室、国家行业技术平台等；鼓励骨干企业积极运用知识产权制度，支持企业申请专利、研制标准和创建品牌；要支持有条件的企业建立研发机构和中试基地，工程技术研究中心和重点实验室优先在具备条件的行业骨干企业布局，努力培育企业自主创新的内生动力，推动企业成为技术创新决策、研发投入、科研组织和成果转化的主体，发挥企业在创新目标、资源配置和组织实施过程中的主导作用；针对装备制造、新能源、电子信息、新材料、生物医药、特色农业等产业中已成长起来的骨干企业，重点在技术装备、产品开发等方面实施一批科技项目，鼓励开发具有自主知识产权的专利产品，引导重点企业开展技术创新活动，重点支持有先进技术和名牌产品的企业加快发展。

（四）协同协调的经济体系

甘肃各地自然条件和资源环境差异大，带来各地发展基础、发展阶段、发展水平存在较大差异，特别是"两州两市"产业发展水平低，仍处于工业化的初级阶段，全省经济总量不足与经济结构性矛盾突出制约了全省经济社会发展步伐。

要增强中心城市产业辐射带动力。兰州要以开放包容的理念坚持发展大兰州，把兰州发展与周边城市发展相联系，打造中部城市群，既有利于拓展兰州发展空间，也有利于扩展兰州发展的纵深支撑。要对兰州主城区、兰州新区、白银工业区统筹规划、突出发展特色，优化产业布局、增强协同配套，强化产业竞争力，同时，发挥其产业优势、区位优势、研发优势等，增强对周边区域的辐射力和拉动力，拓展我国向西开放的广度、深度和强度，增强经济发展的带动力。河西地区经济发展基础条件相对较好，但地形狭长、相对距离较远，加之水资源供给有限，应当沿河流、沿交通线合理布局辐射带动中心，在城市产业发展上，结合环境承载能力，有所为、有所不为，积极发展适合区情的特色优势产业、生态低碳产业和循环经济产业，拉长产业链条，拓展配套产业。像嘉峪关市有色钢铁、酒泉新能源、张掖旅游和绿色食品加工业、金昌镍都等都有进一步做大做强的基础和条件，应进一步挖掘优势潜力，吸引高端资本进入，拓展产业发展深度，提升产业层次，提升创新发展质量。陇东南地区随着交通条件的改善，一些城市发展条件日趋良好，具有加快发展的潜力，但也要针对水土流失突出、地形地貌破碎等问题，找准优势，重点突破，促进有基础、有优势的产业发展，促进陇东南城市群发展崛起。天水市应在现有电子工业基础上，进一步发掘潜力，引进高层次人才，扩大电子电工电器等产业发展规模，提高城市科技发展内涵。平庆地区煤炭、石油资源开发为城市发展增添了新的动力，农林资源优势潜力依然较大，但在资源转化方面需要狠下功夫，强力突破，聚集创新资源深度拓展与市场需求相对接的资源利用方式，引导各类资金投向资源转化项目，构建新型资源转化利用产业体系，增强城市发展动力。陇南要围绕特色农业资源、矿产资源、旅游资源开发利用，强化城市对人才、资金、项目的整合支撑和服务能力，把城市发展与资源开发利用有机结合，使城市发展建立在各类资源广泛开发利用的基础上，形成陇南特色农产品生产加工等基地的有力支撑点及旅游产业、生态产业发展的服务基地。甘南作为黄河水源重要补给区，要发挥草原、湿地、水资源和藏文化特色优势，走好生态和文化发展之路。临夏的回族人民经商意识强，关键要走出去发展高质量的清真产品和民族手工制品等。定西应围绕建设"薯都"、"药都"和全省草食畜产业大市，着力提升马铃薯、中药材、畜草产业的质量和品牌影响力。陇西要发挥特色优势资源，打造"中国药都"核心区、现代物流中心和世界李氏文化中心。

强化县域经济发展支撑力。县域经济是甘肃发展中的突出短板，许多县工业基础薄弱，经济基本依靠农业和第三产业，总体来看产业支撑能力弱，大部分县的财政不能自给，大力发展县域经济已成为甘肃重要的战略任务。促进县域经济发展，必须要积极探索乡村产业振兴的新路子，构建现代农业产业体系、生产体系、经营体系，不断完善农业支持和保护制度，健全农业社会化服务体系，培育新型农业经营主体，发展多种形式的适度规模经营，培育农业流通主体和知名品牌，广泛拓展农产品市场渠道，推进小农户向现代农业的转变；要以产地环境、农业投入、生产技术、产品品质、包装储运等为重点，健全农业标准体系，充分挖掘特色农产品资源优势，持续提升农产品精深加工水平，提高优质生态安全农产品比重，延伸产业链、提升价值链、完善供求链、优化利益链，促进农村一二三产业融合发展，全面推进农业农村现代化；要发挥好乡镇物资流、信息流、服务流的集散节点作用，增强乡镇对市场要素需求和价格变化的敏感度，提高各类要素参与市场竞争的深度和广度，促进城乡经济发展良性互动，县城要在积极服务"三农"中寻求新的发展机遇，农业农村要在城镇拓展发展空间。要合理开发利用自然风貌、民俗文化等旅游资源，大力发展文化旅游业，促进县域产业绿色崛起。要建立多层次融资服务市场，构建和完善"商业银行+农村信用社+政策性金融机构+其他非银行金融机构"的金融体系，引导民间资本流向实体经济。健全投资服务机制，提高公共服务效率和质量，强化招商引资相关部门的综合协调能力，形成招商引资合力。

参考文献

邓生菊、陈炜：《甘肃省经济转型跨越发展的路径研究》，甘肃人民出版社，2015。

龚荒、聂锐：《区域创新体系的构建原则、组织结构与推进措施》《软科学》2002 年第 6 期。

杨志明：《甘肃省新型工业化道路研究》，兰州大学出版社，2005。

B.10
新时代甘肃推动绿色经济发展研究

杨春利*

摘　要： 本文首先梳理了甘肃省绿色经济的发展历程，从经济转型、资源承载、环境保护和社会效益四大方面选取21项主要评价指标，构建了甘肃省绿色经济评价指标体系，并进一步选择熵权法模型，对甘肃省2005~2016年绿色经济发展水平进行了测算评价，结果表明：从总体趋势来看，2005~2016年甘肃省绿色经济发展水平呈逐年上升趋势，2016年绿色经济发展综合指数达到0.75，年均增速7.14%。并且甘肃绿色经济发展大致可以划分为两个阶段：第一阶段2005~2011年，甘肃绿色经济处于缓慢增长阶段，大约年均增长3.8%；第二阶段2012~2016年，甘肃绿色经济处于快速增长阶段，年均增速达到12.8%。在此基础上，简单分析了甘肃省绿色经济发展中存在的问题，主要体现在"投入少，效率低，转型慢，意识薄"四个方面，并从发展投入、产业转型、绿色创新、多方宣传等方面提出了甘肃省加快发展绿色经济的基本对策。

关键词： 甘肃　绿色经济　评价

---

* 杨春利，甘肃省社会科学院助理研究员，主要研究方向：资源环境与区域可持续发展。

绿色经济，是人类出于对社会经济与生态环境协同发展的思考，探索出的更加高效、和谐、可持续的新经济形式。

改革开放以来，我国经济持续高速增长，实现了由农业国向工业化大国的快速转变，目前已经成为世界第二大经济体。经济高速增长的同时，资源短缺、环境污染、生态破坏等一系列问题也逐步显现，严重制约社会经济可持续发展。目前，中国经济已进入增速放缓、结构优化、追求质量的新常态，发展绿色经济成为这一经济转型关键时期的必然选择。2016年，"十三五"规划中首次将"绿色"理念纳入全面建成小康社会的指导思想；2017年，十九大报告中再次强调绿色发展理念，绿色经济已成为我国战略规划中的重要内容。

甘肃作为西部欠发达省份，也是国家重要的生态安全屏障，不仅面临着繁重的发展任务，而且保护生态环境也是必须要做好的一项基础性、底线性工作。如何正确处理生态环境保护与经济发展的关系，协同推进彼此良性发展，是全省面临的重大发展课题。本研究从绿色经济的角度，评价了甘肃省发展现状，同时简要分析了存在的问题，并及时提出甘肃省绿色经济发展对策，以期为甘肃省实现经济社会与资源环境可持续发展提供参考。

一 甘肃省绿色经济发展的历程

20世纪90年代之前，甘肃经济建设的重点是从根本上解决粮食问题、解决温饱问题，利用丰富的能源和矿产资源，建设基础产业工程，大力发展地方工业，以增强地方经济实力，[①] 因此，较少关注区域资源持续利用和生态环境建设与保护等问题。20世纪90年代以

---

① 魏立文：《长风破浪正逢时——贾省长谈甘肃十年规划和"八五"计划》，《党的建设》1991年第2期。

后，受国内外相关研究及实践活动的影响，以及自身发展过程中资源环境问题日趋严峻，甘肃省开始认识到改善和维护自然生态环境，对促进经济可持续发展的重要意义，相继出台了一些相关政策措施。例如，1992年9月，经甘肃省政府同意，省机构编制委员会批准成立绿色食品办公室，专门负责全省绿色食品、有机食品认证、监管和绿色农业发展，组织创建全国绿色食品大型原料标准化种植基地和全国绿色农业标准化示范项目推广等工作。随后，在"九五"计划中，明确了全省要加强环境、资源和生态保护，合理利用资源，做到开发与节约并重，提高资源的利用率的基本发展方针，并进一步提出要坚持经济建设与环境保护同步规划、同步实施、同步发展的要求，强调要加强工业、城市的污染监控与治理，依法强化环境监督管理，重视解决流域和区域性污染及水土流失问题，积极发展生态农业，合理开发利用资源，实现环境与经济协调、持续发展。于是，经济建设过程中的资源环境问题得到了政府的充分关注与重视，甘肃发展绿色经济的萌芽由此产生。

21世纪以来，涉及资源环境保护性的经济活动开始大规模付诸实践。2000年，甘肃省在河西冷凉风沙灌区和中东部黄土高原丘陵沟壑区开展了保护性耕作试验示范；2004年以来，甘肃省人大、省政府先后出台了《资源综合利用条例》《关于加强节能工作的意见》，开展了甘肃省循环经济发展规划研究，建立了循环经济专项资金，各级政府也成立了循环经济管理或协调机构，白银市、嘉峪关市、武威市、金昌市等四市制定了循环经济规划，酒钢公司、白银公司、中石油兰州石化公司等重点企业制订了循环经济实施方案，金川公司作为国家第一批试点单位，《循环经济试点实施方案》率先通过国家评审；2006年，武威市、天水市、白银市又开始发展绿色农业示范区建设项目。随后，三市分别被中国绿色食品协会、中国绿色食品发展中心和中国科学院项目办正式授予"国家绿色农业示范区"称号。

这标志着甘肃省绿色经济已进入快速推进阶段。

近年来，甘肃省全面加强在绿色经济方面的发展能力。工业领域，一方面持续改造提升传统产业，大力发展循环经济。从2010年开始，全面实施《甘肃省循环经济总体规划》，陆续完成循环经济示范区建设任务，建设了7大循环经济基地，构建形成了16条循环经济产业链；[1] 另一方面，依托资源和产业优势，努力培育发展新能源和新能源装备制造业等战略性新兴产业。2016年全省风电装机规模达到1277万千瓦，太阳能发电装机规模达到686万千瓦，新能源装机占全省电力装机比重达到41%，战略性新兴产业占GDP比重达到了13.1%。农业领域，为提高水资源利用率，实现水资源可持续利用、促进河西地区生态环境改善，2012年以来先后出台了《关于加快高效节水农业发展的意见》、《关于深化农业节水建设工作意见》和《甘肃省人民政府办公厅关于贯彻国家农业节水纲要（2012～2020年）的实施意见》等政策文件，全力推进河西走廊高效节水灌溉示范区建设。[2] 在2017年的甘肃省第十三次党代会上提出，要进一步打造绿色生态农产品生产加工基地。

特别是党的十九大以来，国家明确了建设生态文明是中华民族永续发展的千年大计，习近平总书记视察甘肃时强调要"着力加强生态环境保护，提高生态文明水平"，加之甘肃祁连山生态环境问题的深刻教训，省上果断调整发展思路，于2018年连续印发了《关于构建绿色金融体系的意见》《甘肃省推进绿色生态产业发展规划》等通知，努力将绿色发展理念融入经济社会发展各领域、全过程，由此为新时代甘肃推动绿色经济发展指明了方向。

---

① 田野：《推进传统产业改造　甘肃制造业转型升级效果明显》，《中国工业报》2017年8月19日。

② 《甘肃省全力推进河西走廊高效节水灌溉示范区建设》，《农建简报》2014年6月19日。

二 甘肃省绿色经济发展评价

（一）评价指标体系

在对相关研究进行认真分析的基础上，结合甘肃省实际情况，以及数据资料的可获取性和连续性，从经济转型、资源承载、环境保护和社会效益等四个方面共选择了 21 项评价指标，制定出甘肃省绿色经济发展评价指标体系（见表 1）。

表 1　甘肃省绿色经济发展评价指标体系

	一级指标	二级指标
甘肃省绿色经济发展评价	经济转型指数	地区生产总值(亿元)
		万元 GDP 能耗(吨标准煤/万元)
		非化石能源占能源消费总量比重(%)
		单位耕地面积化肥使用量(吨/公顷)
		第三产业增加值比重(%)
		R&D 经费占 GDP 比重(%)
	资源承载指数	经济活动人口比重(%)
		耕地占有量(公顷/人)
		水资源占有量(立方米/人)
		造林面积占有量(公顷/人)
		能源占有量(吨标准煤/人)
	环境保护指数	环境保护支出占财政支出比重(%)
		城市生活污水处理率(%)
		工业固体废物综合利用率(%)
		工业废气排放量(万标立方米)
		空气质量达到二级以上天数占全年比重(%)
	社会效益指数	发明专利数量(件)
		城镇登记失业率(%)
		恩格尔系数(%)
		R&D 人员(万人)
		城镇化水平(%)

指标体系构建过程中，选取万元 GDP 能耗、单位耕地面积化肥使用量、第三产业增加值比重等对产业发展和结构变动具有明显促进作用的指标来反映经济转型效应；同时，考虑到甘肃生态环境脆弱、水土资源等对绿色经济发展影响较大，采用水资源占有量、耕地占有量等指标反映资源承载能力；而环境保护则显示了政府在绿色经济发展方面的努力程度，主要选择环境保护支出占财政支出比重、城市生活污水处理率、工业固体废物综合利用率等几项指标来反映；社会效益也是近年来绿色经济评价当中经常被提到的一个重要方面，因为绿色经济发展会带来积极的社会效益，反过来相关的社会活动又会促进绿色经济健康发展，所以主要选取恩格尔系数、发明专利数量、城镇化水平等几项指标来反映绿色经济发展带来的社会福祉，也显现出了人与环境和谐相处的绿色经济发展内涵。

（二）评价方法与数据来源

目前，运用于综合评价的方法多种多样，根据权重确定方法的差异，大致可以分为主观赋权评价方法和客观赋权评价方法，前者最具代表性的是层次分析法，首先由专家根据经验进行主观判断得到权重，然后再对指标进行综合加权评价；熵值法、主成分分析法等是客观赋权法的典型代表，这类方法主要根据指标之间的相关关系或各指标的变异系数来确定权重。

考虑到客观赋权评价方法根据指标的初始信息量来确定权重，因此，本研究选用熵值法对甘肃绿色经济发展水平进行评价，各项指标数据均来源于《甘肃省统计年鉴》（2005～2016）。

具体计算步骤如下：

假设有 m 个评价对象（年），每个被评价对象有 n 个评价指标，由此构建判断矩阵为

$$X = x_{ij}(i = 1,2,\cdots,m;j = 1,2,\cdots,n)$$

1. 指标标准化处理

$$y_{ij} = \frac{x_{ij} - \text{Min}(x_{1j}, \cdots, x_{mj})}{\text{Max}(x_{1j}, \cdots, x_{mj}) - \text{Min}(x_{1j}, \cdots, x_{mj})} \text{（正指标）}$$

$$y_{ij} = \frac{\text{Max}(x_{1j}, \cdots, x_{mj}) - x_{ij}}{\text{Max}(x_{1j}, \cdots, x_{mj}) - \text{Min}(x_{1j}, \cdots, x_{mj})} \text{（逆指标）}$$

2. 求指标比重

$$P_{ij} = y_{ij} \bigg/ \sum_{i=1}^{n} y_{ij}$$

3. 求信息熵

$$e_j = -k \sum_{i=1}^{m} P_{ij} \ln(P_{ij})$$

其中, $k > 0, k = -1/\ln(m)$, 且 $e_j \in [0,1]$。

4. 求指标权重

$$w_j = \frac{1 - e_j}{\sum_{j=1}^{n} (1 - e_j)}$$

5. 计算综合得分

$$S = \sum_{j=1}^{m} y_{ij} w_j$$

（三）甘肃省绿色经济发展水平分析评价

1. 评价指标分析

（1）经济转型类指标分析

经济转型是实现绿色经济的主要方式，转型变化情况直接影响绿色经济发展的水平。为了便于了解近些年经济转型指标的变化趋势，图1列出了甘肃省经济转型中各评价指标具体变化情况。

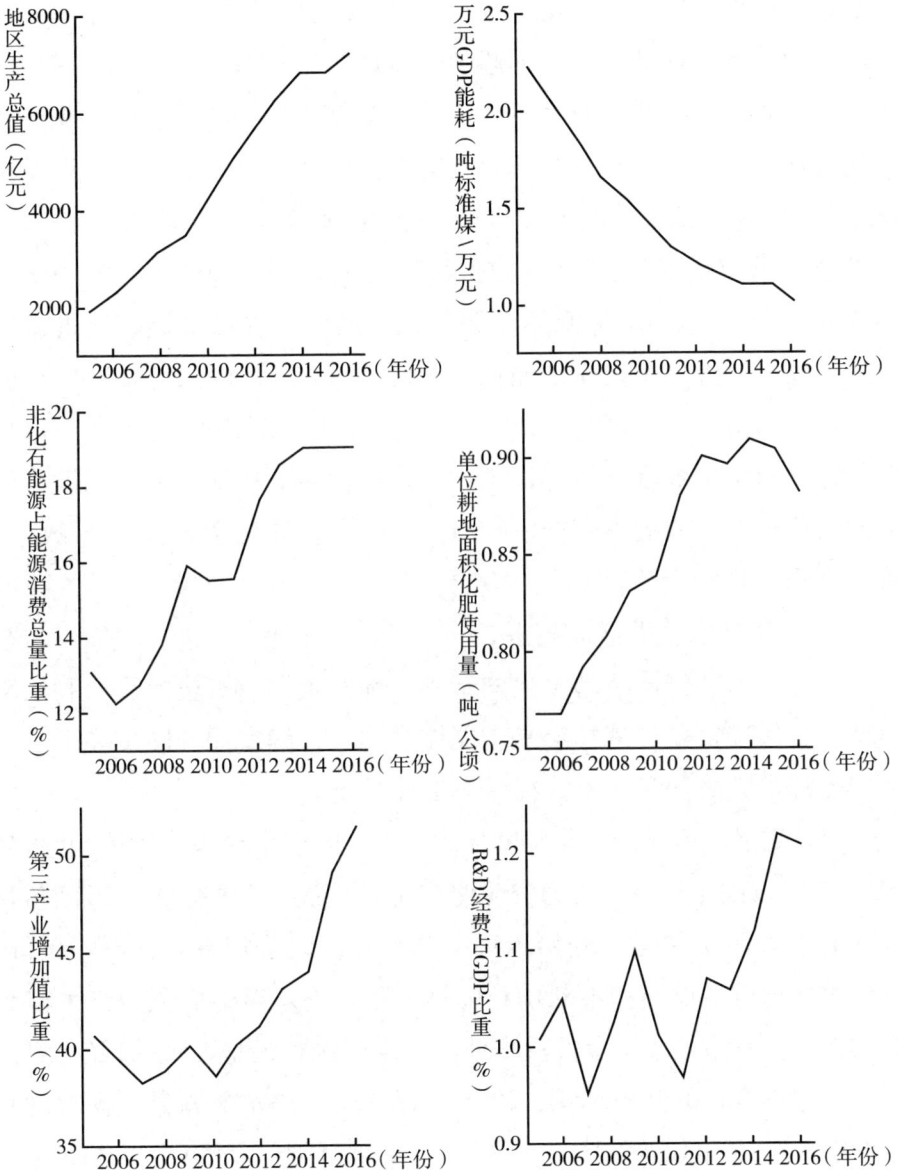

图1 甘肃省经济转型各评价指标变化情况

可以看出，6 项评价指标中，地区生产总值、非化石能源占能源消费总量比重、第三产业增加值比重和 R&D 经费占 GDP 比重等 4 项指标，均呈逐年或波动上升的趋势，说明近些年来，甘肃加大了科技研发的投入，使得科技对经济发展的贡献率不断提高，同时注重能源消耗的环境成本，不断提高非化石能源的使用比例，加上对产业结构调整力度不断加大，因此，经济发展势头良好。与此同时，万元GDP 能耗从 2005 年的 2.22 吨标准煤/万元下降至 2016 年的 1.02 吨标准煤/万元，呈不断降低的趋势，说明近年来甘肃节能减排的效果较为明显。另外，单位耕地面积化肥使用量在 2014 年达到 0.909 吨/公顷的最大值以后，2015～2016 年开始下降，反映出近年来国家提倡的化肥减量增效逐步发挥作用，以及随着生态农业、有机农业等先进的农业生产方式的不断推广和应用，原来仅靠化学肥料增产增效的落后方式将难以为继。

（2）资源承载类指标分析

资源是一切经济活动发生的基础，地区资源占有量多寡、利用率高低，直接决定着经济社会是否能够实现可持续发展。图 2 展示了甘肃省资源承载方面各评价指标具体变化情况。

可以看出，经济活动人口比重呈逐年上升趋势，2016 年达到59.71%，反映出目前劳动力资源比较充沛。而耕地占有量在 2013 年达到 0.137 公顷/人之后，开始出现下降趋势，说明随着人口不断增加、基础设施建设占地面积不断增长的情况下，人均耕地面积减少可能是必然趋势。甘肃处于干旱的内陆地区，水资源匮乏是客观的现实条件，加上一些不合理的开发利用，2005 年以来，人均水资源量呈现波动减少状态，2016 年仅为 803 立方米/人。从人工造林面积看，2010 年以来，人均造林面积处于持续增加过程中，一方面促进环境改善和生态平衡，另一方面，经济林的大面积种植也正是发展绿色经济的应有之义。甘肃是能源大省，尤其是近些年来风能、太阳能等新能源的大规

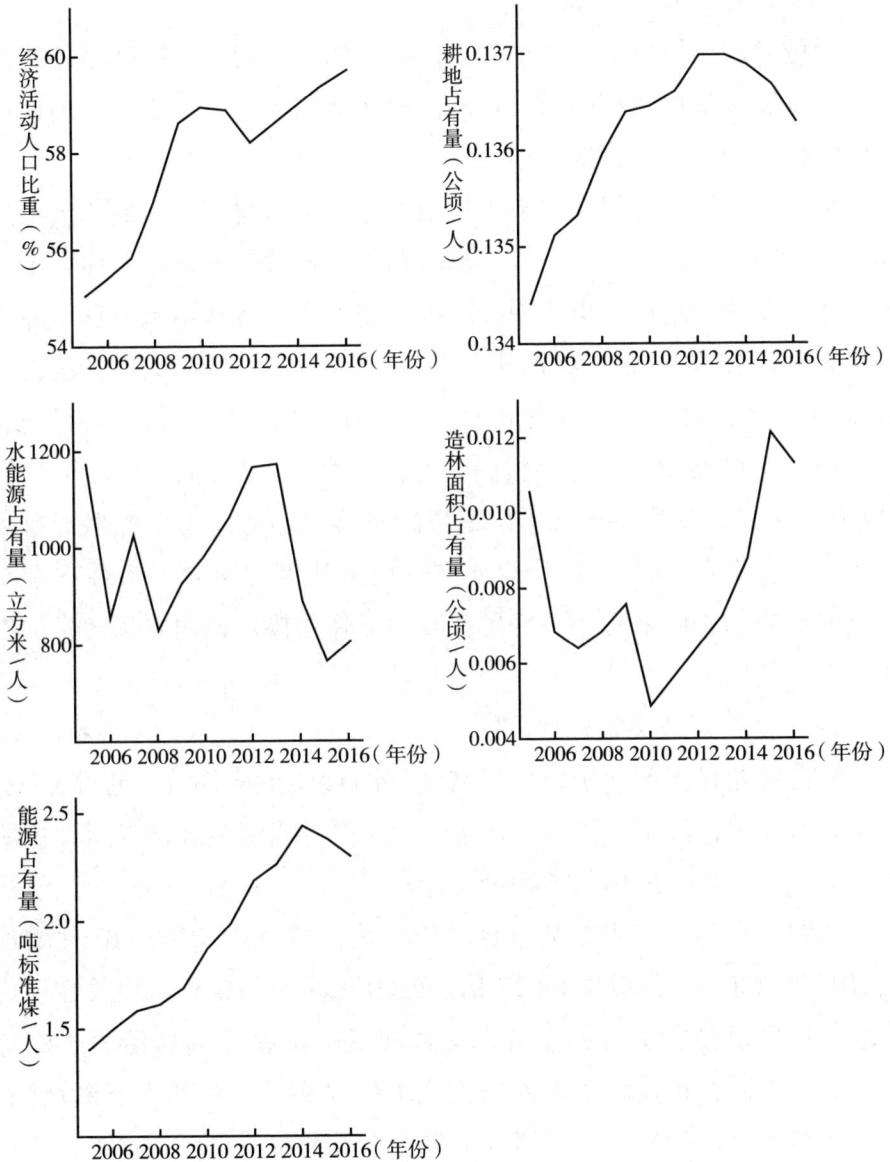

图2　甘肃省资源承载各评价指标变化情况

模开发，使得能源生产规模不断扩大，人均能源占有量也不断上升。

（3）环境保护类指标分析

绿色经济倡导经济与环境和谐发展，因而，对于生态环境的建设和保护是发展绿色经济的重要任务。图3列出了甘肃省有关环境保护方面的相关指标变化情况。

由图3可知，近年来甘肃省环境保护支出占财政支出的比重出现波动下降趋势，说明环境保护支出增幅小于财政支出增幅，而并不意味着环境保护的绝对支出费用在减少。随着全省各地污水处理设施的不断完善，甘肃城市生活污水处理率逐年提升，2016年已经达到79.08%。工业是甘肃经济发展的支柱，评价期内工业固体废弃物综合利用率不断提高，工业废气排放量早期不断增加，2012年达到13900万标立方米后，近几年呈现缓慢回落的趋势。由于数据资料的限制，仅收集到2009年以后全省空气质量达到二级以上天数占全年比重的数据，总体来看，仍然呈现波动下降趋势，说明空气污染治理的压力依然较大。

（4）社会效益类指标评价

社会效益是当前评价绿色经济发展的重要组成部分，总体来说，社会效益和绿色经济可以相互促进。图4是甘肃绿色经济发展评价所选择的社会效益方面的几项评价指标。

从图4来看，发明专利数量增长较快，从2005年的116件增加到2016年1308件，增长10.27倍。R&D人员、城镇化水平等在评价阶段也均呈现稳定上升的态势，一方面反映出科技创新活力不断释放，另一方面，也反映了随着城镇化水平提高，城镇活力不断增强，有助于绿色经济的发展。城镇登记失业率长期维持在较低水平，并且在近几年屡创新低，2016年为2.2%。受宏观经济影响，城镇居民恩格尔系数在2008年金融危机之后，出现了短期上升，2014年以后，又缓慢回落。

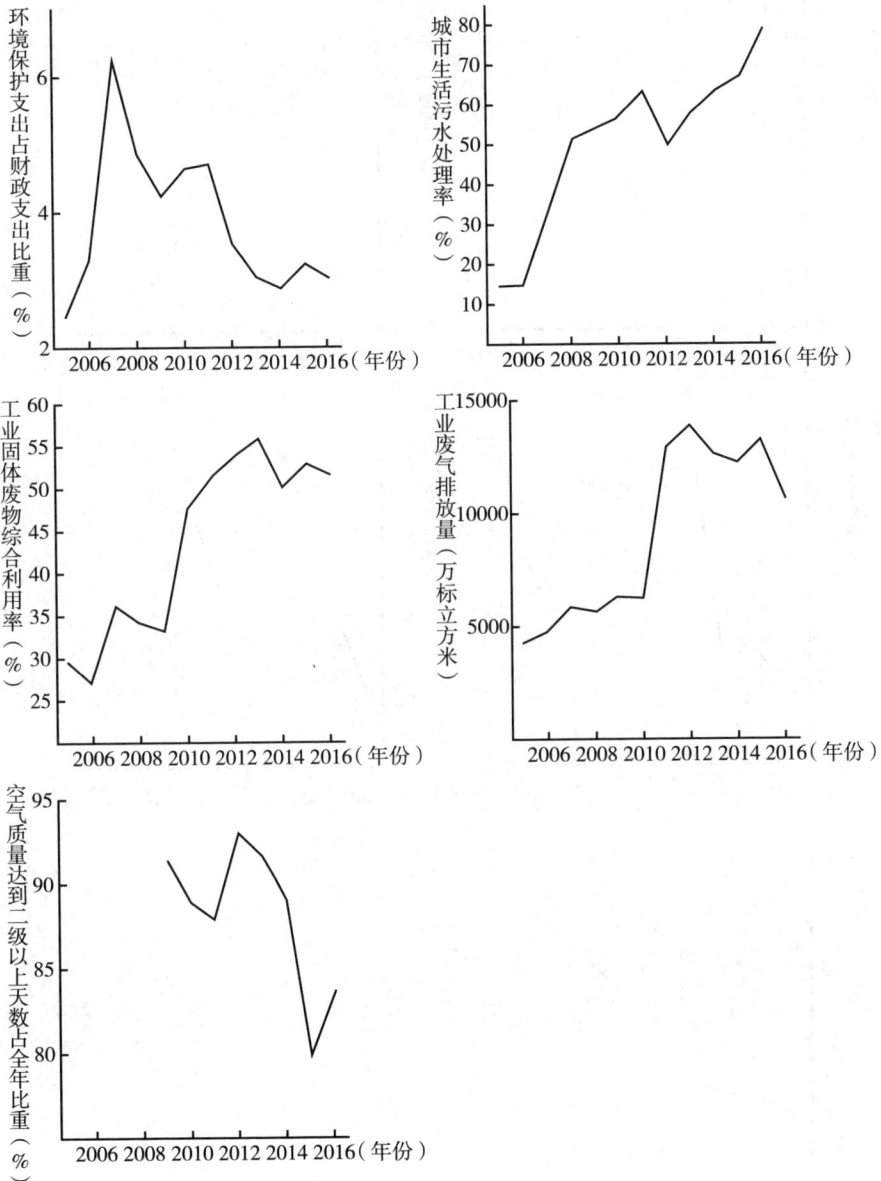

图 3　甘肃省环境保护各评价指标变化情况

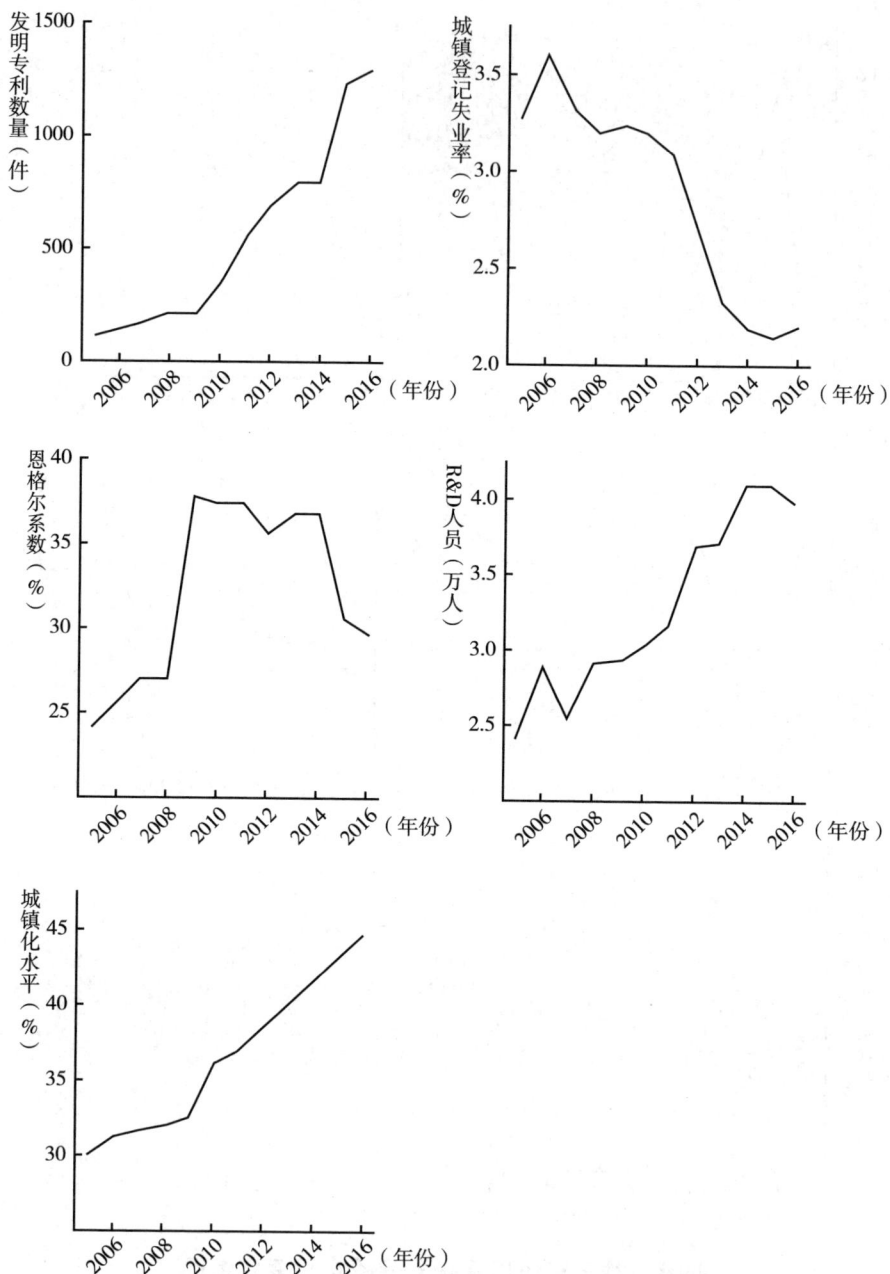

图4 甘肃省社会效益各评价指标变化情况

2. 甘肃省绿色经济发展水平的综合评价

通过对 2005～2016 年各指标数据核算，得到甘肃绿色经济综合指数评价值以及经济转型指数、资源承载指数、环境保护指数和社会效益指数等 4 项二级指标的评价值，变化趋势如图 5 所示。

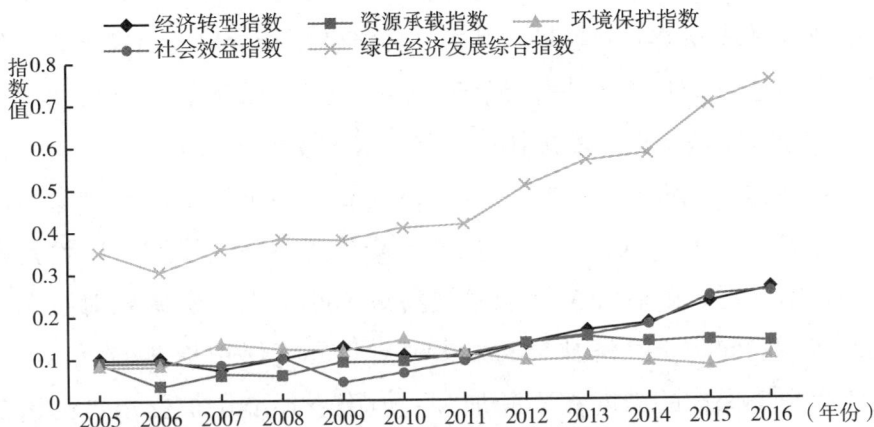

图 5　甘肃省 2005～2016 年绿色经济综合指数变化

从总体趋势来看，2005～2016 年甘肃省绿色经济发展水平呈逐年上升趋势，年均增速 7.14%，大致可以分为两个阶段。第一阶段：2005～2011 年，甘肃绿色经济处于缓慢增长阶段，2005 年甘肃省绿色经济发展综合指数仅为 0.36 左右，属于较低水平，2006 年可能受资源承载指数中水资源占有量和造林面积占有量下降的影响，绿色经济指数甚至出现负增长，仅为 0.31 左右。从 2007 年开始，绿色经济发展水平不断提高，但速度并不快，大约年均提高 3.8 个百分点。第二阶段：2012～2016 年，甘肃绿色经济处于快速增长阶段，从 2012 年开始，甘肃绿色经济发展速度加快，年均增速达到 12.8%，到 2016 年绿色经济发展综合指数达到 0.75 左右，这可能是因为十八大以来，中央不仅强力推进生态文明建设，而且将绿色发展作为"十三五"乃至更长时期经济社会发展的一个重要理念,甘肃作为生态环境脆弱区与经济发展落后区,为此,在大力发展循环经济、加快推进产业结构转型升级、积极建设国家生态安全屏障综合试验区等方面都做了大量工作,因此,绿色经济发展水平不断提高。

从四项分类指数看,除环境保护指数总体呈下降趋势外,其余三项指数均呈现波动上升趋势。其中,经济转型指数属于持续增长的类型,尤其是在2012年以后,经济转型指数高速攀升,充分说明近年来甘肃经济转型步伐不断加快。资源承载指数由于2006年水资源占有量和造林面积占有量有所下降,在发展初期出现下跌的现象,随后一路攀升,2013年之后,又出现下降趋势,这也说明有限性是资源的根本特征,随着经济社会发展需求不断增大,资源相对数量变化终将不能同步于经济社会的发展速度。环境保护指数方面,虽然近年来环境保护的力度在不断加大,但由于环境保护支出占财政支出比重近年来持续下降,加上空气质量达到二级以上天数占全年比重仍然呈现波动下降趋势,环境保护指数大致在2010年达到峰值之后,近年来连续下跌,2016年有小幅回升,反映出环境保护方面的压力依然较大。社会效益指数变化与经济转型指数大体相似,但是在2009年出现较大下降,随后持续上升,基本上属于波动中持续增长的类型。

从绿色经济发展综合指数与其他分类指数的联系来看,绿色经济发展综合指数与经济转型指数的变化趋势最为相似,一方面可能与四个维度指数的权重有一定关系,因为经济转型的权重为0.331,对绿色经济发展综合指数的影响最大;社会效益指数权重次之,为0.266;环境保护指数排第三,为0.206;资源承载指数权重最小,为0.197。另一方面也反映出绿色经济发展的实质就是要实现经济转型发展,因此,加快科技创新、不断推进节能降耗、大力推广发展新能源、优化产业结构等是发展绿色经济的最有效的途径。

三　甘肃省绿色经济发展存在的问题

（一）绿色经济发展投入少

甘肃经济发展水平不高，2016 年全省生产总值仅为 7200 亿元，人均生产总值为 27588 元，地方财政收入仅 786.8 亿元。在一般公共预算支出中，节能环保支出为 95.1 亿元，仅占总支出的 3.02%，同比下降 0.3%，反映出甘肃在绿色环保的投入方面缺口较大，不仅投入比重较低，而且投入增长慢。

（二）绿色经济发展效率低

相关文献研究认为，[①] 由于存在投入不足、资源消耗大等问题，相比于其他省份，甘肃等地区的经济增长方式粗放特征更为明显，甘肃绿色经济发展效率呈倒"U"型变化，绿色经济发展效率值从 2008 年开始就呈下降态势，原本高于贵州、青海，到 2012 年后反低于两地。而且就近几年的发展趋势来看，也没有好的转变。因此在西部 11 省（区、市）绿色经济效率值和相关排序中，甘肃绿色经济发展效率最低，位列最后。

（三）绿色经济发展转型慢

2016 年全国万元 GDP 能耗为 0.58 吨标准煤/万元，甘肃省为 1.02 吨标准煤/万元，是全国平均水平的 1.76 倍，能耗水平依然偏高，一定程度上也说明甘肃经济发展转型速度较慢、能耗较高。同时，甘肃现代农业发展缓慢，规模化、产业化、品牌化程度较低；工

---

① 杜良杰：《西部省市绿色经济效率评价与排序研究》，《科技与管理》2018 年第 4 期。

业战略性新兴产业发展规模小、比重低，科技创新能力不强；现代服务业又处于成长期，规模实力不强，创新活力不足等。

（四）绿色经济发展意识薄

甘肃省属欠发达地区，发展滞后，传统的粗放型经济发展方式形成的惯性思维根深蒂固。因此，长期以来形成的以 GDP 为导向的考核机制忽略了经济发展的资源环境成本，短期内完全改变这种情况的困难较大；同时，缺乏政府引导和宣传，社会公众的绿色经济意识薄弱，绿色价值理念尚未全面形成，难以对绿色经济发展产生有效的内在驱动。

四 新时代甘肃推动绿色经济发展对策

（一）加大绿色发展投入，夯实绿色经济基础

加快完善政府财政支持绿色经济的政策体系，优化支出结构，进一步加大对绿色经济的投入力度，助力重点生态环保工程建设和绿色产业体系发展，促进生态生产生活良性循环。

一方面，要牢固树立"绿水青山就是金山银山"的发展理念，认真汲取祁连山生态环境问题的深刻教训，加大对生态修复和环境保护的支持力度，尽快改变生态环保建设资金支出比重连年下降的趋势，安排生态工程建设、环境污染防治等专项资金，重点支持天然林保护、三北防护林建设、新一轮退耕还林还草、自然保护区及野生动植物保护等重点生态工程建设，以及大气环境、水环境、农村生产生活环境的污染治理工作。

另一方面，经费投入是绿色创新活动得以顺利进行的有效保障，要有效提升绿色经济发展能力，必须要有足够的绿色创新投入。首先，政府要发挥政策引导作用，建立与绿色创新政策相匹配的政策法

规与制度，从而保证绿色创新活动的正常开展，甘肃省已经出台了构建绿色金融体系的意见通知，要以此为契机，尽快形成多层级政策支持服务体系，为甘肃绿色创新发展尽早提供相关支持与服务。其次，要大力加强对绿色科研活动的资本投入，主要包括加大对高校和科研院所等在绿色发展研发方面的投入，同时也要加强对企业自身绿色创新的扶持和鼓励等。最后，在政府绿色发展支出有限的情况下，要积极拓宽绿色创新资本的来源，尝试利用资本市场创建多元化的投融资模式，建立市场化的绿色经济发展交易平台。

（二）加快生态产业发展，实现产业转型升级

发展生态产业，是甘肃省从根本上加强生态环境保护、加快产业转型升级、实现绿色发展的重要举措。目前，针对政府已制定出推进绿色生态产业发展的具体规划，要紧盯十大生态产业重点领域和关键环节，积极落实一批重大产业和项目，切实促进产业转型升级。

一是要把握产业革命大趋势，瞄准十大生态产业的前沿领域和顶尖水平，借助区块链等新技术，围绕产业链部署创新链，围绕创新链完善资金链，以科技创新为核心，探索建立多要素联动、多主体协同的创新创业生态，推动产业转型升级。二是加快推动政策集成落地。与国家政策和先进地区政策对标对表，对于目前支持力度不够、不适应生态产业发展需要的，细化提出更具针对性、含金量更高的新政策，形成系统完备、明确具体的政策支持体系。三是树立借船出海的理念，深化中新南向通道建设，积极寻找产业合作契合点，研究谋划项目对接及人才引进、资本投入、技术研发等，特别是在基础设施建设、城市管理、丝绸之路信息港和国际知识产权港建设等方面，引入先进的投资、运营、管理主体，以专业思维、专业素养、专业方法推动各项工作高质量发展。四是大力营造亲商、爱商、安商、护商的良好环境，切实推进服务型政府和法治政府建设，深化"放管服"改

革，持之以恒转变政风行风，为投资创业和企业发展搭建舞台、搞好服务。五是完善体制机制，尽快研究构建与产业发展相匹配的统计核算体系、绩效评价体系和考核督查机制，加强监测、督促和责任追究，推动生态产业体系建设取得实实在在的成效。

（三）完善绿色创新要素，发挥企业主体地位

绿色创新体系是一个包含创新主体、创新环境、创新资源、创新基础设施等要素的自上而下、全社会共同参与的层次体系。在这一体系中，只有各方面协同发展，才能推动绿色技术创新，最终形成一个良性循环的体系。

因此，首先要加强创新资本、市场、人才等要素支持，培育壮大绿色技术创新主体。一是创新财税支持方式，推动企业积极开发绿色技术；二是完善绿色技术资本市场融资机制和绿色信贷政策，为绿色技术研发提供充足的资金支持；同时，重视绿色技术高端人才的培养和引进，进一步完善人才激励评价机制。其次，要着力建立健全绿色技术保障和服务配套体系，推进绿色技术创新活动，包括加快构建绿色技术信息服务平台、组建专门绿色技术专利审查机构、构建与国际接轨的绿色技术标准体系等。最后，要强化绿色技术创新法律保障，不断引导和规范绿色技术的市场化应用，不断优化创新环境。与此同时，还要营造有益的社会舆论环境，让企业深刻了解绿色技术创新产生的经济效益、社会效益和生态效益，引导和激励企业推动绿色技术创新，增强企业绿色技术创新的积极性、主动性、创造性，使企业自觉成为绿色经济发展的核心主体。

（四）宣传绿色发展方式，倡导多方共同参与

绿色经济是在新政策引导下，社会各部门及公众共同参与、共同推进的系统工程。在这一过程中，政府、金融机构、科研机构、社会

公众等各群体部门间要形成良性互动，助力产业经济向绿色化转变。首先政府应高瞻远瞩，及时出台相关绿色新政，以此引领绿色经济改革；金融机构积极制定绿色金融的相关对策，引导资金流入绿色金融，从资本端调整产业结构，鼓励绿色项目和绿色产业的发展；科研机构尤其是企业的研发机构要注重绿色技术的研发与创新，以及与产业深度融合，驱动产业绿色化改造升级。政府、企业要通过大量宣传引导，培育社会公众作为消费者的绿色消费意识，以此推动绿色生产、培育绿色市场。

参考文献

魏立文：《长风破浪正逢时——贾省长谈甘肃十年规划和"八五"计划》，《党的建设》1991 年第 2 期。

田野：《推进传统产业改造　甘肃制造业转型升级效果明显》，《中国工业报》2017 年 8 月 19 日。

《甘肃省全力推进河西走廊高效节水灌溉示范区建设》，《农建简报》2014 年 6 月 19 日。

杜良杰：《西部省市绿色经济效率评价与排序研究》，《科技与管理》2018 年第 4 期。

B.11
以"南向通道"为重点重塑甘肃通道优势，发挥兰州区域中心作用

常红军*

摘　要：　"一带一路"建设是我国扩大对外开放的重大战略，"南向通道"倡议的提出和建设是甘肃等四省区和西部地区积极融入"一带一路"建设的创新举措。加快"南向通道"发展不仅是推动共建"一带一路"向高质量发展转变的重要举措，也是新时代甘肃经济社会发展的内在要求。甘肃是"一带一路"建设中的重要区域，有着重要的通道和节点优势；更是"南向通道"的重要组成部分，承载着新的历史使命。以"南向通道"为重点重塑甘肃通道优势，发挥兰州区域中心作用，需要立足区域优势，创新开放发展体制机制，增强参与"南向通道"建设的协同性，进一步推进甘肃开发开放载体和平台建设，完善人才政策制度，加快集聚国际化人才，推动共建"南向通道"及"一带一路"向高质量发展转变。

关键词：　"南向通道"　"一带一路"　甘肃通道优势　兰州区域中心

---

* 常红军，甘肃省社会科学院副研究员，研究方向：金融证券、区域经济学。

2017 年，党的十九大报告明确提出中国特色社会主义进入了新时代，进一步确立以"一带一路"建设为重点，推动形成全面开放新格局。2018 年 8 月 27 日，习近平总书记在推进"一带一路"建设工作 5 周年的座谈会上强调指出，"5 年来，共建'一带一路'大幅提升了我国贸易投资自由化便利化水平，推动我国开放空间从沿海、沿江向内陆、沿边延伸，形成陆海内外联动、东西双向互济的开放新格局"。重庆、广西、贵州和甘肃四个西部省区是连接中亚、东南亚、南亚和西亚的前沿阵地，是共建"一带一路"的重要区域。随着"一带一路"建设的持续推进、"南向通道"的构建，甘肃的通道优势、兰州区域中心作用愈发凸显，迫切需要突破发展瓶颈，加快开放合作发展步伐，以"南向通道"为重点重塑甘肃通道优势，发挥兰州区域中心作用，融入"南向通道"共建发展中更大范围、更高水平、更深层次的合作中来，推动共建"一带一路"向高质量发展转变。新时代赋予了甘肃新的历史使命，提出了以"南向通道"为重点重塑甘肃通道优势，发挥兰州区域中心作用的更高目标和要求。

一 "南向通道"的内容和建设

（一）"南向通道"的倡议和发展

2017 年 8 月，重庆、广西、贵州和甘肃四省区市签署了《关于合作共建中新互联互通项目南向通道的框架协议》，制定了《关于合作共建中新互联互通项目南向通道的协同办法》，建立共商、共建、共享"南向通道"工作机制。中新互联互通"南向通道"是以重庆、广西、贵州、甘肃为重要节点，由中国西部省区市与新加坡等东盟国家利用铁路、公路、水运、航空等多种运输方式打造的国际贸易物流通道。

2018 年 4 月 20 日，渝桂黔陇四省区市邀请青海省等 6 省份参加在渝召开的"南向通道"2018 年中方联席会议，并发出了邀请兄弟省区共同参与"南向通道"建设的"重庆倡议"。2018 年 6 月，渝桂黔陇四省区市与青海省签署《青海省加入共建中新互联互通项目南向通道工作机制备忘录》，标志着青海省加入共建"南向通道"工作机制。2018 年 9 月，新疆正式与重庆、广西、贵州、甘肃、青海五省区市签署合作协议，标志着新疆加入中新互联互通项目"南向通道"，"南向通道"的合作范围得以进一步扩大。

"南向通道"铁海联运班列于 2017 年 9 月常态化运营，截至 2018 年 7 月 31 日，已累计开行 268 班，实现每周固定 5 班双向对开，目的地已覆盖新加坡、日本、澳大利亚、德国等 55 个国家和地区的 107 个港口。

（二）"南向通道"的意义和作用

1. "南向通道"对于我国实施"一带一路"建设至关重要

"南向通道"是在"一带一路"框架下，向北连接丝绸之路经济带，向南连接 21 世纪海上丝绸之路和中南半岛的经济走廊。中新互联互通项目"南向通道"是连接"一带一路"和长江经济带的战略通道，是推动西部地区联动发展的重要载体。"南向通道"的建设，让"一带一路"经中国西部地区形成完整的环线，有力推动"一带一路"的有机衔接，促成中国西北与西南等地区的连通、中西亚与东南亚地区的连接。"一带一路"建设参与相关国家将凭借"南向通道"，实现产能、市场等要素共享，共同打造一条极具生命力的国际陆海贸易新通道。"南向通道"不仅是缩短彼此距离、节约沟通时间的贸易通道，更是扩大中国内陆与东盟国家乃至区域外的经贸往来、推动区域开放发展的重要渠道，发展意义重大。

2. "南向通道"是深入践行十九大报告战略部署的重要举措

"南向通道"作为中新互联互通项目框架下的示范性重点项目，高度契合国家"一带一路"建设和西部大开发战略，有效联通了我国西南与西北、中亚与东南亚、丝绸之路经济带和 21 世纪海上丝绸之路，是我国西部相关省区市与东盟国家合作打造的国际贸易物流通道，也是我国西部地区最快捷的出海通道，是深入践行党的十九大报告中提出的"形成陆海内外联动、东西双向互济的开放格局，优化区域开放布局，加大西部开放力度"等战略部署的重要举措。正是基于这样的战略机遇和优势，迅速得到各地的积极响应。

3. "南向通道"建设有利于构建我国开发开放新格局

甘肃省与重庆、广西、贵州合作共建中新互联互通项目"南向通道"，是深入贯彻习近平总书记重要讲话精神，认真落实中央战略决策部署，积极推进国家"一带一路"建设、长江经济带发展、西部大开发战略的重要举措，对于调动各方资源、集聚各种要素、破解发展瓶颈，构建开发开放新格局，加强与东南亚、中亚、南亚等区域经贸合作，实现丝绸之路经济带、"21 世纪海上丝绸之路"及长江经济带的有机连接具有重要意义。

（三）甘肃及兰州积极融入"南向通道"建设

1. 抢抓机遇积极融入"南向通道"建设

近年来，甘肃抢抓"一带一路"建设机遇，在加大向西开放的同时，积极融入中新互联互通项目南向国际贸易物流通道建设，不断拓展向南开放渠道，使甘肃"一带一路"黄金大通道、兰州的区域中心发挥更大的作用，不仅有利于"一带一路"建设目标的实现，更是对甘肃等西部地区省份经济社会发展带来了良好的机遇，正是基于这样的战略考量，甘肃积极响应并迅速融入"南向通道"建设。2017 年 8 月 31 日，重庆、广西、贵州、甘肃四省区市签署《关于合作共建中新互联互通项目南向通道的框架协议》，一致同意探索合作建设中新"南向通道"。为深入推进"南向通道"建设，甘肃成立了甘肃"南向通道"建设推进组，下设铁海联运、贸易和通关一体化、人文旅游、临海飞地经济、大数据5个工作小组，全力打造国际陆海贸易新通道。甘肃融入中新"南向通道"建设将会为甘肃迎来更为广阔的发展空间，迈入加快发展的新时期。

2. 将甘肃和兰州打造成为"一带"与"一路"重要通道和连接点

2018年2月28日，甘肃省人民政府办公厅印发了《甘肃省合作共建中新互联互通项目南向通道工作方案（2018～2020年)》（以下简称《方案》），提出通过"南向通道"建设，把甘肃和世界连接起来，使甘肃和兰州真正成为"一带"与"一路"重要通道和连接点。《方案》进一步明确了中新互联互通项目"南向通道"的通道定位、建设目标、工作任务和保障措施等。《方案》提出做好"南向通道"规划编制、完善交通物流基础设施等19个方面的工作任务，全力推进通道和枢纽经济发展，支持"南向通道"班列实施优惠政策，打造"南向通道"省级物流平台，推进口岸"三互"大通关建设，打造西北有色金属服务平台，支持农林企业及基地产销对接等，推进"南向通道"建设迈出坚实步伐。下一步，甘肃省将着力在运营机制设计、基础设施完善、运营平台组建、服务能力提升上下工夫，集中谋划一批重点项目，通过总体布局与政策扶持，打牢通道运行基础，逐步提升铁路口岸及各主要物流节点的集聚与辐射功能，力争实现甘肃省南向铁海联运通道、南向国际公路班车、兰渝班列常态运行，形成通道集聚与辐射功能。

3. 采取有力措施融入"南向通道"建设

为推进"南向通道"国际货运班列实现常态化运行，甘肃省将于近期出台"南向通道"货运班列物流补贴资金管理办法，与广西北部湾国际港务集团对接合作，在兰州启动建设内陆无水港，进一步与周边省区建立合作机制，拓展货源渠道，增设"南向通道"班列发运站，完善发运站场冷链集装箱及仓储设施，并计划年底前实现每月3~4班常态化运行。

依托重庆"渝新欧"中欧班列与甘肃省"兰州号"中亚班列已实现常态化运行的集货发运优势，相互借力，以后逐步实现甘肃企业出口欧洲货物在重庆集结，通过"渝新欧"班列直达沿线国家，重庆企业出口中亚货物，在兰州完成集结直接抵达阿拉木图。

甘肃省也将继续争取铁路、公路、场站等重点基础设施建设项目纳入"一带一路"总体规划，构建立体交通网络体系，推动软硬件设施的完善与互联互通，将兰州打造成为南下东进和北上西出货运班列的集结编组枢纽和集散中心。"南向通道"建设，将使甘肃实现内陆与深海的大跨越、"一带"与"一路"的大联通。

目前，甘肃"南向通道"建设正在按照省委、省政府的部署有序推进，甘肃省"南向通道"建设省级物流运营平台公司已组建，并于2018年3月31日挂牌成立。培育"南向通道"国际货运班列的支持政策正在完善，探索"南向通道"货运班列与中欧、中亚货运班列的衔接，兰州新区中川北站作为中亚班列发运地、兰州国际港务区作为南亚班列和"南向通道"货运班列发运地，基础设施建设进一步完善。

甘肃作为连接欧亚大陆桥的战略通道和沟通西南西北的交通枢纽，尤其是借助兰渝铁路开通带来的契机，积极参与共建"南向通道"并对此寄予厚望，着力加快对外开放平台建设。兰州新区综合保税区、武威保税物流中心、兰州中川机场航空口岸、兰州铁路口岸相继封关运行，进口肉类指定查验场、进口冰鲜水产品及进境水果指定口岸、进境木材监管区进口业务2018年陆续启动。

4. "南向通道"建设在甘肃及兰州已初见成效

目前陇海、兰新、兰青、兰渝、宝兰、兰成、包兰等10个方向的铁路干线交汇兰州，使兰州形成全国八横八纵铁路网的西北枢纽，也是"渝新欧"等中欧班列的必经之地。2017年9月29日，举世瞩目的兰渝铁路全线开通运营，使兰州至重庆的铁路运行线路比原来缩短了约700公里，打通了南向通道建设的交通瓶颈。兰渝铁路全线开通当天，甘肃省就组织开行两趟南向通道货运班列，货物主要为石棉、纯碱、洋葱等出口产品。2017年11月20日，又开行兰州至广西北部湾国际冷链测试班列，主要是甘肃地产苹果、洋葱和有色金属产品等。货物抵达广西钦州港后，再通过海运出口至泰国、缅甸等国家。2018年1月30日，甘肃省首列中新"南向通道"国际回程班列载着氧化铝、热带水果、冰鲜水产从广西钦州港顺利抵达兰州。"南向通道"铁海联运运输时间大大缩短，而且全程冷链保鲜，水果新鲜、品质好，非常受消费者欢迎。自2017年9月29日开通以来，甘肃省南向通道国际货运班列发运下行班列11列（320车），总货重9406吨，总货值9732.8万元。甘肃省打造丝绸之路经济带交通大通道和物流大枢纽的步伐进一步加快。

作为"一带一路"重要节点和连接欧亚大陆桥的战略通道以及沟通西南、西北的交通枢纽，近年来甘肃省通过建设国际空港、国际陆港、保税物流区和运营中欧、中亚、南亚国际货运班列等措施，带动了现代物流业发展，提高了开放水平。2017年，全省社会物流总额完成13623.27亿元，物流相关行业实现增加值680.4亿元，同比增长9.2%，占全省生产总值的8.9%，占第三产业增加值的16.8%；2018年上半年全省外贸进出口实现止跌回升，进出口总值200亿元人民币，其中对"一带一路"沿线国家进出口83.4亿元，增长41%，占41.7%。现代物流业对甘肃省经济社会发展的基础性、服务性作用进一步增强，全省国际物流体系全面搭建。兰州、天水、武威三大国际陆港和兰州、嘉峪关、敦煌三大国际空港建设步伐加快，兰州新区综合保税区、航空口岸、铁路口岸、指定口岸、海关特殊监管区等对外开放平台渐成体系，口岸功能逐步完善，国际班列基本实现常态化运营，国际物流通道逐步形成。

二 甘肃省及兰州市在"南向通道"建设中有着不可或缺的重要地位和作用

甘肃地处丝绸之路经济带黄金通道上，自古至今就有得天独厚的通道经济优势，兰州是西北地区重要的工业基地和综合交通枢纽、西陇海兰新经济带重要支点、西北地区重要的交通枢纽和物流中心，甘肃的通道经济和兰州的区域中心作用一直有着明显的优势。

（一）特殊的地理位置使甘肃省及兰州市成为"一带一路"和"南向通道"的重要组成部分

十九大报告明确提出，"要以'一带一路'建设为重点，坚持引进来和走出去并重，遵循共商共建共享原则，加强创新能力开放合作，形成陆海内外联动、东西双向互济的开放格局"。甘肃是我国"一带一路"建设的重要区域，在我国开放发展布局中具有重要战略意义。甘肃是形成我国全面开放新格局的重要组成部分，以"南向通道"为重点重塑甘肃通道优势，发挥兰州区域中心作用，对于构建新时期全面开放新格局、推动与周边邻国的关系朝着积极良性互动的方向发展、实现"一带一路"建设目标具有重要的战略意义。

甘肃由于地处我国大陆中心位置，地理位置独特，通道作用十分明显，兰州更是处于我国地理几何中心，区域中心位置无法取代，特殊的地理位置一方面赋予了甘肃省和兰州市在我国"一带一路"建设中的重要使命和作用，另一方面为甘肃省和兰州市借助"一带一路"这一历史性机遇，重塑甘肃通道优势、发挥兰州区域中心作用提供了契机。

（二）甘肃正由发展"末梢"走向开发开放"前沿"

甘肃对外开放历史最早可追溯到先秦时期，在古代丝绸之路上发挥着重要的沟通桥梁作用。由于时代变迁、自然地理状况、经济发展变化等原因，甘肃对外开放随着古代丝绸之路的兴衰起伏经历了繁荣昌盛与落寞沉寂的漫长而坎坷的发展历程。党的十一届三中全会确立实行改革开放政策之后，甘肃的对外开放开始步入恢复发展之路。随着一系列政策的制定实施，尤其2000年以后相继开展西部大开发和2013年共建"一带一路"倡议提出以来，甘肃开放发展取得显著成效，逐渐由落后封闭走向开放发展"前沿"。

（三）"一带一路"背景下的甘肃开放发展实现区位劣势转换

长期以来，甘肃大多属于老少穷的复合区，自然地理条件差，生态环境脆弱，交通不便，经济社会发展落后，缺少对外交流，导致市场发育不成熟，经济相对封闭。共建"一带一路"倡议的提出及持续推进将甘肃从对外开放的大后方转变为向西对外开放的前沿，实现了区位劣势转换。国家信息中心2018年发布的《"一带一路"贸易合作大数据报告（2018）》显示，2017年，中国与"一带一路"国家的进出口总额扭转连续两年负增长的局面，达到14403.2亿美元，较2016年增长13.4%，高于我国整体增速5.9个百分点，占中国进出口贸易总额的36.2%。其中，甘肃对"一带一路"沿线国家出口降幅超过了60%，自"一带一路"沿线国家进口增幅超过50%。

（四）甘肃对外开放模式不断丰富

近年来，甘肃与周边国家的边境贸易往来实现稳步快速发展，对外开放模式也不断丰富。甘肃目前没有沿边开放的口岸，但在"一带一路"倡议推动下，凭借丰富的历史文化资源、独特的自然地理风貌、丝绸之路黄金段的地域优势，依托丝绸之路（敦煌）国际文化博览会这一国家级对外交流平台，与丝绸之路沿线各国广泛开展文化交流，大大提升了甘肃知名度及文化影响力，逐渐走向我国向西开放发展的前沿。甘肃不断丰富的对外开放模式在促进地区经济社会快速发展的同时，也为构建新时代"一带一路"背景下开放发展新格局打下了良好的基础。

三 以"南向通道"为重点重塑甘肃通道优势，发挥兰州区域中心作用面临新的挑战

虽然近年来甘肃对外开放已步入稳定快速发展阶段，但由于受到相对复杂的自然地理、生态环境、政治历史和经济基础等因素的影响，在共建"一带一路"视域下，以"南向通道"为重点重塑甘肃通道优势、发挥兰州区域中心作用、加快甘肃开放发展仍面临着一系列新的挑战。

（一）甘肃经济发展滞后，开放水平和层次偏低

地区对外开放水平和层次的高低很大程度上取决于该地区经济发展程度。较小的经济体量一方面难以支撑大规模的进出口贸易，另一方面也难以吸引到较大规模的外部投资，导致较低水平和层次的区域对外开放。长期以来，基于各种因素的制约，特别是区域经济发展基础薄弱、经济发展方式转变过程缓慢等原因，甘肃开放型经济规模较小，发展水平远远落后于沿海地区，整体对外开放程度低。

（二）甘肃产业结构有待优化，对外开放支撑能力尚显不足

地区产业结构是影响地区经济增长的重要因素之一，同时也是判

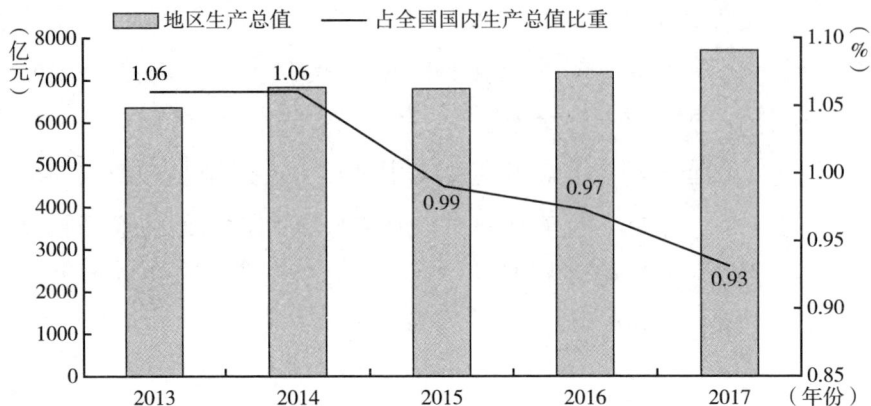

图1　2013～2017年甘肃省地区生产总值及其占全国国内生产总值比重

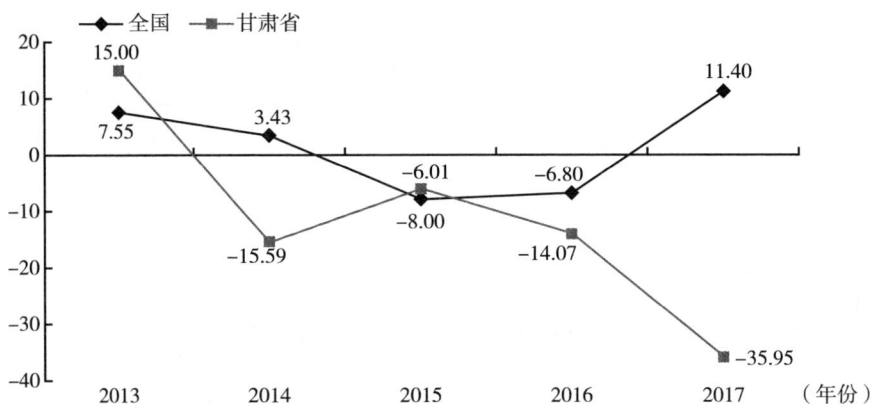

图2　2013～2017年甘肃省货物进出口贸易总额增速与全国比较

断该地区经济发达与否的重要指标之一。产业结构优化是促进区域对外开放水平和层次提升的一个重要因素。目前，甘肃具有高度依赖资源和重化工业的产业结构特点，缺乏附加值较高的综合产业体系，产业结构有待优化升级。

虽然近年来甘肃的贸易量在快速扩张，但区位优势多体现为很好的桥梁通道作用，出口的商品主要来自中东部省份，进口商品也多销往边境地区以外的省市，这种"过境式"贸易使得甘肃尚未能形成高附加值的产业聚集，难以获得贸易商品的增值，一定程度上制约了甘肃经济社会的发展，优化产业结构成为新时代共建"一带一路"背景下甘肃开发开放的必然选择。

（三）甘肃基础设施建设相对滞后，严重制约开放发展进程

改革开放特别是实施西部大开发战略以及共建"一带一路"倡议提出以来，国家持续加大对甘肃等西部地区的扶持力度，但由于社会历史、地理区位、生态环境、地方财力等因素，总体上甘肃的交通、通信、水电等基础设施建设相对滞后，与中东部地区存在很大差距，互联互通水平较低。

表1　甘肃交通营业里程和客货周转量及其占全国比重

项目	铁路营业里程（万公里）	公路营业里程（万公里）	旅客周转量（亿人公里）	货物周转量（亿吨公里）
甘肃	0.41	14.30	613.39	2170.05
全国	12.40	469.63	31258.47	186629.48
占比（%）	3.31	3.04	1.96	1.16

（四）甘肃开放发展的社会环境有待优化

总体来讲，甘肃大多属于老少边穷的复合区，自然地理条件差，交通不便，经济社会发展落后，民生问题突出。而对外开放发展的过程是一个深刻的社会变革过程，社会各界对开放发展的理解程度、参与程度，直接关系着甘肃开放发展进程。基于经济社会发展水平及生计方式等因素的影响，甘肃普遍存在求稳、保守的社会心态，变革意识不强。"等、靠、要"心理突出，小富即安、温饱即安的心理根深蒂固，竞争意识、合作意识缺乏，这不仅制约着勇于创新、大胆实践

的社会环境的形成，也制约着人们对开放发展的心理预期和广泛参与的积极性。

四 "南向通道"对重塑甘肃通道优势，发挥兰州区域中心作用的意义和作用

"一带一路"给甘肃经济社会发展带来新机遇，让地处内陆的甘肃成为我国向西开放的前沿，区位优势更加凸显，向西形成了面向中亚、南亚、西亚的战略通道、商贸物流枢纽和人文交流基地；向南，实现了我国西南与西北、中亚与东南亚、"一带"与"一路"的三个联通。"一带一路"与甘肃的区位优势高度契合，它的实施，让甘肃后发优势更加凸显，给甘肃提供了一次重现辉煌的历史机遇。"南向通道"的建设，对于重塑甘肃通道优势、发挥兰州区域中心作用、深度融入"一带一路"建设、加快甘肃经济社会发展有着重要的意义。

（一）有利于甘肃深度快速融入"一带一路"建设

近年来，甘肃抢抓"一带一路"建设机遇，努力使甘肃"一带一路"黄金大通道、兰州的区域中心发挥更大的作用。"南向通道"建设使得甘肃在加大向西开放力度的同时，能够不断拓展向南开放渠道，积极融入中新互联互通项目南向国际贸易物流通道建设。甘肃积极响应并迅速融入"南向通道"建设，有利于甘肃深度快速融入"一带一路"建设。

（二）有利于甘肃发挥通道经济优势

通道经济是加快区域经济发展的主要模式之一。通道经济是发挥区域经济特色，促进区域经济发展的动力。通道经济能够凭借便捷通

道的特点和优势，促使区域经济快速发展，并依托通道的地缘优势布局，规划产业结构，进而实现区域整体经济发展的模式。以通道为依托，以物流为抓手，以市场为导向，以资源为基础，带动物流业、制造业、文化旅游业等相关产业发展，注重发展通道经济，扩大区域合作为目标的外向型、开放型经济模式，是以"南向通道"为重点重塑甘肃通道优势，发挥兰州区域中心作用的核心所在。

（三）有利于促进甘肃经济转型升级

与"南向通道"涉及的其他省区和新加坡、东盟等国家地区相比，甘肃在资源禀赋条件上与之存在明显差异，"南向通道"建设拉近了甘肃与国际市场的距离，让甘肃更加便利地连通国际市场，为甘肃提供了一个新的经济增量，有利于促进甘肃地区优势产业发展壮大，使甘肃有优势的农产品、中医药产品、有色金属产品等可以迅速、高效地通过"南向通道"进入新加坡及东盟市场。

（四）有利于促进甘肃深化改革、扩大开放

"南向通道"的重要含义是要通过这条通道的建设推动西部地区自身的改革，在对接国际市场的过程中，查找存在的制度性短板和不足，增强内生增长动力。在"南向通道"建设过程中，应着力推动相关领域深化改革，比如物流、口岸等，排除体制机制障碍，破解发展瓶颈。

（五）符合新时代甘肃经济社会发展的内在要求

由于受制于多方因素，甘肃开发和开放较晚，经济社会发展相对滞后，基本建设欠账多，发展投入总体不足，基础设施仍然薄弱，新型工业化、信息化、城镇化、农业现代化发展水平较低，贫困问题依然突出，保障和改善民生任务艰巨，各类人才严重匮乏，对外开放层

次和水平亟待提升。总体上看，甘肃作为全面建成小康社会的特殊短板，面临的压力和挑战不容低估，亟须加大甘肃的开发开放力度，这既是全方位开放格局的需要，也是新时代甘肃经济社会发展的内在要求。

五　以"南向通道"为重点重塑甘肃通道优势，发挥兰州区域中心作用

甘肃是我国新时期加快建设"一带一路"的重要区域和节点，有着重要的区位优势。以"南向通道"为重点重塑甘肃通道优势，发挥兰州区域中心作用，不仅需要立足区域优势，创新开放发展体制机制，增强参与"一带一路"建设的协同性，还要进一步推进甘肃开发开放载体和平台建设，完善人才政策制度，加快集聚国际化人才，推动共建"一带一路"向高质量发展转变。

（一）遵循相关政策规划指导，创新完善开放发展体制机制

完善的开放发展的体制机制，是有效集聚资金、技术、人才和市场等经济要素的重要保障。甘肃应紧抓共建"一带一路"倡议带来的前所未有的发展契机，在"一带一路"总体实施规划和"南向通道"建设相关政策的指导下，因地制宜，创新完善开放发展体制机制，制定符合本区域发展的指导规划与配套政策，选择与区域实际相适应的开放模式和路径，促进地区经济增长，提高对外开放水平和层次。一是加大开放发展的体制机制创新力度，加快政府职能转变，制定更加优惠的政策，不断增强对各类经济要素的吸引力，增强开放发展相关制度与政策的协调性，为进一步扩大对外开放营造出富有特色的制度和政策。二是促进区域产业结构优化升级。注重发展培育具有区域特色的优势产业和生态环境可持续的新兴产业，同时加快生产性服务、旅游服务和其他配套服务业发展，加大区域服务业的开放力

度。通过聚集人才、技术和资金等要素，培育发展区域的高附加值产业。同时推进贸易结构转型升级，有效支撑地区的开放经济发展。三是创新招商引资方式，使企业真正成为市场的主体，形成统一开放、竞争有序的市场体制。四是加快综合交通运输体系、通信网络体系等基础设施建设，为各类经济要素提供优越的基础设施条件，进而吸引生产要素和投资向甘肃聚集。五是加大对本土企业的培育和扶持力度，促进本土企业的优化升级，为对外开放过程中产业对接、技术匹配、劳动力配置奠定必要的基础和条件。六是制定"南向通道"货运班列物流补贴资金管理办法，与广西北部湾国际港务集团对接合作，在兰州启动建设内陆无水港，进一步与周边省区建立合作机制，拓展货源渠道，增设"南向通道"班列发运站，完善发运站场冷链集装箱及仓储设施。

（二）立足区域优势，增强参与"一带一路"建设的协同性

推动共建"一带一路"倡议与行动文件中强调了甘肃等西部省区在"一带一路"建设中的重要地位，并初步指明了发展方向，甘肃是内外连通的重要通道等。目前，甘肃基于自身的区位特点和优势，对参与"一带一路"建设进行了定位，提出要建设丝绸之路经济带黄金段。因此，甘肃在立足自身优势参与"一带一路"建设的基础上，应增强参与"一带一路"建设的协同性，从而促进资源有效合理配置，实现区域协调发展。一是甘肃从"一带一路"建设的全局出发，立足区域优势，统筹推进"一带一路"建设，在基础设施建设、产业布局等方面增强互补性。二是搭建对内和对外沟通交流新平台，定期举办形式多样的、面向国内外的政策沟通交流活动，拓展区域间合作的领域和途径。三是拓展和深化开放发展的领域，推动产业转移、贸易、投资等合作交流，促进教育、科技、文化、体育、旅游、卫生、考古等领域交流蓬勃开展。

（三）进一步推进甘肃交通基础设施和平台建设

甘肃省要凸显在中新"南向通道"中的战略地位和区位优势，进一步提升甘肃省对外开放水平。在"南向通道"建设中重点依托兰渝、陇海、兰新、包兰、青藏线等国家铁路及省内高速公路，进一步建设完善兰州—重庆、兰州—成都、延安—平（凉）庆（阳）—天水—陇南—九寨沟和欧亚大陆桥通道，提升甘肃发挥物流枢纽节点作用的基础设施的服务功能。同时，通过建设完善相关的公路、铁路、港口、冷链物流等基础设施，进一步提升互联互通水平，推动"铁、公、空、海"等多种物流方式的无缝衔接。进一步加快建设兰州、武威、天水国际陆港和兰州、敦煌、嘉峪关国际空港，在陇南、定西（岷县）、白银等有条件的地区建设多式联运物流中心和保税仓库。支持"南向通道"班列实施优惠政策。争取中国铁路总公司支持，按照运输成本价格给予兰州—重庆—钦州港"南向通道"班列的运价政策。

（四）完善人才政策制度，加快集聚国际化人才

人才资源是永恒资源，是深化对外开放合作的重要保障。改革开放以来，在比较利益的驱动下，甘肃省人才流失的现象比较突出，这在一定程度上弱化了对外开放的人才资源基础。因此，必须以提高人力资源的整体素质和集聚国际化人才为重点。一是通过完善的人才政策制度，培育和引进一大批具有国际视野、创新意识、开拓能力的国际化人才。应充分发挥企业在配置国际人才中的主体作用，采取更加灵活的方式引进外国专家和海外智力，推动人才更多向企业集聚。二是促进本土人才国际化。实施企业家素质能力提升工程，组织企业家学习培训，进一步提升他们自主创新、塑造品牌、资本运作的能力，造就一批具有全球战略眼光、熟悉国际规则、社会责任感强的优秀企

业家。为全方位对外开放过程中的产业对接和技术匹配以及创新提供结构优化的劳动力资源和人才资源，最终形成经济社会发展和人力资源开发之间的良性互促机制。

（五）扩大外向型产业互补合作

甘肃要以开放发展理念为指导，抢抓融入"一带一路"建设机遇，积极融入南向通道建设。甘肃要充分利用在产业发展、地缘交通、人文历史等方面的资源优势，以国家级新区、国家级经济技术开发区和重点产业园区为载体，支持引导省外加工贸易、跨境电商企业来甘发展，鼓励新材料、装备制造、电工电器、电商物流、信息技术、大数据、金融服务等领域内优质项目向甘肃梯度转移，培育产业集群。以推动兰州新区建设为契机，积极营造吸引境外和域外资金、技术、人才的良好环境，错位承接境外和域外产业转移，全面提升对外开放水平。积极探索建设甘肃与沿边沿江沿海协同开放示范区，共享自贸改革红利。依托本地产业、区位优势，发挥甘肃省"一带一路"国际物流通道重要节点和综保区、铁路口岸、国际陆港、国际空港和国际贸易单一窗口等开放平台作用，加强甘肃与省外大型物流企业和供应链管理企业合作，形成良性互动，共同开发国际国内市场。

参考文献

杜德斌、马亚华：《"一带一路"：中华民族复兴的地缘大战略》，《地理研究》2015 年第 6 期。

刘卫东：《"一带一路"战略的科学内涵与科学问题》，《地理科学进展》2015 年第 5 期。

徐黎丽、王悦：《"一带一路"建设中甘肃"黄金段"作用的发挥》，《西北师大学报》2015 年第 6 期。

张正华、史红亮：《通道的经济学分析》，人民出版社，2013。

高新才：《丝绸之路经济带与通道经济发展》，《中国流通经济》2014年第 4 期。

周俊：《四川南向开放与国际通道建设：一个研究综述》，《四川理工学院学报》（社会科学版）2014 年第 5 期。

兰炜：《发展通道经济 推动甘肃现代物流业快速发展》，《发展》2011 年第 7 期。

王伟：《打造丝绸之路经济带甘肃黄金段研究》，《生产力研究》2015年第 11 期。

刘学清：《发挥区域中心优势 加快兰州发展步伐》，《发展》1999 年第 7 期。

周旭明：《"大兰州"构建区域中心城市的路径分析》，《经济研究导刊》2012 年第 3 期。

B.12
甘肃省支持创新型企业发展研究

王丹宇 *

摘　要： 创新型企业以创新为核心源动力，以有效的资源配置、
良好的治理结构和高绩效的运行机制实现企业实力、
规模和效益的持续发展，进而推动区域经济发展和整
体科技能力的提升。欠发达西部地区的科技创新是我
国创新驱动战略的重要组成部分，培育、扶持创新型
企业对提升区域创新能力和地区竞争力、促进产业结
构升级具有重要意义。甘肃省近年来结合"双创"推
进，大力实施创新驱动发展战略，全省综合创新水平
显著提升，企业创新能力逐渐增强，科技创新体系逐
步形成，科技成果转化成效显著，创新服务平台日趋
完善。作为西部欠发达省份，甘肃省受制于历史条件
和区域发展环境，创新型企业发展仍面临创新内生动
力不足、融资短板尚未改善、创新型人才缺乏、地方
政府职能转变相对缓慢等问题。全面提升企业创新能
力，依托兰白自创区促进创新型企业集聚发展，降低
全要素创新成本，提升对创新型企业的综合服务水平，
转变政府职能，加强政府对企业创新的引导和服务、
激励，培育创新型人才，对于创新型企业持续、健康
发展意义重大。

---

* 王丹宇，甘肃省社科院区域经济研究所副研究员，主要研究方向：区域经济。

关键词：　甘肃省　创新型企业　兰白自创区

创新是国家经济价值、经济战略实力和经济持续增长的源泉和动力，是建设现代化经济体系的战略支撑。企业是各种创新资源的需求者、创造者和推动者，是创新活动的主体。为推动国家创新体系建设，发挥企业尤其是创新型企业的作用，2005 年，科学技术部、国务院国资委和中华全国总工会（以下简称"三部委"）联合启动"技术创新工程"，旨在培育中国创新型企业。2008 年至今，三部委已经先后评价、认定了三批 356 家国家级创新型企业。创新型企业以创新为核心源动力，以有效的资源配置、良好的治理结构和高绩效的运行机制实现企业实力、规模和效益的持续发展，进而推动区域经济发展和整体科技能力的提升。欠发达西部地区的科技创新是我国创新驱动战略的重要组成部分，培育、扶持创新型企业对提升区域创新能力和地区竞争力、促进产业结构升级具有重要意义。

甘肃省高等院校、科研院所和其他研发机构拥有较强的基础理论创新能力和科技研发能力，在"三去一补一降"的大环境下，大型企业存在创新的内生性要求，在"大众创业、万众创新"背景下，甘肃省迫切需要以科技创新为核心的全面创新、需要激发各类创新主体的积极性和创造性、需要凸显科技进步和创新要素在经济发展中的支撑、融合、提质、增效作用。创新型企业的发展和创新无疑成为甘肃省经济转型升级中的助推器。

一　创新型企业的定义与特征

国家三部委在认定和命名创新型企业时的评审标准包括：研发投入强度达到一定标准、研发经费投入强度、过去三年申请的发明专利、过去三年新产品/新工艺的推出、千名研究开发人员拥有的授权发明专利量、新产品（工艺、服务）销售收入占全部销售收入的比重、全员劳动生产率七个定量指标和创新组织与管理一个定性指标。以此为依据将创新型企业定义为："拥有知识产权和自主品牌、拥有尖端技术和高素质人才，依靠技术创新和较强的国际竞争力获取市场竞争优势和持续发展的企业"。

创新型企业具有以下特征：

一是创新型企业符合产业发展导向，体现产业集群和集聚效应。随着创新型经济发展，创新型企业生产过程日趋复杂、分工日趋细化，需要各类型人才和各环节工人协同配合、协同生产、协同创新。因此创新型企业以实现规模经济为目的，集聚发展，共生互利，产业链双向延伸。

二是创新型企业具有显著的行业带动力。创新型企业以技术进步和高素质劳动力为根本发展驱动力，以技术、专利、工艺、制度等为支撑，形成核心竞争力，生产具有高附加值的产品和服务，处于价值链高端，具有显著的行业带动力。

三是知识产权、技术专利以及高价值信息成为创新型企业的主要资产。在知识和智力密集的创新型经济发展模式下，人的创造力成为推动发展的主要动力，知识产权、技术专利以及高价值信息作为创造力的最终体现，已然成为创新型企业的主要资产。新技术的使用、传播既改造和提升高技术产业和新兴产业，也有效地推动传统产业升级换代。

四是创新型企业强劲的内生动力能够抵御经济的周期性风险。创新型企业的核心是创新驱动，技术创新和管理创新足以产生强劲的内生动力，既促使区域的经济增长摆脱以往依靠资源消耗和大规模投资的方式，也因较强的市场竞争力而不会过分受到外来资本因素的干扰。

在"双创"背景下，欠发达地区的创新型企业成长呈现出一些新的特点。首先，与东部发达地区相比，欠发达地区在基础设施、营商环境、科研实力、人力资源、创新精神等方面存在客观劣势，但是欠发达地区原有的产业基础、独特的资源禀赋及其发展潜力成为创新型企业成长的关键资源和核心优势。其次，中部、东部地区近年来日渐严格的环保要求和有限的土地资源使得创新型企业成长的成本风险和制度风险加大，而欠发达地区在土地、环保、融资扶持上有相对宽松的要素资源环境和政策环境。最后，创新具有高风险特征，需要有良好的人文环境、完备的服务支持体系、完善的金融和风险投资体系以及先进的管理经验和资本运作方式等。欠发达地区创新型企业的成长，更多地需要面对经营风险，而行业风险、市场风险、政策风险等处在既定的、相对可控的范围内，后发优势明显。

二　甘肃省创新型企业发展的政策背景

创新型企业拥有技术优势，具备成长空间，代表着发展的新动能、新希望。政府在环境、土地、金融等方面的综合施策和引导对于培育和扶持创新型企业作用重大。近年来，甘肃省委、省政府出台了一系列政策、措施、方案、办法支持、提升区域创新能力，扶持创新型企业成长。

2012年12月甘肃省出台《中共甘肃省委甘肃省人民政府关于深化科技体制改革加快区域创新体系建设的意见》，发挥和确立企业在技术创新中的主导作用和主体地位。

2013年4月，甘肃省出台《甘肃省人民政府关于强化企业技术创新主体建设的意见》以及《甘肃省人民政府关于强化企业技术创新主体地位全面提升企业创新能力的实施意见》，在完善创新投入机制、实施创新培育工程、打造创新战略联盟以及财税支持、人才培育、股权激励、土地优惠等方面做出具体规定。

2015年12月，甘肃省政府制定并印发了《甘肃省人民政府关于大力推进大众创业万众创新的实施方案》，对推进"双创"工作进行全面部署。

2016 年 3 月，甘肃省出台《甘肃省加快众创空间发展服务实体经济转型升级的实施方案》等文件，进一步明确发展众创空间的目标、任务。紧随其后，省直相关部门先后制定印发了《甘肃省中小企业公共服务示范平台认定和管理办法》《甘肃省中小企业公共服务示范平台考核细则》《甘肃省商务领域 2016 年规范市场秩序工作要点》《关于建立健全甘肃省知识产权司法保护与行政执法机关协作配合机制的实施意见》等一系列配套措施，从载体建设、机制创新、人才流动、环境营造等方面安排部署创业创新工作。

2016 年 9 月，甘肃省科技厅出台《关于启动实施科技创新券工作的通知》，正式启动甘肃省科技创新券工作。

2016 年 10 月甘肃省出台《甘肃省支持科技创新若干措施》，在构建开放合作创新体系、培育科技创新主体、扶持创新创业人才队伍、优化成果转化激励机制等方面制定了 30 条措施促进科技创新，被誉为"黄金三十条"。

2016 年 10 月甘肃省政府办公厅印发了《甘肃省促进科技成果转移转化行动方案》，面向"十三五"时期部署了包括开展科技成果信息汇交与发布、促进科技成果培育和转移转化、建设科技成果中试与产业化载体等在内的 9 个方面 24 项重点任务，加快推动科技成果转化为现实生产力。

2018 年 2 月，甘肃省发改委、省科技厅、省财政厅共同研究制定《甘肃省科技创新基地优化整合实施方案》，将现有省级科技创新基地归并整合为科学与工程研究、技术创新与成果转化、基础支撑与条件保障三类，争取到 2020 年初步形成布局合理、定位清晰、管理科学、开放共享、多元投入、动态调整的甘肃省科技创新基地建设发展体系。

2018年8月甘肃省人民政府办公厅印发《甘肃省新一代人工智能发展实施方案》，提出将立足甘肃发展全局，以提升新一代人工智能科技创新能力为主攻方向，为加快建设创新型甘肃提供科技支撑。

2018年10月甘肃省人民政府办公厅印发《关于落实以增加知识价值为导向分配政策的实施意见》，从构建科研人员"三元"薪酬体系、扩大科研机构高校收入分配自主权、发挥科研项目资金激励引导作用、健全科技成果转移转化收入分配政策、实施体现增加知识价值的人事制度改革五个方面对激发科研人员创新创业积极性、促进科技成果转移转化、加快创新型甘肃建设进程做出了具体部署。

三 甘肃省创新型企业发展现状及问题

（一）甘肃省创新型企业现状分析

综合创新水平显著提升。在区域创新和技术创新政策的引导鼓励下，"十二五"期间，甘肃省科技对经济增长的贡献率已由50.9%增加到55.1%，综合科技进步水平由全国第25位上升至第18位，步入国家科技创新第二梯队；研究与试验发展经费投入强度为1.19%，位居西部十二省份第四名（见图1）。科技经费投入产出比为1：40.5，较"十一五"时期的1：33.8有了明显提升，科技投入效率显著提高；企业研发经费占全社会投入比例为61.6%，高新技术企业达320家，战略性新兴产业占生产总值的比重提高到12.1%；科技创新型企业数量稳步增加，2017年认定的省级科技创新型企业172家，其中，兰州市66家、白银市21家、嘉峪关市15家、定西市15家、张掖市11家、酒泉市8家、武威市7家、平凉市7家、天水市5家、金昌市5家、临夏州5家、甘南州4家、陇南市2家、庆阳市1家。

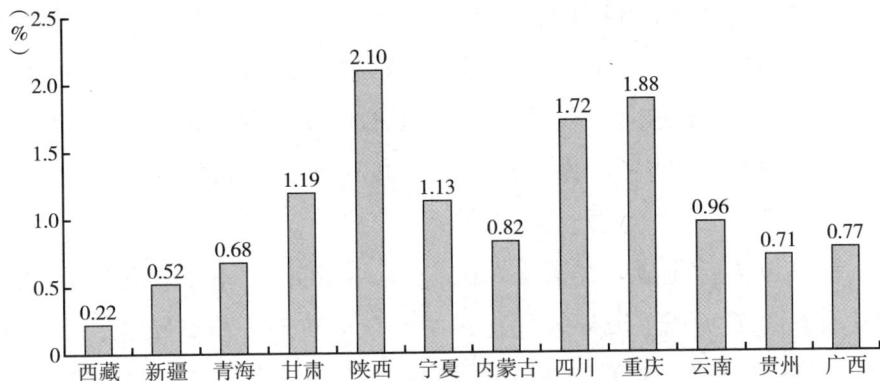

图 1　2017 年西部十二省份研究与试验发展经费投入强度

企业创新能力逐渐增强。近年来，甘肃省着力推进科教兴省战略，促进企业技术创新，在电子电器、有色金属材料、石油化工以及机械加工等行业具备了较强的技术研发能力；数控机床、化工机械、真空设备以及高低压电控装置等方面的技术研发水平已在国内处于领先水平。2017 年度国家科技进步奖授奖的 170 项成果中甘肃省主持或参与完成的项目共 4 个，其中中国石油天然气股份有限公司兰州石化分公司参与完成的"高汽油收率低碳排放系列催化裂化催化剂工业应用"获得国家科学技术进步二等奖。农业和轻工食品技术以先进性、创新性和广阔的推广应用前景逐步走向海外市场，出口成交额逐年上涨。2017 年甘肃省出口国外市场及港澳台的技术有六项，出口成交额 1.15 亿元，占全省总成交额的 0.7%。其中，酒泉敦煌种业百佳食品有限公司技术出口成交额 0.62 亿元、甘肃普罗生物科技有限公司技术出口成交额 0.33 亿元、武威金苹果农业股份有限公司技术出口成交额 0.19 亿元，这表明企业通过提升自主创新能力提高了产品的国际市场竞争力，承接国际技术项目的能力也在不断提升。

科技创新体系正在逐步形成。2016 年，甘肃省内各类创新平台达 575 个，各类各级科研院所 132 家，拥有国家实验室 1 个、国家重点实验室 10 个，全年全省共有国家工程研究中心 5 个、国家高新区 2 个、国家农业科技园区 8 个、高新技术企业 320 家，国家认定的技术中心 22 家。这些平台为推动形成科技资源共享机制奠定了坚实的基础。

科技成果转化成效显著。"十二五"期间，甘肃省科技奖励项目中共有 633 项实现了成果转化，其中 470 项实现了稳定转化，占总项目数的 63.3%；163 项实现了小批量（小范围）转化，占 22.0%。在 235 项企业承担的项目中，有 80.85% 的成果实现了稳定转化，13.19% 的成果实现了小批量（小范围）转化；全省科技奖励项目在后续产业化阶段共有 64 项获得投融资，企业有 40 项获得投融资，占 62.50%；从融资渠道看，企业的资金主要依靠自筹和商业贷款。

创新服务平台日趋完善。技术转移示范机构助推科技成果转化。2017 年甘肃省 9 家国家技术转移示范机构服务企业 2036 家，解决企业需求 5629 项，组织技术推广和交易活动 59 次，组织技术转移培训 3416 次，促成技术交易额 2.37 亿元；35 家省级技术转移示范机构服务企业 1631 家，解决企业需求 5064 项，促成技术转移项目 3526 项，促成技术交易额 47.56 亿元，组织技术培训 2678 人次，组织交易活动 73 项次，效能显著。科技评价监测重点实验室为创新企业梳理发展路径。甘肃省科技评价监测重点实验室是全国首家科技评价监测重点实验室，也是甘肃省唯一一家软科学重点实验室。实验室开展了企业技术路线图编制工作，截至目前，已为 3 批 57 家骨干企业进行了路线评估，推动了甘肃企业创新源技术的挖掘、创新点的凝练和创新活动的梳理，为提升产业创新能力和技术转化能力提供了决策支撑。2016 年，作为西北首个使用创新券的省份，甘肃省开始试验实行科技创新券，指定支付范围为大仪共享和检测。截至 2018 年 4 月，全省累计向 1472 家企业发放科技创新券 7588 万元，向收券服务单位提供各类检验、检测等服务 8.86 万次。科技创新券的使用降低了中小微企业的科研成本，提高了大型科研仪器资源利用率，促进了科技资源的开放共享和科研供需双方的有效对接，切实做到让中小企业有研发"实力"、让科研院所有研发"动力"。

（二）甘肃省创新型企业发展存在的问题

近年来甘肃省结合"双创"推进，大力实施创新驱动发展战略，全省科技创新能力不断提升，战略性新兴产业蓬勃发展，现代物流、文化创意等新业态快速成长，农业节水、农业生物技术、超级稻育种、高效栽培、疫病防控等技术集成创新与推广应用取得重要进展，石化、制药等典型行业全过程污染控制关键技术取得突破，防沙治沙技术得以大力推广，这些新产业和新技术已成为甘肃社会经济的新增长点。但作为西部欠发达省份，甘肃省受制于历史和现实条件，创新型企业发展仍处于"萌芽"阶段，仍存在以下主要问题。

1. 区域经济发展环境制约企业发展

首先，特色优势产业的产业化能力有待提升。甘肃省整体处于工业社会发展中期阶段，产业初级化、重型化、资源型特征明显，经济外向度水平较低，结构性矛盾较为突出。包括石化、机电、能源、有色冶金、生物制品、藏药、中成药、草原畜牧、农业制种、土豆等在内的特色优势产业是甘肃省经济发展的新型支撑力量。但是这些特色优势产业潜在的特质性价值尚未被充分挖掘，跨界融合与联动发展的能力亟须提升，专业化、品牌化战略研发团队和研发中心还未形成，品牌打造、品牌推广和品牌管理等专业人才缺乏；已有企业的规模整体偏小，自主开发核心技术的能力不足、动力不够，产品工艺与国内外或者同行业水平相比还存在差距，能够引领全行业发展、辐射全产业链的创新型领军企业不足；为特色优势产业发展服务的平台存在体系不健全、机制不完善、信息不对称等问题。

其次，甘肃省承接产业转移的能力不足。以地方特色、优势产业为依托的产业集聚、集约发展有利于提升企业的综合竞争力。新的产业集群和创新格局形成的重要途径之一就是产业转移。甘肃省产业结构亟待优化，上下游产业的配套能力不足，产业链有效对接欠佳，产业发展的适应期和磨合期较长，产业集聚效应的发挥需要时日，目前承接产业转移的能力有限。另外，甘肃省承接产业转移的环境有待改善，"筑巢引凤"工作有待优化，对产业转移的吸引力不足，生产中心与科研中心、生产能力与消费能力不匹配的问题依然存在。

2. 企业创新的内生动力不足

作为市场经营体系中的利益主体，企业发展与全球化市场、宏观经济发展环境、经营利润紧密融合。对企业而言，创新是提升竞争力和产品附加值的必由之路，企业要真正有"含金量"就必须取得科技创新成果与创新研发的突破，必须持续地开展创新研发活动。目前甘肃省企业自主创新能力较弱，其中除了政府扶持与激励"缺位"的原因外，还与企业创新的内生动力不足有关。企业资本积累过程和面临的发展机会不同及企业家价值观、经营管理能力、文化素养不同，直接影响企业在务实创新、"假创新、假追赶"及其他诸多经营途径中的取舍选择；在企业的创新、研发中，新技术、新工艺的突破需要丰富的前期技术积累、大量的经费投入、专业的技术人才，这使得企业自主创新的动力不足，对技术重引进、轻消化吸收，重直接运用、轻二次创新，核心竞争力弱、创新能力和效果还有待提升。

3. 创新型企业融资短板尚未改善

创新型企业融资环境欠佳，融资难是创新型企业发展中的主要阻力之一。企业融资难首先表现为国内融资成本高。当前国内人民币贷款的平均成本是5.38%、美元贷款的平均成本为3%，而美国一年期贷款总成本为 1.62%。其次，民营企业融资成本高于国有企业。2017 年 8 月，中国财政科学研究院发布《降成本：2017 年的调查与分析》，2014～2016 年民营企业的银行贷款利率分别为 7.65%、7.41%、6.79%，同期国有企业的银行贷款利率分别为 6.13%、5.91%、5.26%，可见民营企业的银行贷款利率远高于国有企业。最后，风险资本投资阶段后移现象比较突出，风险资本更倾向于风险小、见效快、收益高的项目，对于种子期和初创企业的投资较少。作为西部欠发达省份，甘肃省的资本市场、社会资本及金融产品在支持创新型企业发展方面发挥的作用不显著。受制于区域经济实力、金融生态环境完善程度、资本市场发育成熟度、金融市场融资形式、有效的融资空间以及企业经营者的管理能力等客观因素，甘肃省创新型企业融资环境欠佳、融资手段少、融资渠道单一、融资能力弱、融资需求难以满足，致使创新型企业无法实现创新链、产业链与资金链有效结合。

4. 创新型人才缺乏

"功以才成，业由才广"。人才在创新驱动及经济高质量发展中发挥着重要的引领和支撑作用，创新型人才对于创新型企业的发展具有关键性作用。甘肃省地处西北偏远地区，经济总量小、生态环境脆弱、人均收入水平低且面临人才流失和人才引进双重困境。创新人才引进和集聚所必需的体制和政策环境尚未完全形成，功能健全、生态良好、机制灵活的创新人才发展和培育平台尚不健全，能上能下、能进能出、优劳优酬、分类管理等与创新人才流动与评价相关的机制尚不完善，缺乏具有竞争力的人才薪酬水平；同时，经济科技对接、产业与创新成果对接、现实生产力与创新项目对接、研发人员创新劳动与其利益收入对接的自觉性尚未形成。创新型人才缺失而引致的产学研间联系松散、基础薄弱、研发成果产业化水平低、全社会创新活力不够、创新效率不高，与经济社会发展的需求极不适应。

5. 地方政府职能转变相对缓慢

在国家创新发展中，政府扮演着重要的角色。作为区域经济活动的宏观调控者，地方政府职能转变是创新型企业成长的助推器。地方政府营造的竞争性市场环境在引导要素流动、平台设立等方面能更好地满足创新型企业的发展需求；地方政府有效的制度安排可以为企业创新突破提供导向性激励，激发企业放弃惯性思维、敢于突破渐进式创新路径；地方政府为了激发企业创新活力和弥补创新投入成本而采取适配的支持政策和精准的服务有利于解决创新链条中的薄弱环节，使创新活动能够高效进行。甘肃省在政策支持、制度创新、精准服务及绩效提高等方面与创新型企业发展的需求还有较大差距。政府创新发展理念的滞后及职能转变的缓慢导致政府在规范和引导企业行为、监管市场活动中容易发生"缺位"现象，不利于创新型企业健康、持续发展。

四 促进甘肃省创新型企业发展的对策建议

实践表明，创新型企业发展离不开良好的创新生态，对于依靠技术创新和较强的竞争力获取市场竞争优势的创新型企业来说，良好的创新生态应该包括科技创新实力提升、创新型产业集群形成、创新发展环境优越、资本市场运作高效、创新人才开放以及产权保护制度严格，任何一个短板都会导致创新型企业无法持续、健康发展。

（一）全面提升企业创新能力

党的十九大报告提出，创新型国家的建设要构建以企业为主体、市场为导向、产学研深度融合的技术创新体系。在全国科技创新大会上，习近平总书记指出要依托企业创新建设国家技术创新中心。李克强总理在 2018 年召开的国家科技奖励大会上强调，企业是国家创新的重要力量，政府要引导创新要素向企业集聚，要全力支持企业高水平研发中心的建立。企业创新能力提升是实现价值最大化的动力源泉。

首先，经济新常态背景下的创新与技术和非技术都相关，是企业物质、技术、人力资本、管理、文化等企业经营管理的各个层面的协同创新。协同创新是应对研发强度不均衡、企业价值差异和最大限度发挥技术资本对企业发展的提升作用的有效途径。创新型企业通过对国内外资源、现有的生产手段、方式与先进的技术、管理经验的有效整合来助力自主创新，以多种方式进入国内外市场和全球产业链，积极提升自身的能力，实现经营目标。

其次，提升企业的自主创新能力和集成创新能力。加大培育力度，集中力量在能源、生物制品、农业制种、有色冶金、草原畜牧、石化、机电等特色优势领域开展自主创新，进行纵深研究，突破关键技术，在竞争中获取领先地位。并以地方优势产业为依托，以政府、研究机构、大学为支撑，完善技术创新机制、规范发展机制以及利益保护机制，促进包括制种业、草产业、药材产业、花卉产业、土豆产业等在内的甘肃地方特色产业形成集群创新与发展的格局。

最后，技术资本对企业价值的影响的阶段性特征明显，呈现"U"形增长轨迹，即技术资本在一定的临界值以下会促进企业价值提升，过了临界值则会产生抑制效应。因此，创新型企业需要根据自身的发展阶段合理布局投资规模和结构，避免短期内过度投资，通过不间断的技术创新来获取持续发展动力，保持一定的技术前沿性和模仿难度、保持行业领先地位、保证持续竞争优势，实现企业实力和价值提升。

（二）发挥兰白国家自主创新示范区平台作用，促进创新型企业集聚发展

产业园区是一种由生产行为和交易行为带来的空间集聚模式。产

业园区在内容和功能上比较完善，不仅是技术创新的实验和转化平台，也是机制实践创新的试验田。本质上，产业园区为创新型企业的成长营造了一个相对封闭、理想的"小生态系统"，进入产业园区有利于克服外部环境的严重制约、能够提高交易效率和生产效率。同时，通过产业园区聚集创新型企业，具有聚集效应、共享经济效应和范围经济共同引致的交易费用和成本节约效应。2018年2月1日，国务院批复同意兰州、白银高新技术产业开发区成为国家自主创新示范区。兰白国家自主创新区是国家在西部欠发达地区部署的深入实施创新驱动发展的战略平台，是国家落实"一带一路"倡议、打造向西开放新高地的战略支撑，肩负着国家赋予甘肃的通过深化改革激发创新活力的战略任务。甘肃省应该充分发挥示范区的平台作用，充分发挥自创区在体制机制、政策体系、投融资体系、区内外合作、绿色发展、成果转化、文化科技融合等先行先试的优势，充分发挥自创区东西合作发展先行区、科技体制改革试验区、生态文明建设引领区、产业品质跃升支撑区及人才资源集聚区建设的先机，推动天水高端装备制造业、金武有色金属新材料产业、酒嘉新能源产业、陇东煤电化产业及张掖绿洲现代农业等创新型产业集群发展，引导精细化工、新材料、石油机械装备、中藏药及草产业、奶产业、制种业、土豆产业等甘肃省特色产业尽快形成集群创新与发展格局。

（三）完善区域创新平台建设，提升对创新型企业的综合服务水平

区域创新平台包含技术创新平台、科技合作平台、资源共享平台、科技转化平台以及网络科技环境平台等。首先，应围绕甘肃省创新型企业的优势、特色和产业发展方向，充实、完善和升级现有的工程技术研究中心、重点实验室、技术创新联盟及各类孵化器，以产业发展、市场需求为主导，引导科研方向，加速创新技术转化为生产

力。其次，构建包括创业中心、生产力促进中心以及技术市场等在内的技术交易、交流平台；搭建政策、资本、人才等专门信息的服务平台，提升信息化服务水平，降低信息获取成本。积极推广技术经理人模式，完善市场转化培育能力，规范行业服务标准，提升技术转移转化效率，形成技术转移服务的新业态。提升、改造和整合现有的科技管理网、数据网、计算网，建立上联科技部，下联各市（州）县、横联科研院所、高校及企业创新主体的网络管理体系，实现计算资源共享。最后，要建设甘肃与全国乃至世界开展合作的平台，形成稳定交流合作的接洽机制，为甘肃和西北地区引进技术、资金、人才提供便利。

（四）降低全要素创新成本

首先，要统筹规划和布局科技资源共享公共平台，推动科技资源开放共享。以建立共享机制为核心，探索网络化的平台发展模式，整合全省科技资源，将各类创新主体、中介组织、创新平台、孵化空间、产业化载体等连接起来，形成一个不同主体互动、共享、合作的平台网络。重点建立自然科技资源共享体系、科技数据共享体系、科技文献共享体系以及大型科研设备共享体系，降低创新成本。

其次，拓展融资渠道，强化创新多元金融支持。发挥政府产业投资基金的引导作用，积极落实对创投机构种子期、初创期的风险补偿和税收优惠，吸引、鼓励、支持专注"硬科技"投资的各类创投基金落地。探索成立融资担保公司、知识产权担保公司、科技银行等各类科技金融服务机构，开展投贷联动、知识产权质押融资、科技担保、集合贷款等金融模式创新，构建全链条科技金融服务体系。充分利用大数据的信息化优势，对特定行业、重点领域的创新型企业制订个性化支持方案，以平台的方式集成资源做深普惠金融服务，简化业务流程以降低成本、提高服务效率。

最后，加大知识产权保护力度，保护企业核心竞争力。产权保护是市场经济的基石，保护知识产权就是保护创新。要建立完善知识产权管理服务体系，充分宣传相关政策，营造知识产权保护氛围；积极开展专利执法活动，加大对知识产权侵权行为的处罚力度，保护知识产权拥有人合法权益。对严重和屡次侵权者纳入企业和个人信用记录，限制或禁止其参与市场经营活动。出台奖补政策，鼓励企业积极申报专利，保护发明创造。

（五）转变政府职能，加强政府对企业创新的引导和服务

区域良好的地方创新文化、制度环境以及相关配套政策为创新技术取得突破提供基础保障。地方政府应当转变职能，积极探索高效运行的政、产、学、研、用的组织方式，以便在政策供给、平台提升、制度创新、生态优化等方面更好地满足创新型企业的发展需求。

首先，要优化政策供给体系。政府应该通过对不同类型企业及企业不同发展阶段的区别扶持、精准支持来克服因创新过程的公共性、创新收益的不确定而造成的市场机制失灵。通过宏观政策引导，鼓励企业开发新技术、新产品，支持有核心竞争力的创新型企业发展。加强调研，找准创新企业在新技术突破方面的薄弱环节，特别是基础研究、研发投入、试验、中试、风险投资等环节，有的放矢地出台适配的支持政策。

其次，充分发挥政府作为创新制度供给主体的作用，制定以激励人才潜力为核心的激励机制和以提高人性化为目标的组织机制，破除创新企业探索新技术的障碍和瓶颈，用制度创新为企业技术创新的风险保底、为新技术的产业化提供创新基金、为技术的实验和验证提供创新平台、为创新技术的联合研发提供全要素支撑。

最后，企业创新能力的提升是一个持续的长期工程。因此，政府在进行制度创新的过程中也要考虑不同背景、不同发展阶段决策的连

续性、政策制度的系统性和递进性，避免在高端人才引进、创新资源流动等方面形成不确定性风险。政府不能盲目模仿、跟进其他地区的政策措施，要基于甘肃省的实际情况和创新资源特色进行选择性吸纳。

（六）激励、培育创新型人才，推动企业可持续创新

引资引智并重并举，创新效益方能可期。创新型企业的发展归结于创新成果产出，而创新成果产出来源于创新型人才的竞争胜出和作用发挥。

首先，创新人才发展机制，健全市场化、社会化的人才管理服务体系，完善科学合理、奖罚分明的人才激励和分配机制，为科技人才提供高质、高效、宽松的事业平台，更好激发人才创新、创造活力，使各方面人才各得其所、尽展其长。

其次，出台具备强刺激的促进科技成果转化政策，落实科技成果完成人行使成果处置权、收益权的法律法规实施细则，努力保障科技人才在成果转化过程中的权益；尽快出台有利于完善人才评价考核机制，突出科技成果研发、转化和产业化的业绩评价权重，保证科研人员收入与岗位职责、工作业绩、实际贡献紧密联系，通过充分激发科技人员最大潜能来加速成果转化为现实生产力。

最后，创新型企业内外部环境的动态性要求企业必须紧跟发展前沿，不断开拓创新、与时俱进，保持领先地位。创新型人才需求层次高，自主意识强，影响力大，具有高智力、高竞争、高投入、高效益和高风险特征，政府、企业要有重点地培养创新型高技能人才和实用技术人才及其团队，科研院所、高校等机构要根据创新发展的实际需求开展相关的教学与职业培训，创新型人才的培育既能满足他们的自我发展需求，也能够提高创新型企业的创新绩效。需要注意的是，创新型企业的创新是一种持续的过程驱动，这决定了企业对创新型人才

的培育也必须是持续的，通过人才培育工作的可持续推动企业创新的可持续。

参考文献

《甘肃省人民政府关于强化企业技术创新主体建设的意见》，2013 年 6 月 3 日。

叶振宇：《构建有利于新兴技术突破的区域创新体系》，http：//gjs. cssn. cn/kydt/kydt_ kycg/201808/t20180810_ 4538735. shtml，2018 年 8 月 10 日。

龙云凤：《创新型经济的系统路径理论》，《科技管理研究》2017 年第 16 期。

黄群慧：《贯彻创新发展理念　培育经济发展新动能》，http：// gjs. cssn. cn/ztzl/ztzl_ views/201803/t20180303_ 3865699. shtml，2018 年 3 月 3 日。

孙晶、张居营：《技术资本与创新型企业价值——联动视角的微观检验》，《科技管理研究》2016 年第 5 期。

B.13
甘肃非公有制经济发展研究

关　兵[*]

摘　要： 近年来甘肃省非公经济发展稳中向好，对社会经济的贡献率不断提升，但仍存在总量少、相对发展水平低、规模小、层次低等问题。对甘肃省非公经济发展环境的评估表明，2017年甘肃省非公经济发展环境指数为118.05分，较2013年（基期）增长了18.05分，从中期来看，甘肃省非公经济发展环境有一定程度的优化。其中，非公经济融资环境指数得分、成本税负环境指数得分、人力资源环境指数得分近年呈现微幅缓慢波动增长的总体趋势，表明"融资难"、成本税负高、"用工难"仍是近年来制约甘肃非公经济发展的主要问题，且近年来这些问题虽在逐步缓解中，但尚未得到有效破解。

关键词： 非公有制经济　发展环境评价　甘肃

近年来，甘肃省非公经济不断发展壮大，成为推动经济发展的主力军之一，为全省经济社会发展做出重要贡献。2017年，甘肃省非公经济实现总产值3700.3亿元，占甘肃省生产总值比重达48.2%。

---

* 关兵，甘肃省社会科学院助理研究员，经济学硕士，主要研究方向为产业经济学、计量经济学。

甘肃省委、省政府高度重视促进非公经济发展的重要战略意义，相关政策文件和领导讲话指出，"推动非公经济跨越发展，是保持国民经济稳定增长的基本着力点，是提升全省经济实力的战略突破口，是实现转型跨越的强大助推器，是全面建设小康社会的重要生力军"；"要从调结构、转动能、增强全省经济发展活力和动力的战略高度来认识非公经济的重要作用，非公经济是甘肃长远发展和高质量发展的持久动力和根本后劲"。实现甘肃省非公经济快速稳定健康发展，首先应厘清并着力解决当前甘肃省非公经济发展面临的主要制约因素，进一步优化非公经济发展环境。为此，本文在对当前甘肃省非公经济发展制约因素深入分析的基础上，选择设计合理的评价指标体系和方法，对甘肃省非公经济发展环境总体水平进行科学量化评价，力求全面、准确反映甘肃非公经济发展环境总体水平和特征问题，为政府决策部门出台促进甘肃省非公经济发展的相关政策提供决策依据，为促进甘肃省非公经济的进一步发展服务。

一 甘肃省非公经济发展现状与发展制约因素分析

（一）甘肃省非公经济发展现状

1. 非公经济发展稳中向好、社会经济贡献不断提升

近年来，在甘肃省委、省政府不断出台的促进甘肃非公经济发展的各项政策、措施支持下，甘肃非公经济发展总体呈现稳中向好的良好趋势。2017年，甘肃非公经济实现增加值3700.3亿元，比上年增长8.69%，占全省生产总值的比重达48.2%，较上年提高0.6个百分点，2013~2017年，甘肃非公经济年均增长速度保持在12.7%以上，呈现出快速健康的发展态势。2017年，甘肃省非公经济市场主体达到146.58万户，较上年增长5.90%，2013~2017年，甘肃非公经济实体

占甘肃市场主体的比重由92.18%上升到97.70%，表明甘肃非公经济已成为甘肃实体经济的绝对主体；甘肃非公经济对全省财税收入的贡献近年呈总体递增的趋势，2011～2016年甘肃非公经济纳税额年均增长21.16%，非公纳税额比重年均增长8.53%，反映出非公经济纳税已成为甘肃重要的税收来源。甘肃省非公经济在蓬勃发展的同时，从业人数也随之持续增长，成为甘肃省吸纳就业人员的"主力军"，2017年，甘肃省非公经济新增就业达62.44万人，成为当年吸纳就业的主体，为促进城乡居民收入增加和社会稳定做出了重要贡献。

2017年以来，受甘肃经济总体发展遇到一定波折的影响，甘肃非公经济在增速、税收贡献、固定资产投资等方面也出现一定的下滑，但在省委、省政府出台的优化发展环境等强有力政策支持下，2018年全省非公经济发展已扭转颓势，呈现稳中有升、稳中向好的态势，市场主体总量、企业效益、投资、进出口贸易等指标均有所上升。2018年上半年，全省非公经济市场主体总量进一步增加，非公经济市场主体达到148.03万户，占市场主体总数的97.8%，新增非公经济市场主体11.51万户，同比增长3.27%。非公企业效益平稳增长、企业效益持续向好、增税效果明显，2018年上半年，全省非公企业入库税收收入244.76亿元，同比增长17.3%，全省非公企业所得税入库41.7亿元，同比增长46.31%，折射出非公企业利润的大幅增长。2018年上半年，全省民间固定资产投资实现止滑增量，民间投资增长0.86%，民间投资占全部固定资产投资的比重达45.60%，扭转了自2016年以来民间投资增速持续下滑的局面。2018年上半年，全省规模以上非公企业提质增效，完成工业增加值120.20亿元，占全省规模以上工业总量的14.50%，同比增长1.50%。2018年上半年，全省非公经济进出口贸易带动作用进一步增强，非公企业实现进出口70.80亿元，占全省进出口总值的35.4%，其中出口53亿元，占出口总额的78%，成为出口的绝对主力。

2. 非公经济总量少、相对发展水平低、规模小、层次低

近年来，甘肃非公经济发展迅速，占GDP比重及其对社会经济的贡献率日益提升，但从全国范围的横向比较来看，甘肃非公经济发展仍处于落后水平，同时在企业规模、市场竞争力、产业结构等方面仍然存在一些突出问题。

（1）非公经济总量少、发展慢

2017年甘肃非公经济实现增加值占全省生产总值的比重为48.2%，而同期全国平均水平在60%以上，大幅领先甘肃12个百分点以上；从西部五省区的比较来看，甘肃非公经济发展也并不占优，仅领先于新疆、青海两省（区）。2016年，甘肃非公经济从业人数占全省的比重为26.04%、非公经济实现税收收入占全省税收收入的比重约为49%，而沿海发达省份从业人员的80%以上在非公经济企业就业、60%的税收收入来自非公经济，两者差距明显。

（2）非公经济企业规模小、市场竞争力弱

有关资料表明，目前甘肃省非公经济法人单位中，中小企业占比达99%以上，其中又以小型和微型企业为主。甘肃非公经济企业这种以小规模、分散经营为主的模式在市场竞争中缺乏规模经济优势，加之大多数企业分布在劳动密集型、资源初加工型产业中，技术水平较低，整体市场竞争力较弱。

（3）非公经济产业层次低、产业结构不合理

有关资料表明，甘肃非公有经济企业主要集中在第三产业和第二产业的制造业中。据调查，全省有68%的非公企业分布在第三产业的批发和零售业、建筑业、房地产业等技术含量较低的劳动密集型、一般性竞争行业；而在制造业领域主要分布在农产品初加工、煤炭、有色等资源加工型行业，传统产业占主导，新兴行业发展滞后，加之由于市场垄壁限制及垄断因素，部分行业中小企业难以大量进入，全省非公经济产业结构不合理问题长期存在。

（二）甘肃省非公经济发展制约因素

甘肃经济要有一个大发展，非公经济必须有一个大发展，甘肃省非公经济发展正面临着宝贵的机遇，必须乘势而为，加快发展。省委书记林铎有关讲话指出："要认真学习贯彻习近平总书记关于非公有制经济发展的一系列重要论述，准确把握形势，坚定发展信心，着力优化非公经济发展环境，切实抓好各项政策落地落实，努力在新的起点上推动我省非公经济持续健康发展。"在当前全省上下群策群力推进非公经济发展的进程中，厘清并着力解决好甘肃省非公经济发展的现实制约问题，对于促进非公经济快速健康稳定发展具有重要现实意义。根据有关理论研究和调研分析，当前阻碍甘肃非公经济发展的主要制约因素如下：

1. 政策环境趋好，但落实程度还需进一步加强

国内及省内有关调查表明，民营企业普遍对一个公平、良好的政策发展环境有强烈诉求，认为这是非公经济实现可持续发展的重要条件。近年来，为全面贯彻落实中央关于促进非公有制经济发展的部署要求，营造良好营商环境，鼓励、支持、引导非公有制经济发展，省委、省政府先后出台一系列关于支持非公有制经济发展的政策措施，形成了支持非公有制经济发展较为完整的政策体系，非公有制经济发展面临前所未有的良好政策环境。但有关调查显示，近期仍有60%的非公企业认为政策落实"不到位"和"完全不到位"，表明相关政策落实工作还需进一步加强。

2. 融资难仍然是阻碍非公经济发展的最大瓶颈

近年来，尽管甘肃省陆续出台了多项针对非公经济发展的金融支持政策，但从总体上看，融资难仍然是甘肃非公经济发展中遇到的最大难题。有关调查表明，甘肃非公企业贷款仅占全部短期贷款资金的3.1%，60%的非公企业家认为资金紧张是企业经营面临的首要问题，

可见当前非公经济特别是小微企业的融资难问题仍十分突出。当前非公经济融资难主要表现为：非公经济企业因其非公有经济性质和发展特征，较难满足银行信贷要求，加之省内支持非公经济发展的金融服务工作滞后和相关信用担保体系仍不够完善，甘肃省非公经济较难获得银行贷款支持；而受目前证券市场诸多条件限制，省内中小企业资质不足，获得直接融资的概率也很小。

3. 非公经济成本、税负仍偏高、偏重

近年来，甘肃省十分重视非公经济成本税负问题，相关政府部门陆续出台了一些为非公经济降低运行成本、减轻税负负担的政策，但有关调查表明，当前甘肃省非公经济成本偏高、税负负担仍偏重，成为阻碍甘肃非公经济发展的主要因素之一。当前甘肃非公经济在成本、税负方面面临的主要问题表现为：非公经济仍面临相对较高的土地、资金、用工等获取成本；非公经济企业涉税多、税率高，某些征税标准和税种设置不尽合理；各类税外收费项目较多；一些地方和部门存在对非公有制企业的乱收费、乱摊派问题。

4. 非公经济人力资源环境尚需改善，人才支撑不足

当前甘肃非公经济面临的人力资源环境不能充分满足其用工需求和人才需求。调查显示，非公企业普遍存在吸引人才难、留住人才更难的问题，非公企业员工整体素质相对较低、创新能力和经营管理能力不足，主要原因如下：一是基于社会保障、工作环境、待遇等方面原因较难吸收用工和吸引、留住人才；二是部分非公经济企业文化建设和人才管理、使用、激励等机制不完善。三是缺乏针对非公经济用工的教育培训机制和在职培训渠道。

5. 市场准入障碍和一些"隐性壁垒"成为阻碍非公经济发展的新问题

甘肃非公经济不断发展壮大，迫切需要全面放开市场准入，全方位与其他市场主体展开公平竞争，对法无禁止的行业和领域，积极接纳和支持民间资本进入。但当前甘肃省非公经济在这方面仍存在一些

问题：在市场准入方面，不少民营企业常常遇到不公平对待，在招投标、承揽项目等方面也常常遇到一些人为设定的隐性障碍；一些可以采用市场化运作的基础性公共项目，尚未实现全面向民间资本开放，成为阻碍当前甘肃非公经济发展的新问题。

二　甘肃省非公经济发展环境评价

（一）甘肃省非公经济发展环境评价指标体系

甘肃省非公经济发展环境评价指标体系力图从公开出版、发布的统计资料出发，将甘肃省非公经济的影响因素拟合为可量化评价的指标，建立标准化的甘肃省非公经济量化评估基准，以全面反映甘肃非公经济发展环境总体及其诸影响因素的现状水平、特征问题、变化趋势。在甘肃非公经济发展环境影响因素的选择上，依托甘肃省内多项对非公经济发展环境的调研结果，选择当前及今后持续对甘肃非公经济发展具有重要影响的六项评价要素：政策环境、融资环境、成本税负环境、研发环境、人力资源环境、内生发展环境，建立指标体系。

表1　甘肃省非公经济发展环境评价指标体系

非公经济发展环境影响要素	非公经济发展环境影响要素指标	权重
政策环境	非公经济主体年末户数	0.1080
	非公经济占GDP比重	0.1080
政策环境权重		0.2160
融资环境	私营企业全社会固定资产投资占比	0.1375
	私营企业流动资产占比	0.1375
融资环境权重		0.2750
成本税负环境	非公企业主营业务成本收入比	0.0795
	非公企业主营业务税金及附加占主营业务收入比重	0.0795

续表

非公经济发展 环境影响要素	非公经济发展环境影响要素指标	权重
成本税负环境权重		0.1590
研发环境	私营企业年新产品研发支出 私营企业新产品销售收入占总销售收入比重	0.0585 0.0585
研发环境权重		0.1170
人力资源环境	私营单位职工与非私营单位职工年平均工资比	0.1170
人力资源环境权重		0.1170
内部发展环境	私营企业成本费用利润率 私营企业总资产收益率	0.0580 0.0580
内生发展环境权重		0.1160

（二）甘肃省非公经济发展环境评价方法和数据处理

1. 甘肃省非公经济发展环境评价方法——层次分析法

甘肃省非公经济发展环境评价指标体系设计是从对甘肃省非公经济发展环境的实际调研出发，通过选择当前及今后持续对甘肃非公经济发展具有重要影响的相关要素，再将相应定性要素量化分解为定量指标的方式来建立评估指标体系。层次分析法将复杂的问题分解为各个组成因素，再将这些因素按隶属关系分组形成有序的递阶层次结构，由此确定的评估指标体系符合定性分析与定量分析相结合的原则，在指标权重的确定上采取了分层计算两两比较矩阵的方法，使指标权重的确定更加科学，符合本文甘肃省非公经济发展环境评价指标体系的思路和要求，为此甘肃省非公经济发展环境评价方法选择层次分析法。

按层次分析法，甘肃省非公经济发展环境综合评估值由下式计算：

$$G = \sum_{i=1}^{m} W_i P_i$$

式中，G，综合评估分值；W_i，第 i 个指标的权重；P_i，第 i 个指标的评分值，m，指标的个数。

2. 甘肃省非公经济发展环境评价指标数据处理

非公经济发展环境度量指标的单位各不相同，在进行非公经济发展环境评估时应将各指标的实际值转化为无量纲的评分值。本文甘肃省非公经济发展环境评价的目标在于反映甘肃省非公经济发展环境及其诸影响要素的现状水平并进一步基于纵向年度对比反映其趋势变化，因此在指标无量纲化处理时采用了直线型无量纲法中的指数法：

$$P_{ij} = x_{ij}/x_{i0}$$

式中，x_{i0}，第 i 个指标的基期实际值；x_{ij}，第 i 个指标的 j 期实际值；P_{ij}，第 i 个指标的 j 期评分值。

此外，反向指标采用了先取倒数再按上述无量纲化方法处理的方式计算其评分值，个别缺失数据按趋势推定法进行了处理。

（三）甘肃省非公经济发展环境及其影响要素评价分析

1. 甘肃省非公经济发展环境及其影响要素评估结果

表 2　2013～2017 年甘肃省非公经济发展环境及其影响要素评价

单位：分

年份	2013	2014	2015	2016	2017
非公经济发展环境指数	100.00	106.87	113.81	119.19	118.05
政策环境指数	21.60	24.41	27.32	29.48	30.64
融资环境指数	27.50	30.21	31.52	32.45	30.89
成本税负环境指数	15.90	16.98	16.42	17.03	17.03

续表

年份	2013	2014	2015	2016	2017
研发环境指数	11.70	13.29	15.56	16.07	16.07
人力资源环境指数	11.70	11.96	12.10	12.76	12.25
内生发展环境指数	11.60	10.02	10.89	11.40	11.17

资料来源：国家统计局编《中国统计年鉴》（2014~2018），甘肃省统计局编《甘肃发展年鉴》（2014~2018），甘肃省经济信息网、甘肃省统计局网站相关文章。

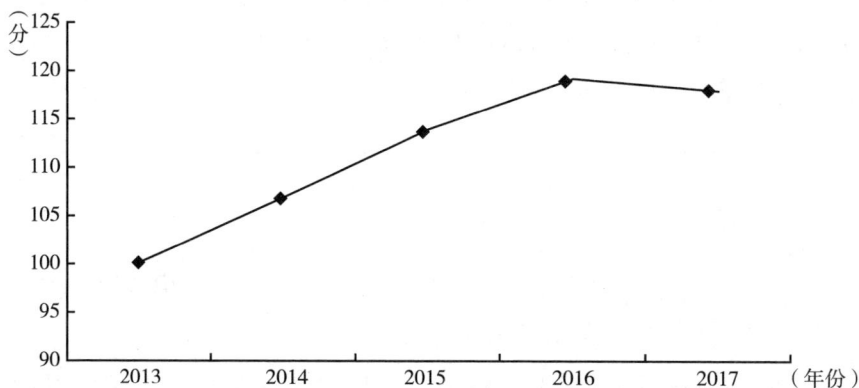

图1　2013~2017年甘肃省非公经济发展环境变动趋势

资料来源：国家统计局编《中国统计年鉴》（2014~2018），甘肃省统计局编《甘肃发展年鉴》（2014~2018），甘肃省经济信息网、甘肃省统计局网站相关文章。

2. 甘肃省非公经济发展环境及其影响要素分析

（1）甘肃省非公经济发展环境分析

2017年，甘肃省非公经济发展环境指数为118.05分，较2013年（中期）得分增长了18.05分，从中期来看，甘肃省非公经济发展环境有一定程度的优化。从甘肃省非公经济发展环境指数得分的变动趋势来看，2013~2017年，甘肃非公经济发展环境总体上基本保持逐年小幅稳步优化提升的良好态势，表明近年来甘肃省在党中央、国务院关于扶持非公经济发展的相关精神指引下，陆续出台一系列支持非公经济发展的政策措施，着力优化甘肃非公经济发展环境并取得较好成效。2017 年以来受省内经济发展出现一定波折的大势影响，甘肃非公经济发展环境水平也略有下滑，但在省委、省政府强有力对策支持下，2018 年全省非公经济发展已扭转颓势，相关指标得分出现回升，表明非公经济发展环境水平也将重新趋好、进一步优化提升。

在甘肃省非公经济发展环境的影响要素中，非公经济政策环境指数得分近年来实现小幅稳步增长，表明甘肃省非公经济政策环境近年来总体上实现一定程度的优化；非公经济融资环境指数、成本/税负环境指数、人力资源环境指数的得分近年来呈现微幅缓慢波动增长的趋势，表明"融资难"、成本税负高、"用工难"仍是近年来制约甘肃非公经济发展的主要问题，且近年来这些问题虽在逐步缓解中，但尚未得到有效破解；非公经济研发环境指数得分近年来实现逐年小幅增长，表明甘肃省非公经济的科技创新能力有所提高；非公经济内生发展环境指数得分近年来呈小幅波动下降趋势，表明甘肃非公经济主体内生发展能力不足，经营管理能力、经济效益水平亟待提升。

（2）甘肃省非公经济发展环境主要影响因素分析

①非公经济政策环境。2013～2017 年，甘肃省非公经济政策环境指数得分呈小幅稳步上升趋势（见图 2），2017 年甘肃省非公经济政策环境指数得分较 2013 年增长了 9.04 分，表明甘肃省非公经济政策环境总体上实现了一定程度的优化。从反映非公经济政策环境的两项指标来看，2017 年甘肃省非公经济主体年末户数较 2013 年增加了 58.35 万户，2013～2017 年非公经济主体年增户数整体呈稳步波动上升趋势，表明甘肃省出台的一系列支持非公经济发展的政策措施在增强非公经济主体生存发展能力、鼓励非公经济创业方面取得良好成效；2013～2017 年，甘肃非公经济占 GDP 比重由 2013 年的 41.0% 提升到 2017 年的 48.2%，表明甘肃省出台的一系列支持非公经济发展的政策措施在促进非公经济发展、提高其经济贡献方面取得较好成效。

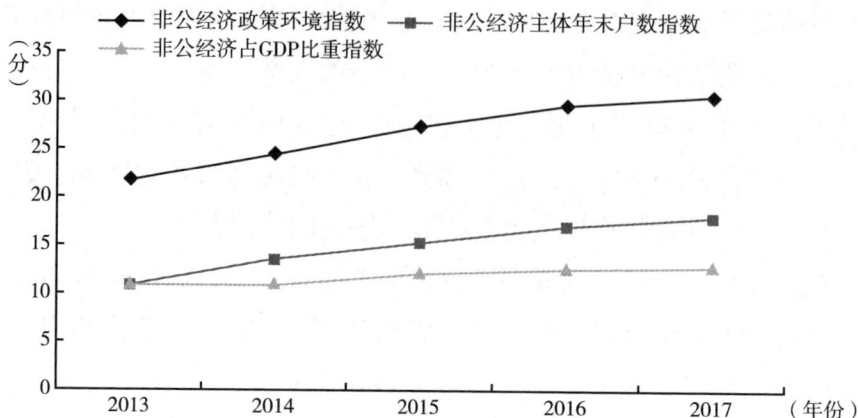

图2　2013~2017年甘肃省非公经济政策环境变动趋势

资料来源：国家统计局编《中国统计年鉴》（2014~2018），甘肃省统计局编《甘肃发展年鉴》（2014~2018），甘肃省经济信息网、甘肃省统计局网站相关文章，下同。

②非公经济融资环境。2013~2017年，甘肃省非公经济融资环境指数得分呈微幅波动、缓慢增长的趋势（见图3），2017年甘肃省非公经济融资环境指数得分较2013年增长仅3.39分，表明长期以来困扰甘肃非公经济发展的"融资难"问题近年来有所缓解，但尚未有效解决。从反映甘肃非公经济融资环境的两项指标来看，私营企业全社会固定资产投资占比小幅波动上升，由2013年的17.54%上升至2017年的21.88%，表明由投资能力印证的甘肃非公经济融资能力有所提升，但从全国范围来看，甘肃私营企业全社会固定资产投资占比远低于同期沿海非公经济发达省份如江苏（47%）、浙江（30%）等，表明甘肃省非公经济投融资能力仍处于较低水平；2013~2017年，甘肃省私营企业流动资产占比在51%上下波动，低于同期江、浙等非公经济发达省份10个百分点以上，表明甘肃省非公经济在一定程度上面临流动资金短缺问题，侧面反映出甘肃省非公经济近年来仍面临"融资难"问题。

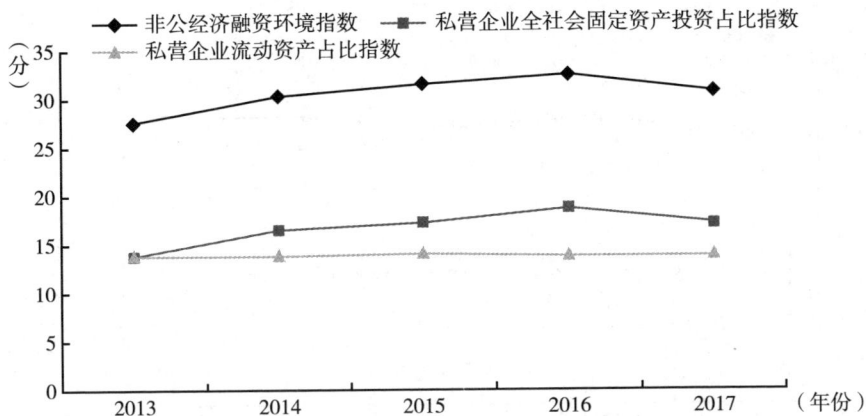

图3　2013~2017年甘肃省非公经济融资环境变动趋势

③非公经济成本税负环境。2013~2017年，甘肃省非公经济成本税负环境指数得分呈微幅波动、缓慢增长的趋势（见图4），2017年甘肃省非公经济成本税负环境指数得分较2013年仅增长1.13分，表明运行成本偏高、税负偏重仍是阻碍甘肃非公经济发展的主要问题之一，近年来有所缓解但尚未有效解决。从反映甘肃非公经济成本税负环境的两项指标来看，2013~2017年甘肃省非公经济主营业务成本收入比由85.24%上升到87.02%，反映出甘肃省非公经济企业运行成本有所上升；2013~2017年甘肃省非公经济主营业务税金及附加占主营业务收入比重由0.81%下降至2017年的0.70%，表明甘肃省非公经济企业生产经营中的直接税负有一定程度的下降，但是，有关调查表明甘肃省非公经济目前承担的生产经营外的其他税种仍种类较多、税负较重，给甘肃省非公经济企业的发展造成较大压力。

④非公经济研发环境。2013~2017年，甘肃省非公经济研发环境指数得分呈小幅增长趋势（见图5），表明甘肃省非公经济的科技创新能力有所提高。2013~2017年，甘肃省私营企业年新产品研发支出有一定的小幅增长，但始终只占同期省内国有企业新产品研发投入的

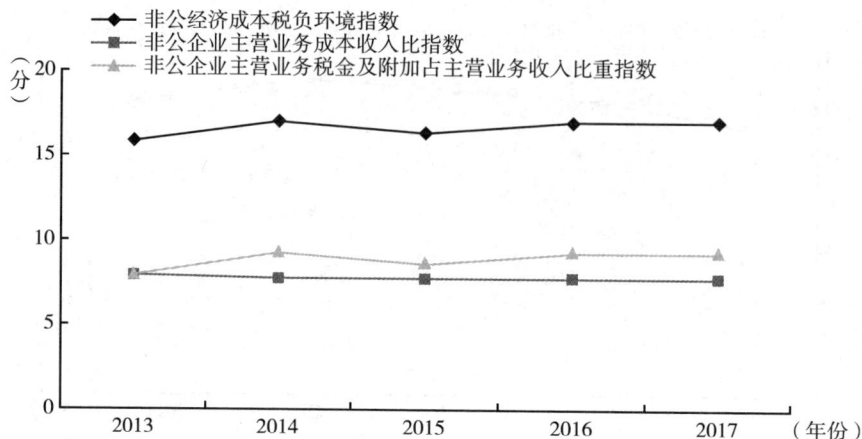

图4　2013～2017年甘肃省非公经济成本税负环境变动趋势

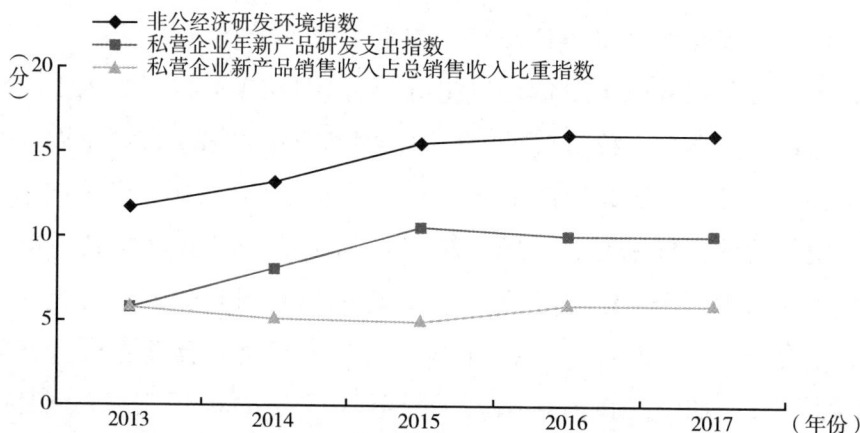

图5　2013～2017年甘肃省非公经济研发环境变动趋势

1/3左右，非公经济研发投入不足问题仍然存在；近年来，甘肃省私营企业新产品销售收入占总销售收入比重在低位波动，表明甘肃省非公经济的研发产出效果不佳、创新能力不足。研发环境事关甘肃非公经济的发展潜力和市场竞争力，有关部门还应继续出台相关政策措施鼓励、引导非公经济企业强化研发意识、加强研发投入、提高创新能力。

⑤非公经济人力资源环境。2013～2017年，甘肃非公经济人力资源环境指数得分呈微幅波动、缓慢增长的趋势，表明甘肃省非公经济主体不断发展壮大，吸收适用员工和吸引、留住人才的能力有所增强，人才支撑基础得到一定强化。从反映甘肃非公经济人力资源环境的指标来看，2013～2017年，甘肃私营单位相对工资水平由0.568增长到0.595，表明随着甘肃非公经济经济实力不断增强，其薪资水平对招收员工、吸引人才的支持力度有所增强。甘肃非公经济人力资源环境的现状表明，由直接经济利益入手解决非公经济用工留人问题是一个长期过程，今后进一步优化甘肃非公经济人力资源环境的方向还可从加强对口培训非公经济所需初、中级人才及着力完善非公经济社会保障体系等"软环境"方面入手。

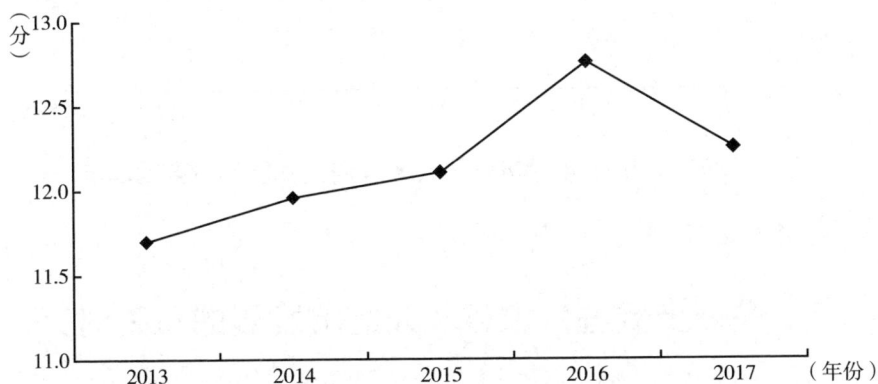

图6 2013～2017年甘肃省非公经济人力资源环境变动趋势

⑥非公经济内生发展环境。2013～2017年，甘肃非公经济内生发展环境指数得分呈波动下降趋势（见图7），表明甘肃省非公经济内生发展能力不足、经营管理效率较低、经济效益趋于恶化。从反映

甘肃非公经济内生发展环境的两项指标来看，主要反映企业生产经营效率的成本费用利润率指标近年低位徘徊，主要反映企业盈利能力和资源综合利用能力的总资产收益率指标较 2013 年下降 0.35 个百分点，近年来甘肃私营企业的这两项指标均只列西部五省区倒数第二位。近年来甘肃非公经济内部发展环境出现的不良趋向，要求甘肃省有关部门应尽快推出得力政策措施引导、推动甘肃非公经济企业提高经营管理效率、改善经济效益。

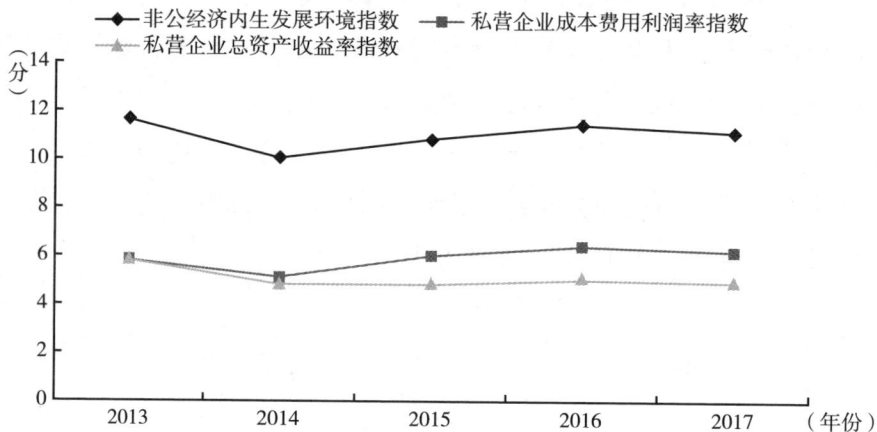

图 7　2013 ~ 2017 年甘肃省非公经济内生发展环境变动趋势

三　进一步促进甘肃省非公经济发展的思路对策

（一）进一步优化非公经济发展环境，重点解决好"融资难"和政策落实问题

解决非公经济的"融资难"问题，除了从积极拓展融资渠道、进一步完善融资担保体系等方面入手着力建立有效的非公经济融资服务体系外，还应当从创新金融服务方面多策并举，尝试破解非公有制

经济融资瓶颈。当前可采取的主要措施有：一是加快金融体系供给侧改革，推动科技金融、绿色金融等创新型金融要素迅速向先进的非公制造、科技、文化等领域集聚，与实体经济共生共荣；二是积极引导社会资本参与非公企业发展；三是打造非公企业信用信息服务平台，着力解决银行与企业之间的信息不对称问题；四是积极开展银行投贷联动试点，即以将股权和债权相结合的融资服务方式，为非公经济企业发展壮大服务；五是引导金融机构推广供应链金融模式，以产业链上龙头企业稳定的供应链为操作对象，为产业链上的非公中小企业提供高效便捷的融资服务。

解决政策落实问题，需要从进一步转变政府工作作风，着力构建新型"亲""清"政商关系入手。一是真实筑巢，各级党委政府主要领导要放下架子，摆正心态，尊重非公企业、善待非公企业，重要企业家要亲自见，重要项目要亲自谈；政府部门要把自己摆在"店小二"的位置，尽心竭力做好服务。二是真心引凤，学会算大账，算长远账，主动让利、放水养鱼，让企业做大，把市场搞活；制定更优惠的政策，用更具吸引力的软件弥补硬件的不足；狠抓各项招商引资政策落实，做出的承诺就得兑现，该给的优惠主动给，真正做到"不来即享"。三是真诚帮忙，落实领导干部包抓责任制，实行一对一服务，及时帮助解决非公企业发展中的问题。

（二）进一步建立完善小微企业公共服务支持体系

非公经济的绝对主体是小微企业，非公经济的健康发展离不开全社会对小微企业发展的全方位支持，为此需要进一步完善甘肃省小微企业公共服务支持体系，即建立以政府为主导，充分结合商业机构、社会组织和民间团体多方主体的小微企业社会化服务机构，以小微企业公共服务网络平台为主要载体，以小微企业政策支持、融资担保支持、创业支持、技术支持、管理咨询和人力资源支持、市场开拓支持、法律服务支持、信息服务支持等为主要内容，依据小微企业的发展特征和公共需求，建立系统化、专业化、社会化的全方位甘肃省小微企业公共服务支持体系；以有效助力破解甘肃小微企业面临的"融资难""用工难""税负高""成本高"等问题，引导、扶持小微企业转型升级，增强竞争力。

（三）进一步放宽非公经济市场准入　消除隐性壁垒

非公经济实现快速健康发展，需要进一步放宽市场准入、消除各种隐性壁垒，为非公经济创造公平竞争、平等参与的良好市场环境。为此需要着力营造公平开放的市场准入环境，进一步放宽和规范市场准入，按照"非禁即入"的原则，全面落实有关政策规定，促进非公有制经济发展壮大；同时，坚决取消针对民营资本设置的歧视性附加条件和隐性条款，确保民营资本在市场准入条件、资源要素配置、政府管理服务等方面更加公平地参与市场竞争，并且做出硬性约束，今后在市场准入中不得擅自设置或提高民营资本的准入门槛。

（四）进一步着力降低非公经济成本、税负水平

一是要完善非公经济要素支撑体系，降低运行成本，进一步推进供给侧结构性改革，从用地、用能、收费等要素入手，切实降低非公经济企业运行成本；二是要进一步努力降低非公经济企业用工成本，继续实施阶段性降低社会保险费率政策；三是要从严审批非公经济涉企收费项目，对涉企收费进行专项清理，规范和清理行政审批中介服务；四是要进一步全面落实国家、省内非公经济财税优惠政策，努力减税降费，减轻企业负担，跟踪检查西部大开发、扶持小微企业发展、创新创业等各项税收优惠政策落实情况。

（五）进一步推动非公经济企业创新驱动，提升非公企业竞争力

一是要鼓励和引导民营企业按照市场需要和国家产业政策，逐步退出高污染、高消耗、低端的行业，更多地进入高技术产业和装备制造业，进入新能源和可再生能源领域，进入农业深加工、现代服务业、生态循环、环保等新型行业；二是建立民营企业科技开发基金，通过采用贷款贴息、无偿资助、资本投入等方式，支持科技型民营企业技术创新；三是鼓励科研院所、高等学校等各类企事业单位按照产、学、研相结合的原则协办、创办、领办民营科技企业；四是鼓励民营企业进一步加大科研投入力度，加强技术改造，依靠科技创新，全面提高企业自身发展水平和竞争能力。

参考文献

高云龙、徐乐江：《中国民营经济发展报告 No. 14（2016～2017）》，中华工商联合出版社，2018。

徐吉宏、徐吉伟：《甘肃非公有制经济发展形势分析与对策》，《江苏商论》2018 年第 4 期。

温友详等：《甘肃民营企业生存与发展环境调研报告》，甘肃省民营经济研究会网站，2014 年 4 月 15 日。

《中共甘肃省委　甘肃省人民政府关于进一步支持非公有制经济发展的若干意见》（甘发〔2018〕12 号，2018）。

B.14
甘肃发展文化旅游
推动旅游强省建设研究

金 蓉 梁仲靖*

摘 要： 近年来，甘肃旅游业保持了良好的发展态势，旅游产品
类型日趋丰富，产业实力不断增强，大景区带动效应明
显，乡村旅游蓬勃发展，但还存在新业态挖掘力度不够、
景区体制机制不顺、基础保障能力较弱、旅游市场主体
弱小等诸多问题，旅游强省建设依然存在产业发展保障
不力、市场发育结构不优、发展资金投入不足等难点，
建议通过深化旅游体制改革、加强文化与旅游融合、提
升旅游要素品质、加大金融支持力度和提升公共服务能
力等措施进一步推动旅游强省建设。

关键词： 文化旅游 旅游强省 甘肃省

随着丝绸之路经济带 20 个大景区建设的稳步实施、全域旅游示
范区创建的分步推进、旅游业态创新的全面展开和全产业链打造工作
的逐步深入，全省实现了旅游产业地位提升、发展提速、比重提高的
预期目标。2017 年，甘肃省共接待国内外游客 2.39 亿人次，实现旅
游综合收入 1580 亿元，分别占到全国的 4.65% 和 2.9%，旅游产业

---

* 金蓉，甘肃省社会科学院副研究员，主要从事区域文化与旅游产业规划；梁仲靖，甘肃省社
会科学院助理研究员，主要从事区域文化与旅游产业规划。

发展的规模、质量和效益较以前有明显提升，建设旅游强省的产业基础进一步夯实。

一　甘肃旅游强省建设现状

（一）资源级别不断提升，产品类型日趋丰富

截至 2018 年 6 月底，甘肃省共有 A 级及以上级别景区 280 个。其中，5A 级景区 4 个，4A 级景区 86 个，3A 级景区 109 个，2A 级景区 80 个，A 级景区 1 个，4A 级及以上级别景区占全省景区总量的 31.79%[①]。与周边的陕西省相比，甘肃省在景区总量上较少，但高级别景区占景区总量的比重较高。截至 2018 年，陕西省 4A 级及以上级别景区占全省景区总量的 26.79%[②]，甘肃省高出陕西省 5 个百分点。

从景区分类统计情况看（见表 1），甘肃省的旅游景区涉及自然景观、历史文化、度假休闲、红色旅游等 10 个大类，自然景观、历史文化和度假休闲三类景区占全省景区总量的 71.07%。从旅游产品

表 1　甘肃省景区分类情况

单位：个

景区类型	自然景观	历史文化	度假休闲	主题游乐	博物馆
景区数量	82	67	50	7	12
景区类型	乡村旅游	工业旅游	红色旅游	科技教育	其他
景区数量	15	5	13	3	26

---

① 《全省 A 级旅游景区名录（截至 2018 年 6 月底）》，甘肃省旅游发展委员会网站，http：//www. gsta. gov. cn/jx/lyqyml/25794. htm。

② 陕西省共有 A 级及以上景区 418 个，其中，5A 级景区 8 个，4A 级景区 104 个，3A 级景区 260 个，2A 级景区 44 个，A 级景区 2 个。陕西省旅游政务网，http：//lfw. shaanxi. gov. cn/sxtourgov/directory－2. html，2018 年 6 月 29 日查询。

新业态开发情况看，科普研学产品、康体养生产品、低空飞行产品市场逐步发展壮大，体验性强、参与度高、差异化明显的特色旅游产品正成为甘肃旅游消费新增长点。

（二）发展环境明显改善，产业实力不断增强

2017 年底，全省高速公路总里程突破 2000 公里，全省 4 家 5A 级景区中的 2 个景区已经实现高速公路连通，86 家 4A 级景区中已经有 56 家景区实现 2 级及以上公路连通，便捷的旅游交通为旅游产业的高速发展提供了基础保障，昔日的"丝路苦旅"已成为历史。景区体制机制逐步理顺，全省如火如荼的大景区建设，使得原本责权不明、机制不活、体制不顺、主体不强的问题有所缓解，旅游资源基本实现了所有权、管理权和经营权"三权分置"。

近年来，全省不断加大旅游项目建设力度，2013～2017 年全省旅游项目实际完成投资 2053.51 亿元，旅游项目的大力推进增强了景区的服务能力，景区的吸引力和美誉度也随之增强。从表 2 可以看出，2010 年甘肃省旅游接待人次仅为 4291.4 万人次，2017 年上升到 23900 万人次，是 2010 年的 5.57 倍；从旅游总收入看，2017 年达到 1580 亿元，是 2010 年的 6.66 倍。

表2　甘肃省 2010～2017 年旅游接待情况

单位：万人次，亿元

年份	2010	2011	2012	2013	2014	2015	2016	2017
旅游接待人次	4291.4	5835.6	7834.46	10078.2	12660.18	15638.34	19096.5	23900
旅游总收入	237.2	333.7	471.08	620.2	780.2	975.35	1220.4	1580

（三）大景区带动效应凸显，全域旅游顺利推进

从旅游业发展态势看，2017 年，全省旅游业发展的规模、质量

和效益稳步提升，14 个市州均完成了省政府确定的旅游产业发展目标任务。假日旅游市场总体保持快速增长态势，2017 年假日期间旅游接待人数和旅游收入分别占全年的 20% 和 19%。大景区辐射带动效应明显，4 个 5A 级景区接待游客量均在 150 万人次以上，全省"过百万人次景区"至 2017 年底已经达到 27 个，较上年增加 4 个，27 个过百万人次景区共接待游客 5100 万人次，占全省游客接待总量的 21.3%。

自 2015 年国家旅游局启动全域旅游示范区创建工作以来，甘肃省积极响应，在政策和资金上对全域旅游示范区创建给予支持。在政策上，先后印发了《关于加快推进全域旅游发展的指导意见》（甘旅领发〔2017〕1 号）和《关于贯彻落实〈国务院办公厅关于促进全域旅游发展的指导意见〉》（甘旅发电〔2018〕31 号），指导支持相关市州、县区开展国家级、省级全域旅游示范区创建工作。在资金上，不断加大省级专项资金支持力度，2016 年，下达全域旅游专项资金 200 万元，2017 年，下达全域旅游专项资金 345 万元，全域旅游发展取得了初步成效。截至目前，全省共有国家级全域旅游示范区创建单位 14 家，省级全域旅游示范区创建单位 10 家。

（四）乡村旅游蓬勃发展，旅游扶贫全面发力

乡村旅游在乡村振兴和旅游强省战略中发挥着重要作用，为此，甘肃省在政策、技术、资金、实践等层面对乡村旅游给予扶持。专门出台了《甘肃省人民政府办公厅关于加快乡村旅游发展的意见》，为乡村旅游发展指明了方向。研究制定了《甘肃省乡村旅游建设指引》，为全省推进旅游专业村及农家乐建设提供技术指导。2018 年下达扶持资金 1200 万元，支持 40 个示范村完善乡村旅游设施。全面实施乡村旅游周末休闲工程，面向社会推介发布了 50 条乡村旅游

周末休闲度假精品线路。2017年，全省乡村旅游接待游客突破7036万人次，同比增长31%，实现总收入127.5亿元，同比增长37.6%。

效率高、成本低、带动性强、覆盖面广的旅游扶贫一直被地方政府视为减贫的重要途径，甘肃省也提出："用三年时间，在全省统筹安排3亿元旅游专项资金，扶持500个村发展乡村旅游，建设10000户标准农家乐，通过发展乡村旅游带动8.5万户贫困户35万贫困人口实现脱贫的目标。"截至2017年底，全省有1800个村发展乡村旅游，其中1182个建档立卡贫困村纳入全国旅游扶贫重点村，共涉及建档立卡贫困户8.45万户34.5万人。[①] 旅游扶贫开始全面发力，为巩固这一成果，2018年，全省安排旅游扶贫扶持资金1亿元，5月底已下达8000万元。

二 甘肃旅游强省建设的制约因素

（一）新业态挖掘力度不够，旅游消费空间不广

由于产业融合不深，旅游新业态挖掘力度不够，针对低龄、青少年游客的科普研学产品，针对中老年游客的康体养生产品，针对中年游客的冰雪旅游、低空飞行产品仍处于起步阶段，体验性强、参与度高、差异化明显的特色旅游产品尚未真正成为旅游消费新增长点。旅游产业整体层次低，观光产品多，休闲体验产品少；大众化、低端化旅游产品多，特色化、高端化的旅游产品少，一日游的游客多，过夜游游客少，旅游消费水平和综合效益低，全省旅游人均消费640元，仅为全国平均水平的60%（全国平均消费水平为1067元）。与周边

---

① 《甘肃发展乡村旅游助力脱贫攻坚记事》，《人民日报》2018年9月5日。

陕西省相比，陕西省游客的非基本消费（游、购、娱）占比达到 45.31%，甘肃省仅为 35.75%。[①]

（二）景区体制机制不顺，旅游业发展动力不足

随着全省大景区建设的强力推进，目前，全省 18 个大景区[②]中已经有 17 个建立了"管委会＋开发公司"机制。但由于机构、人员、资产调整难度大，景区改革进展缓慢，市场化经营机制还没有真正建立起来。从管委会组建情况看，18 个大景区中有 10 个配备了景区管委会主任和副主任，领导班子尚未配齐的大景区还有 8 个；内设机构和工作人员全部到位的大景区 9 个，未完全到位的大景区还有 9 个。从旅游开发公司设立情况看，除冶力关大景区外，其余 17 个大景区均设立了旅游开发公司。此外，景区多头管理的问题依然制约着旅游业的发展，目前，还有 35 处省级以上景区的资源隶属于不同部门，条块管理，资源分割，管办不分，导致旅游业发展动力不足。

（三）配套设施短板突出，基础保障能力较弱

从旅游交通看，旅游交通网络化、便捷化、通达化程度不高，全省 7 个支线机场之间，只有敦煌与嘉峪关、张掖实现串飞，3A 级以上景区道路在 3 级以下的占了 39%，尚有 34 个 4A 级景区没有实现二级公路联通，旅游交通"最后一公里"问题尚未彻底解决。从旅游景区建设看，目前，全省还没有 1 家国家级旅游度假区，没有 1 家年接待游客过千万的景区。从旅游市场发育程度看，社会资本参与旅游景区开发建设的渠道不畅，旅游企业散、小、弱的现状依然存在。

---

① 甘肃省旅游发展委员会：《全省旅游产业发展情况汇报》，2017 年 8 月。
② 甘肃省委、省政府《关于促进旅游业改革发展的意见》提出，实施 20 个大景区管理体制改革，因酒泉卫星中心大景区由部队管理而不涉及管理体制改革问题，原敦煌莫高窟—月牙泉、阳关—玉门关 2 个大景区现整合成了 1 个，因此，现大景区体制改革只涉及 18 个。

从旅游发展规模和质量看，2017 年，甘肃省旅游综合收入和人均收入虽增速强劲，但依然排在全国倒数第 5 位，由于配套建设不足，游客人均消费水平低，人均每天消费仅为全国平均水平的 60%，排在全国倒数第 2 位。

（四）旅游市场主体弱小，资源优势转化缓慢

甘肃省旅游市场主体普遍弱小，旅游企业实力不强、缺乏市场竞争力；规模化、品牌化的大型旅游集团和特色化、专业化的中小微旅游企业都较少，特别是缺少具有品牌影响的景区、酒店、旅行社、民宿等旅游企业。全省没有 1 家过 500 万人次的景区，没有 1 家进入全国百强的旅行社，五星级酒店只有 3 家。受经济社会发展水平和体制机制不顺等综合因素影响，甘肃省富集的旅游资源还没有完全转化为经济优势，旅游业对国民经济和社会就业的综合贡献还没有完全展现。2017 年全省旅游接待人数排名全国倒数第 10 位，仅相当于全国旅游接待人数排名第 1 位的山东省的 30.64%（山东省 7.80 亿人次），不到陕西省的 50%（陕西省 5.23 亿人次）。全省旅游综合收入排名全国倒数第 5 位，仅相当于全国旅游综合收入排名第 1 位的广东省的 13.17%（广东省 11993 亿元），不到陕西省的 33%（陕西省 4814 亿元）。

三 甘肃旅游强省建设推进难点

（一）旅游产业发展保障不力

环境保护压力增大。随着旅游强省建设的全力推进，全省旅游产业发展形势整体向好，地方政府、旅游企业和旅游产业投资人从高速增长的旅游收益中获利颇丰，在利益面前，盲目开发难以避免，旅游

项目环境影响评估走形式、旅游建筑小品与环境不协调、景区超负荷接待、旅游线路设计不合理等问题逐渐显现，这些非理智开发行为不仅会对景区自然和人文景观造成破坏，而且会对区域生态环境造成灾难性破坏。

旅游人力资源不足。以导游从业人员为例，导游总量不足、导游人员内部结构失衡的特征明显。截至 2017 年末，甘肃省共有导游 8097 名，仅占全国总量的 0.93%。从级别看，高级导游数量不足、分布不均，仅占导游总量的 0.79%，且 85% 以上分布在兰州市，大部分市州没有高级导游。从语种看，外语导游仅占导游总数的 8.53%，且集中分布在兰州市和酒泉市。从行业总体情况看，旅游规划、景区管理、旅游商品衍生开发、特色旅游线路策划、旅游信息管理、旅游电子商务等创意型、复合型人才不足。

（二）旅游市场发育结构不优

旅游企业集团化起步晚。虽然近年来，甘肃省加快了旅游企业集团组建步伐，全省目前各类旅游投资企业总量达到 351 家，但这些旅游企业集团的市场发育程度、发展规模和市场影响力有限，资产超过 10 亿元的只有 8 家，与旅游强省建设的发展需求不相适应。

旅游市场结构不合理。虽然近年来甘肃旅游业的发展取得了喜人的成绩，但长期以来存在的旅游市场结构不合理问题未得到根本扭转。2017 年，全省接待国内外游客 2.39 亿人次，入境旅游者仅为 78828 人次，仅占接待总数的 0.03%，入境游客中，港澳台同胞占 46.50%。甘肃长期以来国内游客占比较大的趋势依旧，旅游市场结构不平衡。

旅游企业发展不足。从旅行社看，全省有 587 家，占全国总量（29750 家）的 1.97%，其中出境旅行社 62 家，占全国总量（4235 家）的 1.46%，赴台游组团社 4 家，占全国总量（311 家）的 1.29%。从旅游规划设计资质单位情况看，全省共有 31 家旅游规划设计资质单位，但具有甲级资质的只有 1 家，具有乙级资质的只有 2 家，剩余 28 家全部为丙级资质。

（三）旅游发展资金投入不足

各级财政对旅游发展投入不足。甘肃省财政自给率仅为 24.7%，可用于支持旅游产业发展的资金非常有限。2018 年省级财政落实旅游发展专项资金较 2017 年增加 2 亿元，达到 3 亿元，与周边的青海 3 亿元、内蒙古 3 亿元、宁夏 3.4 亿元基本持平，对旅游强省建设的财政支持力度明显不够。

资金对旅游业发展的引导放大作用不显著。全省财政支持旅游强省建设的资金投入方式主要采用项目补助、以奖代补等传统模式，而杠杆作用显著、具有明显市场特征的参股投资、融资担保、政府和社会资本合作模式（PPP）等投入方式运用不充分。同时，旅游专项资金使用相对分散，引导撬动作用不强。而且资金投入以直接投入为主，间接投入相对较少，财政资金杠杆作用发挥不足。

社会资本筹集困难。尽管近年来各级政府大幅增加旅游投入，但主要依赖信贷支撑和财政支持，筹资渠道单一，市场吸附能力有限，无法对旅游形成有力的资金支持，不能满足旅游产业大投入、大市场、大发展的新常态要求。管理运营机构缺乏专业人才、管理经验不足、社会资金募集不到位等因素，导致省级旅游产业投资基金财政出资部分收回重新设立，目前省级旅游产业投资基金重新设立工作进展缓慢。

四 甘肃旅游强省建设路径选择

（一）深化旅游体制改革

1. 深化管理体制改革，弱化政府行政干预职能

按政府引导、企业为主、市场推动的原则，创新大景区管理体

制，理顺全省18个大景区正县级事业单位大景区管理委员会和旅游开发公司的管理职能。采取有力措施积极化解大景区职工安置问题。目前，全省6个大景区健全了领导班子和内设机构、配齐了工作人员，应在此基础上，促使其他12个大景区领导班子、内设机构和工作人员的配备完善。积极转变政府职能，减少对旅游市场主体的行政干预。取消和下放旅游及相关产业行政审批权，激发旅游市场主体的活力。加快旅游行业协会改革，将旅游相关产业标准制定、经营规范等职权下放给旅游行业协会。

2. 深化运营体制改革，创新运营机制

在探索完成兴隆山、麦积山和冶力关三个景区经营权移交方案的基础上，积极推进松鸣岩—古动物化石地质公园和崆峒山两个大景区旅游经营权分离移交工作，力争年内全面完成5个大景区管理体制改革，建立既能统一管理又能兼顾各方利益的景区运营机制。总结敦煌省级旅游改革试验区的经验，进一步扩大旅游改革试验区规模，完善试验区旅游运行机制，加大文化旅游产品创新力度，创新旅游发展新模式，完善旅游改革带动城市创新发展的新机制。

3. 深化投融资机制改革，搭建多元投融资平台

深入推进旅游投融资体制改革，创新旅游投融资机制，搭建多元化的旅游投融资平台。深入推进旅游龙头和骨干企业改革，推动资产重组和资源整合，积极与省国资委对接完善，加快全省旅游集团筹建步伐。积极探索具有地域特色的乡村旅游发展新业态、新模式和新经营方式，建立旅游与城乡协调发展、乡村振兴的互动机制和利益分配机制。设立省旅游产业投资基金，引导基金撬动社会资本投资旅游业。

4. 加快景区市场化改革步伐，激发景区发展活力

通过景区管委会和旅游开发公司结合模式，积极吸引各类社会资本参与大景区建设，率先将全省18个大景区建成符合现代企业制度

的经营主体。积极探索省内景区市场化改革，加快全省 30 个精品景区和 50 个特色景区的市场化改革步伐，确保各景区产权清晰，富有发展活力。

（二）加强文化与旅游融合

1. 以大景区建设引领文化与旅游融合发展

大力挖掘莫高窟的文化艺术价值，持续提升敦煌文博会的品质品位，丰富敦煌文化品牌的旅游内涵。进一步丰富麦积山、大地湾、伏羲庙的华人寻根文化表现形式，提升景区在世界华人圈的文化影响力。利用嘉峪关关城世界文化遗产的辐射效应，大力丰富嘉峪关大景区文化内涵，打造低空飞行、滑翔、航空摄影等高端体验产品。利用拉卜楞寺的文化影响力和桑科大草原的自然景观基础，将夏河打造成中国知名的宗教旅游体验区。利用马踏飞燕作为中国旅游标志的资源基础，提升天马旅游节的内涵和档次，将雷台汉墓打造为"中国旅游标志出土之地"，将武威打造为"中国旅游标志之城"。

2. 以文物古迹活化行动实现文化与旅游融合发展

积极推进文物合理利用，充分发挥文物价值，凝练黄河、石窟、长城、宗教、农耕等特色文化元素，开发再现、活化、衍生系列主题旅游产品。完善公共博物馆、展览馆、文化主题公园、城市公园、纪念馆、美术馆、科技馆等的旅游服务功能，让历史文化遗产、名人故居、文物古迹等成为传播科学知识和先进文化的重要阵地。加强敦煌、张掖、武威、天水 4 座国家级历史文化名城的历史文化遗产挖掘，强化历史街区建筑与文化氛围的统一、景观元素与文化的统一，打造具有文化历史底蕴和时尚现代的创意休闲商业街。重视历史文化名镇、名村的保护开发和文化传承，提升文化旅游体验品质，加强道路、标识、游客服务中心等基础设施建设，突出历史文化名镇、名村的主题功能。

3. 以商务会展旅游推动文化与旅游融合发展

促进地方节庆会展与现代旅游方式有机结合，进一步做大做强丝绸之路（敦煌）国际文化博览会。将兰州黄河文化旅游节办成促进"一带一路"沿线国家和城市文化旅游交流的重要平台、展示兰州"中国西北游，相约在兰州"旅游品牌的重要窗口。将嘉峪关国际短片电影展真正打造为国内外影视短片交流、合作、交易的平台和体现"甘肃特色、西部元素、中国立场、世界表达"主旨的品牌文化节会。大力提升张掖全国房车露营大会的知名度和影响力，将张掖打造成中国西部独具魅力的房车露营基地。提升"中国·河西走廊有机葡萄美酒节"会展旅游的质量层次，将武威打造成"中国有机葡萄美酒之都"，将定西的"中医药产业博览会"培育为会展旅游特色品牌。

4. 以旅游演艺带动文化与旅游融合发展

加快旅游演艺品牌建设，继续重点打造以敦煌文化、黄河文化、伏羲文化、民俗文化、农耕文化等为载体的实景演艺项目，在兰州、天水、张掖、敦煌等旅游热点城市和武威、甘南、庆阳等旅游节点城市实现驻场演艺常态化。以 20 个大景区为依托，深入挖掘大景区文化内涵，力争每个大景区各打造 1 个经典演艺剧目并实现演艺常态化，形成"白昼观光休闲，夜幕赏秀观影"固定模式，实现"演艺中心＋文化展示＋民俗体验"一体化发展。引导旅游演艺企业在项目开发中植入地域文化符号，凸显商品"文化卖点"，设计开发有内涵、有品位、有文化、有特色的演艺活动。

（三）完善旅游要素品质

1. 完善旅游发展格局，推动旅游产业升级

进一步优化旅游发展空间布局，全力打造敦煌世界文化旅游名城。加快兰州和敦煌两大旅游集散地建设，细化其功能定位，提升服

务能力。积极打造甘南、天水、张掖三大各具功能的国际特色旅游目的地，突出张掖的高端旅游产品功能、天水的历史文化底蕴和甘南的民俗宗教特色。优化世界石窟长廊旅游线、河西走廊旅游线、华人寻根旅游线和民族风情旅游线，大力宣传以武威为中心的中国旅游地标主题旅游线，全力推广以河西走廊为中心的沙漠戈壁挑战主题旅游线。提升全省标准化自驾车房车营地服务能力。完善18个大景区产品功能，错位发展大景区内的精品景区。

2. 稳步发展传统旅游业态，积极培育旅游新业态

实施文化旅游景区提升行动，拓展文化旅游景区功能，升华文化景区体验价值，提升文化旅游景区品牌价值。释放生态旅游景区的生态优势，延长生态旅游产业链，促进生态旅游与康养旅游深度结合。完善红色旅游景区参观学习、生态观光、演艺表演等传统功能，创建1个国家5A级红色旅游景区。积极培育低空旅游、铁路旅游、自驾车房车旅游等旅游新业态，打造一个低空旅游知名品牌，强化铁路旅游线路和站点旅游功能，完善自驾车房车营销体系。

3. 开发特色旅游餐饮，发展多元旅游住宿业态

深度挖掘具有地方特色的饮食文化，积极开发原生态餐饮、地方风味小吃，引导行业协会评选一批旅游餐饮名店。建立规范化的餐饮服务标准，加强食品安全监管。加快传统酒店住宿业的整合并购，积极创新消费内容和服务形态，引导打造个性化酒店、动漫主题酒店、电影主题酒店、帐篷酒店、生态庄园酒店、康养农庄客栈和特色精品民俗等住宿业态，通过"一店一设计""一房一风格"的多元住宿吸引更多游客，实现住宿业的个性化、体验化及产品价值最大化。

（四）强化金融支持力度

1. 积极筹措财政资金，稳步增加旅游投入

积极争取中央支持，各级财政部门要配合旅游部门，吃透国家政

策，做实做好专项资金申报。主动与财政部文化司衔接汇报，争取中央财政加大对甘肃省旅游业支持力度。积极争取中央预算内基建支出预算对甘肃旅游业的支持，借助中央资金的投入促进旅游景区的建设。稳步增加财政投入，各市州财政要通过加大税收征收力度、压减一般性支出、优化支出结构，稳步加大财政投入，重点支持景区基础设施建设和旅游宣传推介。强化资金整合统筹，按照"渠道不乱、用途不变"的原则，整合各类资金，组合发力，逐步解决投入需求矛盾。

2. 优化支持方式，充分发挥财政杠杆作用

支持市县针对符合条件的旅游公共服务基础设施建设项目，积极申请纳入国家和省级 PPP 项目库，以门票收入质押、特许经营等方式，鼓励市场主体投资、建设、运营旅游项目。引导文化旅游企业通过参股投资等方式，积极参与旅游项目投资。根据年度绩效评价结果和大景区建设情况，针对省级旅游发展专项评价获优的项目和市县，集中现有资金，加大项目支持力度，实行差异化支持，避免资金分散使用，充分发挥财政资金撬动作用。对符合旅游市场准入条件和信贷原则的旅游企业和旅游项目，给予贷款贴息支持。增加撬动放大作用明显的贷款贴息项目规模和比例，逐步减少直接补助项目额度和项目数。

3. 拓宽旅游融资渠道，化解资金短缺矛盾

通过多渠道、多方式融资，打造多元化融智、融资旅游开发平台，引导社会资本以多种方式参与旅游景区开发和重大旅游项目建设。加快省级旅游产业投资基金重新设立前期相关工作，在省政府与北京锦源德利国际投资有限公司签署战略框架协议的基础上，尽快出台《甘肃省旅游产业投资基金募集运营初步方案》，争取年内基金设立工作取得突破性进展，早日发挥基金募集社会资本、拓宽投融资渠道的作用。引导预期收益好、品牌认可度高的旅游企业探索通过相关收费权、经营权抵（质）押等方式融资筹资。引导社会资本投资，

提升综合服务水平，解决目前社会资本投资不足的问题。

4. 培育壮大市场主体，加大招商引资工作力度

支持现有文化旅游企业兼并重组、股份制改制，组建大型旅游投融资集团公司，通过免收国有资本金收益、财政资本金注入、项目补助等方式，支持文化旅游企业做大做强，增强市场竞争力。注重扶持文化旅游小微企业，尤其要优先考虑旅游新业态培育奖补、旅游标准化创建奖补、旅游延链补链奖补等项目，提升旅游发展内生动力和市场活力，推动旅游市场多元化、均衡化发展。降低民营、外资企业进入旅游行业的门槛，鼓励和吸引社会资本进入旅游产业各个领域，积极引进有竞争力的民营或外资企业对中小型国有企业实行兼并重组或控股，实现多种所有制旅游企业融合互补、协调发展。

（五）提升公共服务能力

1. 加快景区连接道路建设，构建快旅慢游交通体系

统筹规划旅游基础设施建设，着力构建旅游综合运输体系，完善民航航线布局，实现旅游热点城市、旅游重点景区与交通干线的互联互通，完善飞机、火车、旅游大巴等旅游交通的服务功能。加快5A级景区全部通高速建设步伐，开通全省4A级景区到所依托城镇的客运班线车，开通热点旅游城市市内旅游观光环线。加快旅游交通标识和旅游公共信息咨询平台建设。加快兰州、敦煌、嘉峪关三大国际空港建设，加快武威、临夏、天水、平凉和陇南机场建设，积极开展旅游包机合作，继续完善引客入甘补助政策和旅游团队票价优惠政策。

2. 深化旅游厕所革命，提升乡村旅游设施

按照《甘肃省旅游厕所管理新三年行动实施方案》，深入开展"厕所革命"，将实施重点由热点旅游城市、重点旅游景区向城市、景区拓展，并延伸至乡村，做到旅游厕所布局合理、干净实用。实施乡村旅游提升工程，加快乡村旅游道路联通建设，提升重点旅游村入

厕、停车、环卫、通信及餐饮住宿服务水平，加快乡村旅游景观小品、游步道等配套建设，提升舒适性和便捷性，打造主题乡村旅游品牌，构建主题乡村旅游线路，拓展乡村旅游新业态，积极探索乡村旅游扶贫新模式。

3. 完善"一部手机游甘肃"计划，构建智慧旅游体系

进一步开发和完善"一部手机游甘肃"应用平台，持续拓展"一部手机游甘肃"功能，提升景区网络设施服务能力，提高"一部手机游甘肃"体验度。构建甘肃旅游大数据交换平台，实现与相关省份旅游大数据的交换与共享。完善重点景区旅游产业监测平台，打造高效政府管理平台。创新网络宣传形式，用好纸媒体、电视、广播传统宣传平台，加强自媒体建设，扩大旅游微信公众号、头条号的传播范围，积极组织开展各类有奖营销活动，持续提升甘肃旅游品牌影响力。

B.15
甘肃省构建生态产业体系研究

罗　哲*

摘　要： 党的十九大将"坚持人与自然和谐共生"纳入新时代发展中国特色社会主义的基本方略，将建设生态文明提升为"中华民族永续发展的千年大计"。甘肃省生态环境脆弱，经济发展与资源环境矛盾突出，构建生态产业体系对优化经济结构、推进动能转换、加快产业转型、促进全省经济社会绿色可持续发展具有重要而深远的意义。对此，甘肃应落实好新发展理念，遵从高质量发展要求，不触碰生态红线，着力发展循环农业、先进制造、文化旅游、中医中药、通道物流、军民融合、数据信息等绿色生态产业，打造节约资源保护环境的产业结构、生产方式、空间格局和生活方式，实现绿色发展崛起。

关键词： 甘肃　生态产业体系　绿色发展

生态产业（ECO），是指一种基于生态系统承载能力，将生态系统的知识原理和经济规律结合起来的集团型产业，它纵向结合了生产、流通、消费、回收、环境保护和能力建设，横向耦合了不同行业的生产工艺，将生产地与周边环境整合在同一生态系统中，进行统一

---

* 罗哲，甘肃省社会科学院研究员，研究方向：区域经济学与城市经济学。

管理。同时，生态产业还以资源的高效利用和有害废弃物向系统外的零排放为目标，将企业对社会的服务功能放在第一位，不再盲目追求产品或利润，提高了对工艺流程和产品结构多样化的要求，增加了就业机会，提高了对市场及环境变化的适应能力。在人类与自然关系的演进过程中，生态产业建设是一场深刻的革命，要求企业发展的多样性与优势度、速度与稳度、力度与柔度、开放度与自由度有机结合，将污染的负效益转变成为资源的正效益。

一 甘肃生态产业体系建设的机遇和挑战

生态文明建设是中华民族永续发展的千年大计。党中央、国务院对生态建设和绿色发展予以高度重视，在党的十九大报告中，将"坚持人与自然和谐共生"纳入新时代发展中国特色社会主义的基本方略，将建设生态文明提升为"中华民族永续发展的千年大计"，习总书记还特别强调要牢固树立和践行"绿水青山就是金山银山"的理念。随着经济进入新常态，我国经济已经从高速增长阶段转向高质量发展阶段，是发展方式转变、经济结构优化、增长动能转化的关键时期，"一带一路"建设的深入推进，也为我国西部地区的脱贫攻坚和生态文明建设领域的改革创新提供了强有力的支持，这些都为甘肃省发展绿色生态产业、加快产业结构转型升级、构建经济稳定持续发展局面提供了新空间，带来了新机遇。

甘肃省是一个内陆欠发达的省份，虽地处重要战略位置，资源也相对丰富，但是经济发展落后，生态环境脆弱，绿色生态产业的发展水平总体来说还比较低，人民日益增长的对美好生态环境的需求与优质生态产品的供给不足之间的矛盾日益凸显，城镇化、工业化、农业现代化的目标还没有实现，发展与保护的矛盾仍然十分显著，主要表现在原材料工业多占比较高，生态产业生产链条短、产品层次低，没有能力就地消耗新能源，一些高新技术产业发展水平低，节能环保、数据信息、清洁生产等新兴产业仍然处于初步发展阶段，个别地区生态环境恶化问题尚未得到有效治理，支持绿色生态产业发展的科技创新、人力资本、财政金融等要素条件不足，发展生态产业、实现绿色生态崛起任重道远。同时，甘肃省对维持黄土高原生态功能发挥了重要的作用，涵养和补给了黄河、长江、内陆河的重要水源，形成了国家生态安全的天然屏障，有着极其重要的生态地位，但是甘肃省的生态基础又很脆弱，限制开发区域面积占全省总面积的88.7%，想让这个生态屏障坚固，将面临有很大的压力，经济发展和环境保护的矛盾愈加突出。结合省情与阶段性的特征，要坚持节约资源和保护环境的基本国策，坚持绿色发展理念，构建生态产业体系，抓紧"一带一路"建设这个最佳的机遇，大幅度提升生产绿色化的程度，推进高生态环境代价的粗放型生产模式向创新发展、绿色发展的集约型生产模式转变，提升资源的利用率，消化、转移、整合和淘汰"两高一剩"产业，加快建成资源节约型、环境友好型社会，坚决筑牢国家生态安全屏障，从源头上确保经济社会的可持续发展，加快新时代美好新甘肃的建设进程。

2013年2月，习近平总书记到甘肃省视察工作时强调，甘肃省要"着力加强生态环境保护，提高生态文明水平"。党的十九大以来，党中央又着重推进生态文明建设，强调要建设人与自然和谐共生的现代化，为人民创造更好的生产生活环境，以满足人民日益增长的对美好生活的需求，构建生态产业体系是全面贯彻落实党的十九大精神的重大举措。甘肃省是我国生态安全的重要屏障，构建生态产业体系有助于加快经济结构优化升级、促进动能转化，对于促进经济社会可持续发展具有重大且深远的意义。2018年1月，甘肃省委在召开的十三届四次全会中通过《关于构建生态产业体系推动绿色发展崛起的决定》，特别提出要构建甘肃省十大生态产业。这十大生态产业可以分为三大类：第一大类是国家发力倡导，优先发展清洁生产产业、节能环保产业和清洁能源产业这类绿色生态产业；第二大类是突出甘肃省特色，重点培育中医中药产业、通道物流产业、循环农业、文化旅游产业和军民融合产业这类绿色生态产业；第三大类是紧跟发展趋势，着力提升先进制造产业、数据信息产业这类绿色生态产业。这是甘肃进入新时代构建生态产业体系的基本指南。

二　甘肃构建生态产业体系的总体要求

构建生态产业体系是推动高质量发展的必然要求，甘肃省今后推动发展也必然要遵循高质量发展原则。供给侧结构性改革的重要任务之一，高质量发展的主要着力点就是要加强传统产业结构优化升级，加快发展动能的转变。但是，从甘肃省的实际状况来看，新常态下的经济下行和产业结构的转型升级给经济发展造成了双重压力，实体经济实力弱，新旧动能转换慢，资源环境日益趋紧。甘肃省针对这种依赖于要素投入、资源消耗过度的粗放型发展方式，谋划构建生态产业体系，也正是遵循了供给侧结构性改革的要求，通过建设发展生产过程更加清洁、资源利用更加高效、对环境的影响程度更小的生态产业体系，进一步增强经济建设发展过程中的竞争力和创造力。从一定意义上来讲，构建生态产业体系，是甘肃省从根本上加快产业结构优化升级、促进实体经济发展、加强生态环境保护、加快新旧动能转换、推进甘肃省经济高质量发展的最现实的选择。

（一）指导思想

全面贯彻党的十九大精神，以习近平新时代中国特色社会主义思想为指导，统筹推进"五位一体"总体布局和协调推进"四个全面"战略布局，深入落实习近平总书记视察甘肃重要讲话和"八个着力"

重要指示精神，坚持新发展理念，遵从高质量发展要求，坚决不触碰生态保护红线把不突破资源环境承载能力作为构建生态产业体系的前提，推动经济发展、质量变革、动能转化，大力发展中医中药、通道物流、军民融合、循环农业、文化旅游、数据信息等绿色生态产业，打造节约资源、保护环境的产业结构、生产方式、空间格局和生活方式，要坚定不移地走生产发展、生态良好、生活富裕的文明发展之路，实现绿色发展崛起，加快建设经济发展、山川秀美、民族团结、社会和谐的幸福美好新甘肃。

（二）发展目标

到 2020 年，产业结构的转型取得较大进步，生态文明体制改革取得重大突破，生态产业体系的建设要初步形成；大力凸显清洁生产、低碳生产、高效生产产业的优势，协调发展的生态产业体系基本建成，绿色生态产业增加值占地区生产总值的比重显著提高，打造一批生态产业示范工程和示范园区，生态经济对经济社会发展的贡献率明显提升。

到 2025 年，生态产业体系进一步完善，生态环境质量得到显著改善，高效生产、清洁生产、低碳生产成为主力，为建设绿色低碳循环发展的经济体系奠定坚实的基础。经过 5～8 年的发展，清洁生产产业规模初步形成，传统产业绿色发展水平和质量效益明显提升；节能环保、中医中药、通道物流、军民融合、清洁能源、文化旅游、数据信息、先进制造等新兴产业发展壮大，成为全省经济的重要增长极，生态产业体系的布局更加合理、功能更加完善，形成生态环境质量优良、绿色生态产业发达、资源环境和社会经济统筹协调的发展格局。

（三）空间布局

在确定十大生态产业时，甘肃省综合考虑了各方因素和比较优势，分析了区域特色和地域优势，以构建生态产业体系为中心，将资源环境承载力作为前提，在产业和资产资源的基础上，优化空间布局，促进建成集约高效的生产空间、适宜居住的生活空间、山清水秀的生态空间，规划构建中部绿色生态产业示范区、河西走廊和陇东南绿色生态产业经济带，走出一条各具特色的绿色发展新路子。具体来说，在中部地区，以兰州新区、兰白国家自主创新示范区建设为中心，加大创新力度，加速高新科技发展，对于节能环保、数据信息、中医中药、通道物流、先进制造等产业要重点培育，马铃薯、草市畜牧等特色农业要大力发展，石油化工、有色金属冶炼等传统工业要加快其清洁化改造，强化甘肃段黄河流域的综合治理和生态修复；在陇南地区，黄土高原综合治理的强化和长江上游生态屏障的建设是构建生态产业体系的重点，加强生态环境的监测和科学技术的支撑，提升清洁能源利用率，要对生物多样性进行保护，防治水土流失，防灾减灾，发展壮大文化旅游、先进制造等具有特色的优势产业，提高农产品生产、加工、储运绿色化水平，促进农村电子商务的发展；对于河西地区，主要是构建河西内陆河流域生态屏障，加快祁连山生态环境修复和保护，大力发展节水型绿色产业，对于一些特色优势产业，如文化旅游、戈壁能源、清洁能源和以核能循环利用为主的军民融合，要积极推进发展，构建河西走廊干旱区绿色生态产业经济带，促进绿色转型升级。

（四）基本原则

坚持保护优先，协调发展。"绿水青山就是金山银山"的理念在构建生态产业体系中必须时刻践行，要建立绿色发展的政策导向，生态功能的保障基线、环境质量的安全底线和自然资源的利用红线必须坚决守住。在产业发展和生态建设的过程中，必须杜绝以牺牲资源环境为代价来换取暂时的经济增长，生态效益、经济效益、社会效益的统一是可持续发展的基础。

坚持创新驱动，动能转换。创新是民族进步的灵魂，是一个国家兴旺发展的不竭动力。创新在构建绿色生态产业体系中发挥着主推动的作用，体制机制和发展模式需要紧跟新时代的步伐，要素配置和供给要及时优化创新。加快新旧动能的转换，将创新链与产业链、政策链、人才链、资金链相互融合，构建以市场为导向的绿色技术创新体系，加快产业转型升级，保障高质量发展。

坚持循环利用，绿色转型。高效和循环利用资源也是构建生态产业体系的重点，循环发展是生产生活绿色化的基本途径，其要求是企业小循环、园区中循环、产业大循环，努力做到生产、流通、消费过程中的减量化、再利用、资源化。循环型产业体系的建设，也是实现经济社会绿色转型的必经之路。

坚持政府引导，市场主导。市场在构建生态产业体系中起到了决定性作用，要着重加强规划指导，加强政策引导，放宽市场准入标准，汇集各方理念，引领全社会共建共治共享。要根据产业发展趋势及时调整政策指导，不可违逆市场发展规律，要鼓励各类市场主体参与到建设中，激发生态产业体系建设的内在活力和内生动力。

坚持示范引领，整体推进。寻找一些重点领域和关键环节为突破口，选择重点行业和优势地区来建设一批绿色生态示范产业园区，推进一批绿色生态示范重大工程的建设，使产业逐渐向绿色、智能、高端的方向发展，统筹推进生态产业体系的整体发展。

三　甘肃构建生态产业体系的路径选择

（一）实现清洁生产

清洁生产是指在生产的过程中使用先进的科学技术，使所利用的资源在开采、生产利用、销售和后续废弃物处理的整个过程中尽可能减少甚至消除危害环境和人类的因素的一种能实现经济效益和生态效益的新型生产方式。清洁生产的核心内容就是减少甚至避免废弃物的产生。甘肃省构建的清洁生产这一产业主要从以下几个方面来实现，首先，在生产的过程中优先选择绿色环保的原料，鼓励生产企业使用无毒无害或是低毒低害的原材料替代有毒有害原料，从源头减少污染物的产生；其次，生产企业在生产过程中引进先进技术和节能减排的先进设备，推广应用余热余压回收、水循环利用和脱硫脱硝除尘等先进、适用的清洁生产技术和设备，提高资源的利用效率，减少废弃物的产生，降低资源消耗和污染物的排放；最后，根据产业的性质建立工业园区，形成工业园区循环式发展，在工业园区内根据生产洁净化和废物资源化的原则加强资源分类利用和循环利用，减少废弃物的产生，从以前的"先污染，后治理"转变成从根本上减少污染物的产生，实现真正的绿色清洁生产，并且专门成立清洁生产技术产业化的研究开发中心，研究开发节能设备和节能技术。

（二）利用清洁能源

清洁能源就是自身利用率高并且污染少的原材料或能源，即满足清洁低碳、安全高效的要求，基本无害又能再生的清洁原材料以及使用生态技术实现对常规能源的清洁使用。甘肃省的清洁能源主要有核能及风力发电、光伏发电、地热能和生物质发电，相对于传统的能源，这些清洁能源都是环保无污染的。近年来，酒泉市大力开展"工业强市"战略，风力发电项目建设取得了较大成就，第二批风力发电项目也有序启动，带动新能源装备制造走出困境健康发展。在甘肃省的生态产业体系构建中，在不同地区应根据地理位置及资源禀赋情况提出不同的清洁能源建设方向，突出主要地区清洁能源基地建设。对于核技术产业，重点建设中科院核创院武威钍基熔盐堆核能系统实验基地、高温熔盐储能示范与应用推广项目、低碳新能源系统示范项目、钍基乏燃料盐干法批处理示范项目等重点项目；在新能源发电领域，稳步推进酒泉、通渭等风电基地建设；在资源集中分布、建设条件优越的敦煌、玉门等地发展太阳能光热发电；在地热能和生物质发电方面，加大地热资源勘探开发力度，加强生物质能技术应用，在天水和定西等拥有中深层地热能的地区创建一批地热供暖示范区；在定西、张掖、庆阳等地规划建设农林生物质发电和城镇生活垃圾焚烧发电项目。合理控制风电、光电的开发节奏，促进风电、光电、生物质能等可再生能源互补融合发展，构建清洁低碳、安全高效的能源体系。在清洁能源就地消耗的同时提高清洁能源的外送能力，在保护环境使用清洁能源的同时也能利用清洁能源产业为经济增长做出贡献。在一些自然资源丰富的地区建设绿色能源示范基地，凭借其丰富的自然资源打造出相对于其他地区具有优势的特色能源产业。

（三）突出节能环保

节能环保、绿色低碳是相对于过去粗放型、高消耗、高污染的发展方式，是节约资源、保护环境的发展方式。节能环保主要是针对工业发展中高耗能、高污染领域提出的对策，所以节能从微观层面的企业来讲就是通过研发节能设备和使用先进技术来减少工业生产过程中能源消耗高、生产效率低的问题；而环保是针对工业生产过程中产生的污染物的治理，通过相应的净化设备和技术，对工业废弃物进行回收利用或者净化处理至无污染。对甘肃而言，在节能设备和节能技术研发方面，重点发展高效锅炉窑炉技术与装备研发服务中心，加快建设集千万吨级煤粉生产、加工、配送为一体的高效锅炉制造基地；推进节能关键技术装备研发和产业化，建设国家级高效节能电机及其控制系统产业化基地；加快高效蓄热、换热及冷却技术装备产业化和规模化生产应用。在环保设备和技术方面，重点推进烟气综合处理一体化、高压静电除尘器、扬尘治理设备、垃圾无害化处理等设备及技术的开发应用；在资源综合利用方面，大力发展以废旧产品再利用为主的再制造产业，建设效率高、集约化的资源回收利用产业链，加强对工业生产所产生的粉煤灰、冶炼废渣和煤矸石等工业固体废弃物的综合利用；完善有色冶金材料高效利用、尾矿尾渣综合利用以及沼气利用等产业链，同时打造废旧电器电子产品及废旧设备回收利用产业链，提高资源利用水平，减少工业废弃物的排放。积极开发利用城市垃圾，对于生活中产生的厨房垃圾、建筑垃圾和纺织品废弃物等实施回收再利用的策略，设置城市典型废弃物处理中心，变废为宝，实现资源最大化利用。

（四）文化旅游融合

随着人们生活水平的提高，外出旅游的人们越来越多，旅游业成为一个炙手可热的行业，相较于工业生产产值而言，旅游业的产值更贴合绿色可持续发展的理念。甘肃在旅游业的发展中，突出的是文化旅游。在发展产业的同时突出中华民族的重要文化资源宝库。渭源是马家窑、齐家、寺洼三大古文化融汇之地，也是中华民族的发祥地之一，还是一段红色的记忆，这里是甘肃地下党解放的唯一县城，创建了由甘肃地下党建立的第一个人民政权，受到了彭德怀、习仲勋率领的第一野战军的通报表扬，渭源是一个红色旅游地。除此之外，甘肃还有敦煌文化、先秦文化、丝路文化、始祖文化、民族民俗文化等人文资源优势。在甘肃旅游生态产业建设上，旅游产业生态化的路径选择如下：推进以黄河文化为核心的兰州都市圈文化产业区、以敦煌文化为核心的河西走廊文化生态区和以始祖文化为核心的陇东南文化历史区建设。集中打造连接贯通重点旅游城市和景区的精品线路，以酒泉、嘉峪关、张掖、武威、金昌为节点的丝路旅游精品线，以兰州、白银为节点的黄河风情线，以甘南、临夏为节点的民族风情线，以天水、定西、平凉、庆阳为节点的陇东寻根访祖旅游线，以陇南为重点的乡村生态文化旅游区。打造"交响丝路，如意甘肃"的旅游品牌，推动特色优秀文化传承。积极推进当周草原、兴隆山、崆峒山、鸣沙山月牙泉、黄河首曲等国家生态旅游示范区建设，积极宣传推广森林生态、休闲度假、养生避暑，推广乡村游、休闲游、健身游、探险运动和民俗体验等绿色旅游产品。

（五）构建循环农业

甘肃的循环农业建设就是要通过农业发展来推动经济发展，但是在这个过程中又不能对生态环境产生影响，不能像以前一样为了产量不顾土地污染而使用过量的农药化肥，所以循环农业的建设可以从以下几个方面入手。首先，根据各个地区的自然条件和特色优势来重点建设特色产业，如在中部地区大力发展马铃薯、高原夏菜和草原畜牧等特色农业；大力发展戈壁农业、节水农业，充分利用河西广袤的戈壁沙漠、盐碱地和废弃地资源，在河西地区的戈壁和沙漠中大力推广那些"多采光，少用水"的农产品，如通过河西走廊巴丹吉林沙漠中黑加仑、黑桑葚、黑枸杞、红提葡萄等沙漠农产品的种植，以及金昌市清河现代农业循环经济产业园、永昌县林业科技试验示范生态园、张掖有年金龙集团、临泽县红桥荒漠区设施葡萄标准园、玉门市清泉乡大漠戈壁上的千亩人参果基地，大力发展甘肃戈壁特色农业。其次，循环农业的核心是减少农业种植中的废弃物产生，即通过农业废弃物循环利用，将农作物秸秆制作成肥料、饲料和燃料，避免焚烧污染环境，形成"秸秆—畜禽养殖—粪便—沼气—有机肥—果园（菜园）—无公害农产品生""秸秆—基质—食用菌基地—菌糠—生物饲料有机肥—生态养殖和有机农业"等模式；在大型养殖场内强化粪便收集、处理和应用，利用粪便发展沼气工程和有机肥制造工程，在种养大县进行专业化的生物天然气示范，开展有机肥代替化肥的行动；加大废旧农膜的回收利用力度，实现畜禽粪便集中处理和资源化利用。最后，建立循环农业生态产业园区，形成产业链，将生产出的农产品用于加工制造、过程中产生的废渣用作农产品的肥料，循环利用，减少污染；设立特色农产品种植园区、科技园和田园综合体等平台，构建生态农业生产服务体系，优化农业产业布局，结合旅游业，吸引游客自行种植、采摘绿色健康农产品。争取将甘肃特色的马铃薯、牛肉、羊肉和中草药等农产品纳入农产品大宗期货交易平台。

（六）壮大中医中药

甘肃省位于西北黄土高原、青藏高原和内蒙古高原的交汇处，地形复杂，气候类型多样，全省中药材总体上呈现出水平分布和垂直分布相交错、覆盖范围广、特色品种多的特点。据调查，甘肃有药用植物、动物、矿物共计1527种，其中药用植物1270种，包含35种菌类、4种苔藓类、5种地衣类、47种蕨类、1179种种子植物；动物类药材有214种，矿物质43种，属于国家382个重点品种的有276种，大宗道地药材30多种，其中当归、大黄、党参、黄芪、红芪、甘草、柴胡、半夏、苦参、地骨皮、杏仁、款冬花、赤芍、麻黄、羌活等品种产量大且品种优良，是中医临床最为常用的品种。由于甘肃省地形复杂，气候差异大，形成了特有的地域优势品种，如陇南、天水秦巴山地的女贞子、五味子、葛根、猪苓等，中东部黄土地区的党参、黄芪、苦参、杏仁等，河西走廊及荒漠戈壁地区的甘草、麻黄、肉苁蓉、锁阳、红花等，甘南草原和祁连山地的秦艽、羌活、冬虫夏草等。甘肃的中医中药产业发展潜力巨大，在发展时首先应根据地域特点大力开展特色中草药种植，建立中药种植资源保护体系，同时在保证中草药产量的基础上对中药材进行深加工处理，建立当归等道地药材的产业链，加快培育现代中医药大品种，开发中药配方颗粒，以及具有增强免疫力、抗衰老及减缓疲劳等功效的保健品、药膳和药食同源中药材等系列产品，扩大中草药的生产加工规模，加大中草药配方研发投入，不断做大做强中医药产业。建立中草药产业园区，完善中草药的物流运输系统，加大对甘肃中草药特色品牌的宣传力度，建设集储存、交易、电商平台为一体的现代化交易市场，利用甘肃"一带一路"建设的路线资源在沿线国家大力推广，扩大交易市场，同时结合现代互联网金融的发展，建设中草药的期货交易市场，扩大交易市场规模。充分利用甘肃省的中草药医药资源，借助"一带一路"建设的平台，在沿线国家和地区设立中医院，加大与研究机构、高等院校和医疗结构之间的合作力度，将甘肃中医药的品牌推广出去，通过"以医带药"和"以药促医"，扩大中医药发展的市场。

（七）配套通道物流

在互联网技术发达的今天，现代物流产业几乎涵盖了生活中所有的生产和消费领域，对国民经济中的资源配置起着至关重要的作用，是国民经济发展的有力支撑。甘肃省重点发展通道物流产业，基于物流的带动作用，将甘肃省的特色农业产品和具有资源优势的产品运送出去，引进缺乏的产品，对甘肃省的发展极其重要。在甘肃省的通道物流产业建设中，主要从以下几个方面入手。首先，紧随"一带一路"建设的步伐，建设国际商业贸易物流大通道，主要包括建设中新互联互通"南向通道"，提升中欧国际货运班列运营水平，建设兰州、武威、天水三个陆地港口和兰州、敦煌、嘉峪关三个空港，使甘肃成为西南与西北、中西亚与东南亚的国际物流大通道和大枢纽。其次，在甘肃省内重要城市建设大型物流交通枢纽，依托兰渝、陇海、兰新、包兰、青藏线等国家铁路在甘肃形成的交通枢纽优势，构建以省会兰州为核心，以天水、平（凉）庆（阳）、金（昌）武（威）、酒（泉）嘉（峪关）为支点的物流枢纽，提升重要节点城市的枢纽集散功能，形成以兰州为中心的发散式物流体系布局。依托兰州新区综合保税区，争取设立自由贸易园区，打造绿色商品供应链。最后，建设市县乡级的农产品物流体系和冷链物流体系，主要以大型商品交易市场为重点，以特色农产品产地批发市场为骨干，以县乡便民市场等零售市场为基础，以农产品冷链物流为支撑，形成较为完善的农产品市场体系，同时提高通道物流产业的信息化水平，引进先进技术，提高物流效率，避免返空、迂回运输，在运输过程中采用节能设备降低能源消耗和废弃物排放，构建节能环保的绿色通道物流产业。

（八）壮大先进制造

首先，在装备制造产业方面，培育新型设备产业，以新一代信息技术为手段，形成兰州市及兰州新区能源化工、重离子、军民融合、新能源汽车、轨道交通装备产业基地，发展天水电工电器、电子制造产业基地，增强酒泉、武威、定西新能源、农机装备产业基地实力，加快推进信息化与工业化的融合，推动智能制造在装备制造业领域的应用，促进传统制造业升级换代，形成以绿色低碳和智能制造为特征的先进制造模式。其次，在材料产业的发展上，依托原材料的优势，大力发展有色金属新材料、化工新材料、新型功能材料、高端结构材料、电池材料、生物质材料等绿色低碳新材料，加大对可以循环利用的绿色材料的研发生产力度，解决长期以来制造业污染严重的难题。在煤炭化工产业方面，重点发展煤制烯烃、煤制天然气、油煤共炼等新型煤化工，减少污染物的排放。在生物制药方面，加大对预防类疫苗和治疗类生物药的研发力度，开发具有较大需求的新型药物，积极发展新型疫苗、血液制品、基因工程药物、治疗用生物制品等生物制品。在电子元器件制造方面，努力发展半导体芯片的设计制造，加大电子器件的研发力度，推动甘肃省电子元器件制造向高端电子设备制造发展，设立创新创业园，加大在先进制造产业的研发制造力度，促进产业链与创新链的深度融合，推动电子器件设备制造的升级换代，形成以绿色和智能为特征的先进制造模式。

（九）提升数据信息

目前，以云计算、移动互联网、大数据、人工智能和5G为代表的新一代信息技术给社会带来了重大而深远的影响，在信息技术发达的今天，必须紧跟时代发展的步伐，大力开展数据信息建设工作。首先，建设丝绸之路经济带信息港，"一带一路"建设为我国的发展注入了新的活力，也为沿线国家和地区带来了更多的发展机会，甘肃作为丝绸之路的经过地，在丝绸之路信息建设方面主要是推进兰州新区、金昌、庆阳等大数据和云计算中心建设，使其成为"'一带一路'陆上国际交换中心"，建设"'一带一路'互联互通南向信息专用通道"，将甘肃建设成为服务西北，面向中西亚、南亚以及部分中东欧国家的信息通信枢纽和信息产业基地；在信息通信网络基础设施方面，建设兰州新区国际数据专用通道，实施网络升级优化、网络监管提升工程，构筑信息安全体系；在促进数据化信息化融合和工业互联网方面，在全省重点企业推广信息化和技术化融合管理体系，建设工业互联网支撑体系，培育发展大数据相关产业。加强海量数据存储、数据清洗、数据分析挖掘等关键技术研发，发展大数据在工业、农业农村、创业创新、促进就业等领域的应用。在大力发展信息产业方面，创建大数据产业发展聚集区，打造大数据产业链，巩固提升信息技术服务，加强网络信息安全服务。

（十）实现军民融合

在资源利用方面，广泛推行军民合建共用基础设施，使军事地区的资源可以得到合理的开发和使用，支持在气象监测、测绘地理信息、城市防护系统、预报预警、信息网络以及位置数据共享等方面的共享共用，在兰州、白银、天水先行开展军民融合创新示范区建设。在国防工业方面，推进核产业及航天航空、新型材料、高端装备制造、生物制药、应急产业和军工服务业等的融合发展，鼓励民营企业进入军品科研领域；在国防动员方面，开展相关救援知识培训和救生技术演练，提高应对突发性灾害的能力，建立应急应战的潜力数据管理平台，完善重要物资和装备动员体系，实现资源的利用最大化和效益最大化。在军民产业融合方面，深入挖掘航天航空、特种化工、军工电子三大优势产业潜能，实施一批军民融合重大工程、重大项目，培育一批具有品牌示范效应的产品和产业园，通过推进核能的清洁利用来带动相关产业集约化发展，激发"民参军"整体活力，强化军民人才融合，着力打造一批高新技术产业。在军民协同创新方面，将军队科技创新纳入全省创新体系，使得军民在资源配置和项目实施方面深度融合，推动军工单位与研究机构和高等院校共用军民两用实验室和工程技术研究中心，打造军民融合创新平台。

四 甘肃构建生态产业体系的对策建议

（一）完善法规制度体系，建立工作推进机制

没有规矩，不成方圆。法律是规范市场主体行为的重要制度保障，甘肃需要建立针对生态产业体系的法律法规，对具体工作的开展建立绿色生产和消费的法律法规约束，细化每一个领域的规格和标准，如在清洁生产领域建立具体的排污管理法律法规，对衡量污染的指标进行量化，明确规定废弃物中的每一种污染物具体要达到什么量才能算清洁生产，对符合条件的生产企业予以奖励，对不合格的企业采取相关处罚措施，视情节的严重程度予以惩罚。建立绿色生产和消费的法律法规和政策措施，形成宽层次、多领域的制度体系和法制支

撑，是构建生态产业体系中不可或缺的部分。严格落实生态保护红线，加强主体功能区定位，强化国土空间的开发保护，全面落实重点生态功能区产业准入负面清单制度。按照"谁保护、谁受益，谁污染、谁补偿"的原则，健全生态补偿机制，研究建立多元化补偿机制，探索政府购买生态产品及其服务，鼓励生态损益双方以自主协商补偿方式，加大对重点生态功能区转移支付支持力度，建立转移支付资金安排与绩效考核挂钩分配制度。

同时，要充分认识到新时代甘肃省构建生态产业体系的重要性和紧迫性，将构建生态产业体系、推进绿色生态发展作为一项重要任务摆在更加突出的位置上，强化组织领导和统筹协调的规划实施，加强推进高质量发展的专业能力和技术。坚持专项督查和审计相结合、"督企"和"督政"相结合、抓常抓细抓长相结合，各市政府要履行好发展绿色生态产业的主体责任，切实完成规划时确定的目标任务，组织实施好绿色生态产业重大建设项目，省直各部门要按照职责分工，加强责任担当，积极工作，主动作为，制定具体的实施计划，细化分解规划任务，按照年度列出工作计划，整合本部门资金，支持本行业绿色生态产业的发展，并指导市级实施，从而形成上下联动、协同有力的工作推进机制。

（二）制定价格杠杆措施，加大精准施策力度

在生态产业体系的建设中，强调生态就是要摒弃传统产业高耗能、高污染的缺点进行绿色化生产，相对于传统的生产，生态产业的发展中虽然对环境的污染小，但是生产成本更高，所以即使政府大力提倡要建设生态产业，很多企业还是会基于对利润的考虑而不愿意改变传统的生产方式。在这种情况下，就格外需要通过发挥价格杠杆效应来改变这种现状，具体措施：制定能源资源消耗的收费标准，对那些耗能高、污染大的资源，制定高收费标准；对于环境友好、污染少

的绿色能源资源，给予专项资金支持，由政府限制价格，降低绿色能源资源的价格。

在甘肃省的十大生态产业建设中，确定了 265 个总投资点达 8200 多亿元的绿色产业重点项目，并且针对十个重点建设的生态产业均设置了基金为其融资，但是根据甘肃的综合情况来看，在运行过程中依然可能受到资金制约的影响，进而对生态产业建设的发展产生抑制。政府应该对生态产业建设提供一定的资金支持，在政府的转移支出中适当加大对生态产业体系建设的支出，优化政府支出结构。创新政策供给，完善各项政策措施，从财政金融、价格政策、环境政策、投资政策、运营监管、土地政策等方面实施政策创新，积极打造有利于绿色生态产业发展的制度环境，加快促使各类要素向绿色发展聚集。落实现有各类鼓励产业发展的财政、投资、金融、规划、价格、环保、土地、能源等优惠政策，鼓励其他产业投身于绿色生态产业发展。针对生态产业建设的企业施行税收优惠政策，如废弃物的再利用，因为环境污染的主要来源就是工业废弃物、生活废弃物和建筑废弃物等，倡导生态化建设，就是要将这些废弃物变废为宝，不仅减小对环境的污染，而且增加社会总产值，应加大对这类企业的扶持力度，施行税收优惠政策，减免相关税负，是产业生态化建设的重要举措。

（三）加大保护修复力度，优化生态安全屏障

实施大规模国土绿化行动，全面开展全省各类自然保护区的清理和整治，加强对天然森林资源的保护，加快三北防护林体系的建设，实施新一轮野生动植物保护、退耕还林还草以及各类自然保护区建设、生物多样性保护、防沙治沙等重大生态工程，让生态系统的保护和修复工作得以顺利进行，实现有序休养生息。加速推进祁连山、大熊猫国家公园体制试点工作，将祁连山国家公园建设为生态文明体制

改革先行区域、生物多样性保护示范区域、水源涵养以及生态系统修复样板区域，将大熊猫国家公园建设为生态价值实现先行区域、生物多样性保护示范区域以及世界生态教育展示样板区域。

甘肃省作为国家生态环境的天然安全屏障，要切实扛起生态文明建设的政治责任，提高地理测绘和生态环境监测能力，准确采集生态环境基础数据，建立生态大数据平台。统筹推进生态建设与精准扶贫，发展教育、就业、产业、光伏等，以加大扶贫开发力度，实施生态建设与精准扶贫相结合的新举措，不断拓宽农民增收渠道，坚决打好生态环境保护攻坚战。认真落实《甘肃省建设国家生态安全屏障综合试验区"十三五"实施意见》，开展生态布局，将河西祁连山内陆河、甘南高原地区黄河上游、南部秦巴山地区长江上游、陇东陇中地区黄土高原生态安全屏障和中部沿黄河地区生态走廊这"四屏一廊"努力打造成为生态安全的大屏障。

（四）强化措施保障，建立健全生态文明体制机制

充分发挥金融在生态产业体系建设中的引导和支持保障作用，大力支持金融机构的绿色发展，稳定推进绿色金融产品的创新。支持并规范环境权益交易平台的建设，推进各类绿色发展基金的设立，引导和鼓励绿色债券的发行，扩大绿色保险覆盖面，支持绿色企业上市挂牌，构建可以彰显生态特点的绿色金融体系，制定支持绿色金融体系发展的政策。加大金融对生态产业项目的融资支持力度，推进生态环境治理、绿色产业和金融体系深度融合，设立全省大生态项目名录和项目库，将对环境保护效益显著的项目纳入大生态项目库，并加大金融对大生态项目的融资力度。随着共享社会的形成，需要建立覆盖全社会的企业环保信息共享体系并逐步加大绿色信息披露力度，适时增强绿色金融的风险防控功能，鼓励引导社会资本和金融资金更多流向生态环境治理和绿色产业，稳定扩大绿色金融规模，让金融行业更好

地支撑、引导、服务和促进全省经济绿色发展。

围绕国家生态安全屏障综合试验区建设，有序推动生态环境监管体制改革，健全生态环境管理制度。切实实施国家和省级主体功能区规划，设立国土空间开发保护制度，全面落实重点生态功能区产业准入负面清单制度。建立健全资源有偿使用制度，加速推进自然资源及其产品价格的改革、农业水价的综合改革和资源税从价计征改革，推广疏勒河流域水权试点经验，调整价格体系来帮助节能减排。完善生态补偿机制，探索祁连山生态补偿标准体系和生态补偿资金渠道，开展与利益双方责权相配套的政策框架试点工作，充分并合理地利用财政部重点生态功能区转移支付补助政策，鼓励生态损益双方自主协商补偿方法，加大对重点生态功能区转移支付的支持力度。规划生态保护红线，严格守好资源消耗上限和环境质量底线，严格对土地及耕地、草原、矿产、水、湿地等资源进行管理，严格落实水耗、能耗、土地强度和总量"双控"制度。探索推行"公安＋环保"相结合模式，在重点保护区实行"管委会"管理机制，全面推行 5 级"河长制"，适应统筹解决跨领域、跨部门、跨区域环境问题新要求。

（五）强化支撑体系，改善城乡人居环境质量

以建设兰白国家自主创新示范区为契机，深化产学研用合作，推进产业发展与科学技术创新深度融合，建设西部地区创新驱动发展新高地，抢占"技术制高点"。加速进行科研机构改制改革，组建设计投资集团，积极推进科研机构去行政化，建立符合创新规律、职能定位清晰的运行机制、组织方式、管理体制。推进重大科学技术问题探索，开展能源资源节约循环利用、清洁生产和绿色化改造、生态修复、污染治理等领域关键技术攻关。强调企业技术创新主体地位，充分发挥市场对绿色产业发展方向和技术路线选择的决定性作用，加大对大众创业、万众创新的支持力度。支持生态产业领域工程技术类研

究中心、实验室和实验基地的建设，组建产业技术创新战略联盟，完善技术创新体系，增强综合集成创新能力，加强工艺创新与试验，加快成熟适用技术的示范和推广。加快生态产业基础研究、工程应用、试验研发和市场服务等科技人才团队的建设，突出科技人才的主体作用，建立兰州国际知识产权港，打造知识产权服务交易平台，推进金融资源与知识产权及产业有效融合，提升知识产权价值和转化率。此外，甘肃省可以广纳贤士，招揽那些愿意来甘肃发展的各行业高端人才，专门建设生态产业的人才体系。

"绿水青山就是金山银山"的理念已深入人心，人民日益增长的对美好环境的需求要求国家必须改善城乡人居环境质量，所以甘肃省全面开展全省全域无垃圾三年专项治理行动，开展生活垃圾无害化处理设施建设突破行动，落实城市生活垃圾分类制度，建立生活垃圾分类投放、收集、运输及处理体系。推进全省海绵城市建设，推广应用白银市地下综合管廊国家试点城市建设运营经验模式。同时，要求全省完善污水处理体系，加大力度整治和美化市容村貌，努力提升全民环保意识，提高城乡社会文明程度，严格执行水、大气、土壤污染防治行动计划，打好污染防治攻坚战。

社会科学文献出版社 皮书系列

❖ 皮书起源 ❖

"皮书"起源于十七、十八世纪的英国，主要指官方或社会组织正式发表的重要文件或报告，多以"白皮书"命名。在中国，"皮书"这一概念被社会广泛接受，并被成功运作、发展成为一种全新的出版形态，则源于中国社会科学院社会科学文献出版社。

❖ 皮书定义 ❖

皮书是对中国与世界发展状况和热点问题进行年度监测，以专业的角度、专家的视野和实证研究方法，针对某一领域或区域现状与发展态势展开分析和预测，具备原创性、实证性、专业性、连续性、前沿性、时效性等特点的公开出版物，由一系列权威研究报告组成。

❖ 皮书作者 ❖

皮书系列的作者以中国社会科学院、著名高校、地方社会科学院的研究人员为主，多为国内一流研究机构的权威专家学者，他们的看法和观点代表了学界对中国与世界的现实和未来最高水平的解读与分析。

❖ 皮书荣誉 ❖

皮书系列已成为社会科学文献出版社的著名图书品牌和中国社会科学院的知名学术品牌。2016年，皮书系列正式列入"十三五"国家重点出版规划项目；2013~2019年，重点皮书列入中国社会科学院承担的国家哲学社会科学创新工程项目；2019年，64种院外皮书使用"中国社会科学院创新工程学术出版项目"标识。

中国皮书网

（网址：www.pishu.cn）

发布皮书研创资讯，传播皮书精彩内容
引领皮书出版潮流，打造皮书服务平台

栏目设置

关于皮书：何谓皮书、皮书分类、皮书大事记、皮书荣誉、
皮书出版第一人、皮书编辑部

最新资讯：通知公告、新闻动态、媒体聚焦、网站专题、视频直播、下载专区

皮书研创：皮书规范、皮书选题、皮书出版、皮书研究、研创团队

皮书评奖评价：指标体系、皮书评价、皮书评奖

互动专区：皮书说、社科数托邦、皮书微博、留言板

所获荣誉

2008 年、2011 年，中国皮书网均在全
国新闻出版业网站荣誉评选中获得"最具
商业价值网站"称号；

2012 年,获得"出版业网站百强"称号。

网库合一

2014 年，中国皮书网与皮书数据库端
口合一，实现资源共享。

权威报告·一手数据·特色资源

皮书数据库
ANNUAL REPORT(YEARBOOK)
DATABASE

当代中国经济与社会发展高端智库平台

所获荣誉

- 2016年，入选"'十三五'国家重点电子出版物出版规划骨干工程"
- 2015年，荣获"搜索中国正能量 点赞2015""创新中国科技创新奖"
- 2013年，荣获"中国出版政府奖·网络出版物奖"提名奖
- 连续多年荣获中国数字出版博览会"数字出版·优秀品牌"奖

成为会员

通过网址www.pishu.com.cn访问皮书数据库网站或下载皮书数据库APP，进行手机号码验证或邮箱验证即可成为皮书数据库会员。

会员福利

- 已注册用户购书后可免费获赠100元皮书数据库充值卡。刮开充值卡涂层获取充值密码，登录并进入"会员中心"—"在线充值"—"充值卡充值"，充值成功即可购买和查看数据库内容。
- 会员福利最终解释权归社会科学文献出版社所有。

数据库服务热线：400-008-6695
数据库服务QQ：2475522410
数据库服务邮箱：database@ssap.cn
图书销售热线：010-59367070/7028
图书服务QQ：1265056568
图书服务邮箱：duzhe@ssap.cn

社会科学文献出版社 皮书系列
SOCIAL SCIENCES ACADEMIC PRESS (CHINA)

卡号：942587591578
密码：

S 基本子库
SUB DATABASE

中国社会发展数据库（下设 12 个子库）

全面整合国内外中国社会发展研究成果，汇聚独家统计数据、深度分析报告，涉及社会、人口、政治、教育、法律等 12 个领域，为了解中国社会发展动态、跟踪社会核心热点、分析社会发展趋势提供一站式资源搜索和数据分析与挖掘服务。

中国经济发展数据库（下设 12 个子库）

基于"皮书系列"中涉及中国经济发展的研究资料构建，内容涵盖宏观经济、农业经济、工业经济、产业经济等 12 个重点经济领域，为实时掌控经济运行态势、把握经济发展规律、洞察经济形势、进行经济决策提供参考和依据。

中国行业发展数据库（下设 17 个子库）

以中国国民经济行业分类为依据，覆盖金融业、旅游、医疗卫生、交通运输、能源矿产等 100 多个行业，跟踪分析国民经济相关行业市场运行状况和政策导向，汇集行业发展前沿资讯，为投资、从业及各种经济决策提供理论基础和实践指导。

中国区域发展数据库（下设 6 个子库）

对中国特定区域内的经济、社会、文化等领域现状与发展情况进行深度分析和预测，研究层级至县及县以下行政区，涉及地区、区域经济体、城市、农村等不同维度。为地方经济社会宏观态势研究、发展经验研究、案例分析提供数据服务。

中国文化传媒数据库（下设 18 个子库）

汇聚文化传媒领域专家观点、热点资讯，梳理国内外中国文化发展相关学术研究成果、一手统计数据，涵盖文化产业、新闻传播、电影娱乐、文学艺术、群众文化等 18 个重点研究领域。为文化传媒研究提供相关数据、研究报告和综合分析服务。

世界经济与国际关系数据库（下设 6 个子库）

立足"皮书系列"世界经济、国际关系相关学术资源，整合世界经济、国际政治、世界文化与科技、全球性问题、国际组织与国际法、区域研究 6 大领域研究成果，为世界经济与国际关系研究提供全方位数据分析，为决策和形势研判提供参考。

法律声明

　　"皮书系列"（含蓝皮书、绿皮书、黄皮书）之品牌由社会科学文献出版社最早使用并持续至今，现已被中国图书市场所熟知。"皮书系列"的相关商标已在中华人民共和国国家工商行政管理总局商标局注册，如 LOGO（🔖）、皮书、Pishu、经济蓝皮书、社会蓝皮书等。"皮书系列"图书的注册商标专用权及封面设计、版式设计的著作权均为社会科学文献出版社所有。未经社会科学文献出版社书面授权许可，任何使用与"皮书系列"图书注册商标、封面设计、版式设计相同或者近似的文字、图形或其组合的行为均系侵权行为。

　　经作者授权，本书的专有出版权及信息网络传播权等为社会科学文献出版社享有。未经社会科学文献出版社书面授权许可，任何就本书内容的复制、发行或以数字形式进行网络传播的行为均系侵权行为。

　　社会科学文献出版社将通过法律途径追究上述侵权行为的法律责任，维护自身合法权益。

　　欢迎社会各界人士对侵犯社会科学文献出版社上述权利的侵权行为进行举报。电话：010-59367121，电子邮箱：fawubu@ssap.cn。

社会科学文献出版社

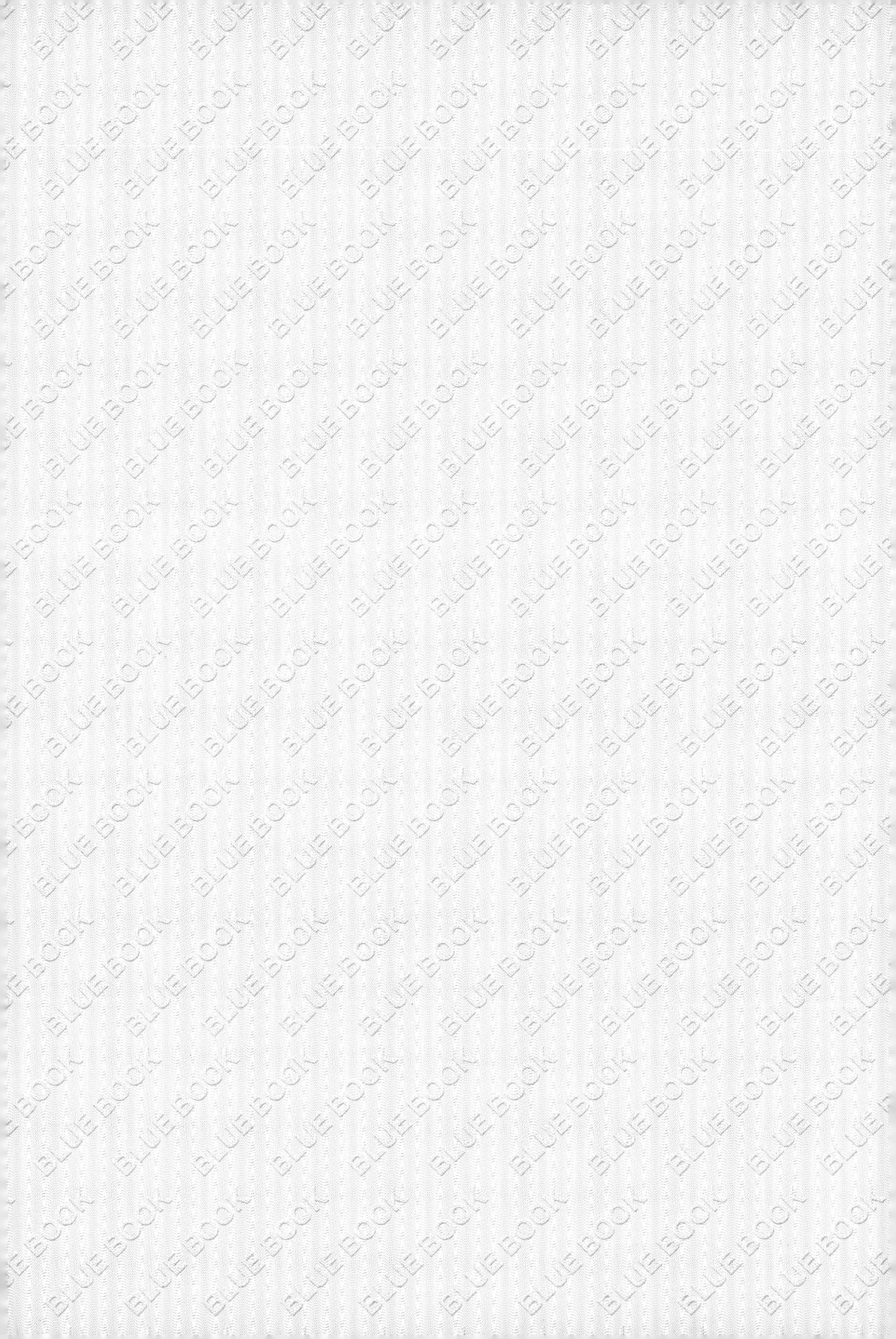